Inhalt

Vorwort von Hans Josef Tymister 9

Vorwort der Autoren 17

Einführung 21

I. Die Entwicklung der Persönlichkeit:
grundsätzliche Annahmen 27

Jedes Verhalten hat eine soziale Bedeutung 28
Jegliches Verhalten dient einem Zweck 30
Das Individuum muß subjektiv betrachtet werden . 32
Jedes Individuum hat die schöpferische Kraft zur
persönlichen Deutung aller Geschehnisse 33
Dazugehören ist ein Grundbedürfnis 35
Verhalten wird durch eine ganzheitliche,
dynamische Betrachtungsweise verständlich 36
Der Lebensstil ist einheitlich und folgt einem Schema 37
Die Deutung von Gefühlsregungen auf der
Basis dieser Annahmen 39
Die soziale Deutung des Abwehrmechanismus . . . 41

II. Die Entwicklung des Kindes 45

Einflußfaktoren für die kindliche Entwicklung . . . 47
Familienatmosphäre 47
Familienkonstellation 48
Der Lebensstil 50
Gemeinschaftsgefühl 55
Erziehungsmethoden 56
Die Ziele des Fehlverhaltens 57

III. Entmutigung und Mutlosigkeit 59

Was ist Mut? 59
Psychodynamik der Mutlosigkeit 62
Der Entmutigungsprozeß 65
Die Verwundbarkeit des Menschen 67
Konkurrenz in der Familie 68
Überehrgeiz 72
Die Folgen der Mutlosigkeit 73

IV. Grundsätze der Ermutigung 77

Leitgedanken der Ermutigung 80
Ermutigungsmethoden 84
Wertschätzung des Kindes 84
Vertrauen in das Kind 86
Selbstvertrauen durch Vertrauensbeweise 86
Anerkennung für gute Leistung und ehrliche
Bemühung 87
Mitarbeit der Gruppe 88
Integration der Gruppe 89
Entwicklung von Fähigkeiten in Teilschritten auf dem
Weg zum Erfolg 90
Betonung der starken Seiten und guten Anlagen 91

V. Ermutigung auf speziellen Gebieten 93

Entwicklung von Fertigkeiten und
Fachkenntnissen 94
Besser lernen 98
Lesen 98
Rechtschreiben 103
Schrift 104
Mathematik 105
Naturwissenschaften 106
Sozialkunde 108

Inhalt 7

Kunsterziehung 109
Freies Reden 110
Entwicklung kindlicher Grundhaltungen 111
Förderung der Integration 114

VI. Die Förderung sozialer Fähigkeiten durch Ermutigung 117

Entwicklung der Selbsteinschätzung 117
Horizontale kontra vertikale Bewegung 124
Geschwister erziehen sich gegenseitig 126
Lehrerschaft 129

VII. Altersgemäße Ermutigungsmethoden 133

In der Grundschule 136
In der Mittelstufe 140

VIII. Ermutigung in der Gruppe 153

Die Rolle der Gruppe im Ermutigungsprozeß 153
Gruppenziele 154
Wie der Lehrer seine Klasse lenkt 156
Soziometrie 161
Klassenatmosphäre 163
Gruppendiskussionen 167

IX. Probleme im Ermutigungsprozeß 169

Die autoritäre Haltung 169
Unser soziales Klima 170
Mut als Voraussetzung 172
Eine pessimistische Lebenshaltung 173
Lob und Ermutigung: zwei unterschiedliche Dinge . . . 174
Unaufrichtigkeit 175
Wie ist der Ermutigungprozeß durchsetzbar? 177

X. Fallstudien 181

Nachwort	217
Anmerkungen	219
Register	221

Vorwort von Hans Josef Tymister

Auch das Rad wird nicht alle 50 Jahre neu erfunden. Was sich bewährt hat, wird beibehalten. Das gilt im Prozeß der Erziehung allgemein, für das Lernen sowieso und erst recht für die »Ermutigung«.

Das Prinzip der »Ermutigung«, »Bestätigung« – oder wie auch immer das Anerkennen von Lernbemühungen in den verschiedenen Ansätzen pädagogischer Psychologie genannt wird – hat sich in der Erziehung, der Erwachsenenbildung und beim Lernen allgemein bewährt. »Verhaltensänderungen durch Bekräftigungslernen«, wie Ermutigung des Lernens vor mehr als 40 Jahren bei Tausch und Tausch hieß, ist nach wie vor eine der wichtigsten Lernstrategien überhaupt. Daß »Ermutigung« für das Lernen unverzichtbar ist, gilt insbesondere dann, wenn es um nachprüfbaren Lernerfolg und seine Steigerung geht. Wird unter Lernen lediglich das mühevolle, langweilige Üben, also immer wieder dasselbe, oft genug sinnlose Lesen, Schreiben, Rechnen usw. verstanden, dann kann auf Ermutigung verzichtet werden. Zum sinnlosen »Pauken« könnte man Lernende zur Not auch verpflichten.

Wenn es andererseits gilt, etwas »auswendig zu lernen«, dann ist oftmaliges Wiederholen, selbst wenn die Inhalte längst verstanden sind und infolgedessen kaum noch beachtet werden, sinnvoll. Denn das auswendig Lernen von Gedichten, vorausgesetzt, man hat sie selbst ausgewählt, kann, entgegen mancher Gegenstimmen, sowohl aus kunstpädagogischen als auch aus allgemein-pädagogischen Gründen sehr sinnvoll sein (vgl. Eckerle 2003). Für viele Menschen ist es eine Bereicherung, wenn sie sich später einiger Gedichte aus der Schule erinnern und, wenn sie gelernt haben, wie es möglich ist, etwas auswendig zu lernen. Wenn aber die Lernenden sich daran gewöhnen, gerade das immer wieder üben zu müssen, was sie längst können, nur weil andere Schüler in der Klasse oder andere Kursteilnehmer noch nicht so erfolgreich waren, wie das z.B. in einem nicht differenzierten Rechtschreibunterricht gang und gäbe ist, dann wird das Üben als normalerweise unverzichtbarer Anteil des Lernens (vgl. Faulstich/Tymister 2002, S. 86f.) desavouiert.

In der Schule und in verschulter Erwachsenenbildung ist tatsächlicher Lernerfolg jeglicher Art mehr und oft auch etwas anderes als die automatische Folge häufigen Übens. Alle Mütter, Väter und anderen Erwachsenen, die über längere Zeit Kinder, Jugendliche und erwachsene Lerner beim Erledigen ihrer Hausaufgaben betreuen, kennen dies: Tagelang, manchmal auch wochen- oder gar monatelang werden besonders schwierige Arbeiten im Rechnen, Rechtschreiben oder anderen Lernbereichen geübt. Die Lernenden und ihre Betreuer überzeugen sich schließlich davon, daß der Stoff fehlerfrei beherrscht wird. Doch nach der nächsten Klassenarbeit, dem nächsten Test erfolgt dann ein Rückschlag. Die Lernenden haben wieder dieselben und manchmal unerwarteterweise andere Fehler gemacht, und weder die Lehrer noch die Lernenden verstehen, woran es denn tatsächlich gelegen hat.

Diese Diskrepanz zwischen dem Übungsaufwand und dem Mangel an Erfolg ist nicht verwunderlich. Ob ein Lernender bei Klassenarbeiten oder in ähnlichen Überprüfungssituationen tatsächlich im Sinne des bisher Gelernten fehlerlos arbeitet bzw. arbeiten kann, ist in hohem Maße abhängig davon, wie er diese Situation gefühlsmäßig – und das heißt in den meisten Fällen unbewußt – einschätzt. Alle Lebenssituationen sind stimmungsmäßig geprägt, das gilt auch für Klassenarbeiten, Tests usw. Situationen, in denen Lernerfolge überprüft werden sollen, stellen den Lernerfolg in Frage – sonst müßte er nicht überprüft werden. Überprüfungssituationen enthalten folglich, wenn zumeist auch ungewollt, ein gewisses Maß an Miß-

Vorwort von Hans Josef Tymister 11

trauen. Vor allem Menschen mit hohem emotionalen Einfühlungsvermögen spüren dies, und gerade Kinder sind oft sehr sensibel. Lernende, die zudem noch unsicher sind, die sich folglich in ihren Gefühlen leicht entmutigend beeinflussen lassen, neigen dazu, die in der situativen Stimmung enthaltene Skepsis bezüglich ihres Lernerfolgs zu bestätigen. Sie vergessen vorübergehend das, was sie bereits konnten, und versagen in der Klassenarbeit, im Test, bei der Prüfung.

Hier setzen Don Dinkmeyer und Rudolf Dreikurs an. Daß Lernerfolg auf Dauer nicht ohne Lernbemühungen möglich ist, das war schon vorher bekannt. Dementsprechend gehörte das Üben und Memorieren auch schon vorher zum Standardprogramm jeder seriösen Lernanleitung, nicht nur in Schulen. Das wird überhaupt nicht in Frage gestellt. Die Autoren gehen aber einen entscheidenden Schritt weiter. Sie zeigen, im Anschluß an die tiefenpsychologischen Arbeiten von Alfred Adler, der Rudolf Dreikurs' Lehrer gewesen ist, daß Ermutigung der Lernenden eine unverzichtbare Bedingung nachhaltigen Lernerfolgs ist. Denn ein mutiger, ein ermutigter Lernender kann sich ohne Verunsicherung dem allgemein üblichen, aber verdeckten Mißtrauen von Prüfungssituationen aussetzen, ohne daß er mit Verunsicherung seines Gedächtnisses rechnen muß. Wer sich mutig seiner Sache sicher ist, dem macht es sogar ein wenig Spaß, die Ergebnisse seiner Lernanstrengungen in Klassenarbeiten und vergleichbaren Prüfungssituationen vorzuweisen.

Die Autoren zeigen aber auch detailliert und an vielen Beispielen, wie es gelingen kann, Lernende zu ermutigen. Denn Voraussetzung einer Absicherung der Gedächtnisleistungen durch Ermutigung der Lernenden ist es, daß diese Ermutigungen tatsächlich auch gelingen. Allein der gute Wille derer, die ermutigen wollen, reicht nämlich keineswegs. Von einer gelungenen Ermutigung, so zeigen die Autoren, kann nur dann gesprochen werden, wenn sie von demjenigen, der ermutigt werden sollte, auch im Sinne einer Bestätigung des eigenen Könnens und Tuns akzeptiert wird. Wie gesagt, der gute Wille desjenigen, der ermutigen will, hilft nicht weiter. Nur der zu Ermutigende selber, also das Kind, der Jugendliche oder der Ewachsene, dem zu weiterer Lernanstrengung verholfen werden soll, bestimmt, ob er eine ermutigend gemeinte Äußerung oder Geste akzeptiert, einfach ignoriert oder gar als unangemessene Beurteilung seines Tuns zurückweist.

Die Autoren beschreiben, wie in den verschiedensten Situationen des Lehrens und Lernens Voraussetzungen geschaffen werden können, damit die Lernenden Ermutigungen annehmen. Sie erklären, wie sich derjenige, der ermutigen will, verhalten sollte bzw. was er klüger unterlassen sollte, damit seine Ermutigung auch tatsächlich akzeptiert werden kann. So wird beispielsweise unmißverständlich klargestellt, daß das für Schule und Familie üblicherweise empfohlene »Loben« nicht »gleichbedeutend mit Ermutigung« ist, es vielmehr oft als Beurteilung der Person verstanden wird und deshalb besser unterlassen werden sollte. Eine der wichtigsten Voraussetzungen für das Gelingen einer Ermutigung liegt folglich bei den Eltern, Lehrern, Erwachsenenbildnern selbst. »Je mutloser wir selber sind, desto weniger können wir ermutigen«, schreiben die Autoren unter der Überschrift »Mut als Voraussetzung«.

»Ermutigung als Lernhilfe« wurde 1970 in deutscher Sprache zum ersten Mal veröffentlicht. Heute, über 30 Jahre später, haben wir immer noch genügend Gründe, intensiv darüber nachzudenken, wie es gelingen kann, die Mehrheit der Lehrenden erfolgreich zu ermutigen. Denn die Veröffentlichung der Ergebnisse wissenschaftlicher Schul- und Schulleistungsforschung (PISA, IGLU) hat vor allem viele emotional engagierte und um den Lernerfolg ihrer Schüler bemühte Lehrerinnen und Lehrer stark getroffen. Aber auch viele weniger sensible Lehrer können sich dem entmutigenden Einfluß der allgemeinen Schulkritik nicht entziehen. Folglich ist es gerade um des Lernerfolgs der Schüler willen unverzichtbar, daß möglichst alle Lehrenden wieder die nötige Selbstermutigung

Vorwort von Hans Josef Tymister 13

erreichen, um diesen Mut erfolgreich an ihre Schüler weitergeben zu können.

Zwar ist es prinzipiell richtig, wenn die Autoren die Einsicht
in die Notwendigkeit der Selbstermutigung der Lehrenden ein-
schränken und ausführen, ein »Lehrer, der in seinem Privatleben mutlos ist und resigniert hat, kann seinen Schülern sehr
wohl ein Freund sein und gut mit ihnen auskommen« (S. 172).
Die Erfahrung heute, unterstützt durch entsprechende Beobachtungen in Schulklassen und Familien, zeigt deutlich, daß die zitierte Einschränkung nur in Ausnahmefällen berechtigt ist. Für
die Praxis gilt nach wie vor, daß nur ermutigte Erwachsene tatsächlich und auf Dauer in der Lage sind, ihre Kinder und alle anderen Menschen, die Wissen und Können erlernen müssen und
wollen, wirkungsvoll zu ermutigen. Denn ermutigen setzt, wie
die Autoren überzeugend erläutern, Vertrauen voraus (S. 86),
nämlich Vertrauen darauf, daß sich nach angemessener Bemühung der erwartete Lernerfolg auch tatsächlich einstellen wird.

Aus dieser Einsicht ergibt sich eine unabweisbare Konsequenz. Erfolg des vorliegenden Buches wäre, wenn möglichst
viele Eltern, Erzieher, Lehrer und Erwachsenenbildner befähigt und ermutigt würden, ihrerseits möglichst viele Lernende erfolgreich zu ermutigen. Das Lesen allein mag unter-
haltsam sein, entspricht aber nicht dem Anspruch der Autoren.
Vielmehr geht es darum, daß die Lesenden als erstes das, was
sie lesend über Ermutigung lernen, auch im Umgang mit sich
selbst verwirklichen. Denn Selbstermutigung der Lehrenden
muß heute unausgesprochen das erste Anliegen einer Veröffentlichung sein, der es um die Steigerung des allgemeinen
Lernerfolgs in unserer Gesellschaft geht. Daraus folgt dann,
Bereitschaft und Können vorausgesetzt, nachhaltige Ermutigung der Lernenden.

Die Autoren stellen sich in ihrer Argumentation auch den in
der Praxis häufig auftauchenden Widrigkeiten und Problemen
gezielter Ermutigung. Nicht nur den Grundsätzen der Ermutigung (vgl. Kap. IV, S. 77 ff.), auch speziellen Gebieten (Kap. V,

S. 93 ff.) und den Problemen der Ermutigung (Kap. IX, S 169 ff.)
wird besondere Aufmerksamkeit gewidmet. Daß es dann den
Lesern gelingt, Schwierigkeiten als solche wahrzunehmen und
sie so weit wie möglich abzubauen und Ermutigungserfolge
auch in der Schule zu erlangen, wäre für die Zukunft ein brei-
ter Erfolg dieses Buches. Voraussetzung dafür ist, wie gesagt,
ob und in wie weit der lesende Erwachsene in der Lage sein
wird, die Ausführungen erst einmal auf sich selbst anzuwenden. Menschen, die ermutigen wollen, müssen bereit sein zu
lernen, sich immer wieder neu selbst zu vertrauen, ihre eigenen alltäglichen Lern- und Handlungserfolge im Sinne einer
kontinuierlichen Selbstermutigung wahrzunehmen und zu
würdigen. Gleichzeitig ergibt ein solches Konzept der Selbstermutigung ein sehr hilfreiches Bündel an Erfahrungen, die dann
bei der Ermutigung von Kindern, Jugendlichen und Erwachsenen förderlich sein werden.

Bei beiden Schritten der Ermutigung, also der Selbstermutigung und der Fremdermutigung, kann es als Lernunterstüt-
zung sehr hilfreich sein, wenn sich der Leser hin und wieder
zur Optimierung seiner Ermutigungsbemühungen das Kapitel
»Fallstudien« (Kap. X, S. 181 ff.) vornimmt und einzelne der
aufgeführten Beispiele im Sinne eines Übungsfeldes benutzt,
anfangs, um eventuell sich einschleichenden Fehlern im eigenen Verhalten vorzubeugen. Später wird es dann lediglich um
eine Optimierung seines Ermutigungsverhaltens gehen.

Fernziel der gesamten Ermutigungs-Arbeit jedoch ist, dass
es nicht nur gelingt, Lernende zu ermutigen. Am Ende, oder
besser, so schnell wie möglich, sollten gerade auch die Lernenden selbst das »Handwerk der Ermutigung« gelernt haben. Es
wird ihnen ein Leben lang nicht nur die Zusammenarbeit, sondern auch das Zusammensein mit anderen insgesamt erleich-
tern, ob in der Schule, der Familie, der Partnerschaft, im Beruf,
im Verein oder sonst wo. Anders ausgedrückt, je schneller die
Lernenden in Familie und Schule lernen, nicht nur sich selbst,
sondern gezielt auch ihre eigenen Lehrer zu ermutigen, desto

Vorwort von Hans Josef Tymister 15

schneller entsteht eine Lern- und Arbeitsatmosphäre mutigen Sich-Einlassens auf neue Herausforderungen. Dies schließt das Lernen des dazu notwendigen Wissens und das Erlernen eventuell notwendiger Arbeitstechniken ein. Daß Kinder und Jugendliche sehr wohl in der Lage sind, im Umkehrschluß auch ihre Lehrer zu ermutigen, und daß das wiederum dazu führt, daß sie sich selbst, nicht nur zum Lernen, ermutigt fühlen, konnten wir in manchen Schulklassen, von der Grundschule bis zum Oberseminar an der Universität, beobachten und »am eigenen Leibe erfahren«. Wie sinnvoll das sein kann und wie das geht, läßt sich aus den Ausführungen des Buches »Ermutigung als Lernhilfe« entnehmen, wenn man beim Lesen das, was man über die Rolle des Ermutigenden erfährt, selbständig weiterdenkt und auf die Situation der Lernenden überträgt (vgl. Tymister 2004).

Zitierte Fachliteratur:

Eckerle, Alfred: Wie die Literatur aus dem Deutschunterricht verschwand ... In: Forum Schulstiftung. (Freiburg i. Br.) 38/2003, S. 26–37

Faulstich, Peter u. Tymister, Hans Josef: Lernfälle Erwachsener – Wie erfolgreiches Lernen zu lernen ist. Augsburg: Ziel 2002

Tausch, Reinhard und Tausch, Anne-Marie: Erziehungspsychologie. Psychologische Prozesse in Erziehung und Unterricht. Göttingen: Hogrefe (1963) 1970[5]

Tymister, Hans Josef: Ermutigen statt kritisieren. In: Grundschule 3/2004, S. 40f.

Hans Josef Tymister   Schliengen, im Mai 2004

Vorwort

Ermutigung ist einer der wichtigsten Aspekte jeder korrektiven Bemühung. Ihre Bedeutung wurde wohl erstmals bei der Behandlung neurotischer Patienten erkannt. Bei ihnen wurde nämlich deutlich, daß jedes Fehlverhalten, jede Flucht in eine Krankheit ebenso wie die vielen Mißerfolge und Mängel dieser Menschen eine Folge von Entmutigung waren. Es war gleichfalls zu erkennen, daß Mängel in der Persönlichkeitsentwicklung auf Entmutigung in der frühen Kindheit zurückzuführen waren. Am deutlichsten wurde dies, wenn Psychiater in Fällen von kindlichem Fehlverhalten, Erziehungsfehlschlägen und Anpassungsschwierigkeiten um Rat gefragt wurden. Kein Kind wird gesellschaftlich entgleisen, wenn es nicht entmutigt wird in seinem Glauben, daß es einen Platz in der Gesellschaft hat und daß es mit der Anwendung allgemein üblicher Mittel Erfolge verzeichnen kann. Diese Erklärung der Psychodynamik von Neurosen und kindlichem Fehlverhalten ist charakteristisch für die Adler-Schule.

Es war nur natürlich, daß sich diesem Problem, das ursprünglich in den Aufgabenbereich der Psychiatrie zu gehören schien, bald alle Eltern und Lehrer gegenübersahen. Und so ist heute Ermutigung längst nicht mehr ausschließlich ein Problem für psychiatrische Behandlung; es ist ein Erziehungsproblem geworden. Es zeigte sich weiterhin, daß für die Ausbildung der Lehrer ein »Handbuch für Ermutigung« nötig war, um sie erst einmal in den Stand zu setzen, die Fähigkeiten zu entwickeln, die nötig sind, um Kinder zu ermutigen, und dabei war es nur natürlich, daß Adler-Anhängern, Psychologen und Psychiatern, diese Aufgabe zufiel.

Einer von uns beiden, der Psychiater, bringt seine klinische

Erfahrung in das gemeinsame Unternehmen ein. Der andere, an einer Lehrerbildungsanstalt tätig und mit den täglichen Problemen des Lehrers im Klassenzimmer konfrontiert, stellt seine praktische Erfahrung in den Dienst der Sache.

Jeder, der Erziehungsaufgaben wahrnimmt, wird sich genötigt sehen, die Psychodynamik, die in der psychiatrischen Behandlung, in der Psychotherapie, in Erscheinung tritt, zunehmend ernst zu nehmen. Umgekehrt wird sich der Psychiater und Kliniker, der bemüht ist, die Probleme des Kindes zu lösen, mit der Schulsituation und ihren Bedürfnissen und Möglichkeiten vertraut machen müssen. Unsere gemeinsamen Bemühungen in diesem Buch bieten eine Perspektive der Verbindung von Psychiatrie, Psychologie und Pädagogik. Der Lehrer, der sich mit der Psychodynamik zum Wohle seiner Schüler vertraut macht, wird dadurch noch lange nicht zum Arzt oder Psychotherapeuten. Aber Psychologie, und besonders die psychologisch orientierte korrektive Bemühung, wird ein wesentlicher Bestandteil aller erzieherischen Methoden werden. Auf der anderen Seite wird der Psychiater schließlich finden, daß seine »Behandlung« in vielen Fällen nicht eine medizinische, sondern vielmehr eine erzieherische Prozedur ist. Mit anderen Worten, der Lehrer wird in Zukunft mehr als die bloße Kenntnis seiner Lehrfächer und Erfahrung im Unterrichten benötigen; er wird psychologische Kenntnisse und eine Fertigkeit in der Anwendung dieses Wissens brauchen. Der Kliniker wird, wenn er erkannt hat, daß Psychotherapie in erster Linie ein Lernvorgang ist, sich mit pädagogischen Methoden vertraut machen müssen.

Die ausgewählten Beispiele und Berichte über Klassenzimmersituationen mit Kindern lieferten unsere Kursteilnehmer in den Klassen der Universität von Oregon und dem National College of Education. Einige Beispiele wurden auch bei Lehrerbesprechungen im Northbrook District 27, dem Arbeitsbereich Dr. Dinkmeyers als psychologischem Berater, gesammelt. Wir möchten an dieser Stelle denjenigen Lehrkräften danken, die

Vorwort

uns durch ihre Mitarbeit Gelegenheit gaben, Ermutigung in Funktion zu sehen. Wir dürfen hoffen, daß unser Buch nicht nur praktische Hilfe für Lehrer und Eltern geben wird, sondern einen Schritt auf dem Weg zur Integration von psychologischen und pädagogischen Praktiken bedeutet.

Don Dinkmeyer, Ph. D.
Rudolf Dreikurs, M. D.

Einführung

Auf den ersten Blick mag es ungewöhnlich erscheinen, daß man ein ganzes Buch über »Ermutigung« schreiben kann. Schließlich wird kaum eine andere Form korrektiver Beeinflussung so weit verbreitet anerkannt und empfohlen; und jeder, der mit Kindern zu tun hat, weiß, wie wichtig Ermutigung ist, und versucht auch, sie regelmäßig anzuwenden. Viele denken deshalb, die Notwendigkeit zu ermutigen sei Allgemeingut und bedürfe keiner besonderen Erwähnung. Aber stimmt das?

Bei näherer Betrachtung wird klar, daß die Bedeutung der Ermutigung viel zuwenig erkannt ist, und die Mittel, sie richtig anzuwenden, sind noch weniger bekannt. Der unvoreingenommene Betrachter, der die Eltern und Pädagogen bei ihrer Arbeit beobachtet, muß feststellen, daß Ermutigung gerade dort nicht gegeben wird, wo sie am meisten not tut, und daß viele, die es »gut meinen«, mit ihren Ermutigungsversuchen kläglich scheitern, weil sie eine falsche Vorstellung vom Ermutigungsvorgang als solchem haben. Da sie sich oft ihres Mangels an Geschick bzw. ihrer Fähigkeit zu ermutigen nicht bewußt sind, kommt es vor, daß sie statt dessen entmutigen.

Warum aber wird eine Methode, die so weit verbreitet als notwendig und fördernd anerkannt ist, nicht wirksamer angewandt? Die meisten Pädagogen betrachten Ermutigung als einen ergänzenden Teil ihrer korrektiven Bemühungen und erkennen nicht ihre umwälzende Bedeutung; noch sind sie imstande, die Kompliziertheit des Ermutigungsprozesses zu ergründen.

Warum ist Eltern und Lehrern der Ermutigungsvorgang so wenig vertraut? Um diese Situation zu verstehen, muß man die ungewöhnliche pädagogische Zwangslage erkennen, in der

wir uns befinden. Unsere Unfähigkeit, mit Kindern richtig umzugehen, rührt daher, daß wir keine Erziehungsmethoden kennen, die sich in unseren modernen westlichen Gesellschaften
als besonders geeignet erwiesen hätten. Wir haben noch keine
Tradition, auf die wir uns stützen können, denn die traditionellen Erziehungsmethoden beruhen auf autoritären Prinzipien,
bei denen Belohnung und Bestrafung noch wirksame Mittel
waren, um Untergeordnete zu leiten, auf sie einzuwirken und
die Akzeptanz der Forderungen von Autoritätspersonen, wie
Lehrern oder Eltern, zu fördern. Die »Demokratisierung« besteht aus einem Prozeß steigender Gleichwertigkeit. Der
Mensch in unserer modernen Gesellschaft neigt dazu, dem
Druck derjenigen Widerstand zu leisten, die Befehlsgewalt
über ihn geltend machen wollen.

Mit anderen Worten, Druck von außen erzeugt in unserer
Zeit selten das gewünschte Verhalten. Man kann ein Kind
kaum mehr dazu *zwingen,* artig zu sein, zu lernen, sich einzusetzen, wenn das Kind vorzieht, es *nicht* zu tun. Äußerer Druck
muß durch innere Stimulation ersetzt werden. Belohnung und
Bestrafung erzeugen nicht diese innere Anregung, oder wenn,
dann sind sie nur von kurzer Dauer und müssen fortlaufend
wiederholt werden. Wenn das Kind dagegen motiviert ist und –
als ein Resultat innerer Anregung – aus eigenem Willen die
rechte Richtung einschlägt, dann sind die Chancen gut, daß es
diese Richtung auch ohne äußeren Zwang beibehält.

Warum aber schlagen Kinder die falsche Richtung ein?
Was veranlaßt sie, etwas, was sie tun sollten, zu unterlassen?
Wer die Antwort zu diesen Fragen findet, hat damit die Voraussetzung, den richtigen Stellenwert der Ermutigung einzusehen.

Infolge der immer geringer werdenden Bedeutung von dirigistischen, von oben erlassener Anordnungen auf allen Ebenen sozialer Funktionen in Staat, Gemeinde, Schule und Familie, erlangt jedes Individuum das Recht, seine eigene Richtung
zu bestimmen. Dieses Recht der Selbstentscheidung ist in einer

Einführung 23

Demokratie fundamental verankert. Unsere Kinder teilen dieses Recht mit uns und wenden es mit größter Selbstverständlichkeit an, oft zur Verwirrung und Verlegenheit von Eltern und Lehrern, die entdecken, daß sie den Kindern nicht länger ihren Willen aufzwingen können.

Wie sich das Kind entschließt, hängt weitgehend von seinen eigenen Vorstellungen ab, von seiner Selbstbewertung und der Einschätzung der anderen, ebenso wie von seinen Methoden, mit denen es sich einen Platz in der Welt erobert. Solange es in der Bemühung, sich einzufügen, nicht entmutigt wird, wird es gesellschaftlich akzeptable und konstruktive Mittel anwenden. Verliert es jedoch das Vertrauen in seine Fähigkeit, mit nützlichen Mitteln Erfolg zu haben, dann wird es aufgeben und sich auf die »nutzlose Seite« des Lebens schlagen. Dieser Vertrauensverlust gegenüber sich selbst und seinen Fähigkeiten äußert sich als Mutlosigkeit.

Den Grad der Entmutigung in unserer Gesellschaft erkennt man am deutlichsten an dem Ausmaß, in dem Fehlverhalten und Mängel bei unseren Kindern zutage treten. Schlechtes Benehmen ist bei Kindern so verbreitet, daß viele Personen, die Erziehungsaufgaben wahrnehmen, es bereits für normal halten; eine Annahme, die noch unterstützt wird durch eine falsche Interpretation der Entwicklungspsychologie. Tatsächlich gibt es kaum ein Kind, dessen Eltern nicht ihre Not damit haben, es dazu zu bewegen, morgens aufzustehen, abends schlafen zu gehen, ordentlich zu essen, seine Sachen aufzuräumen, Streit mit den Geschwistern abzubrechen, pünktlich zu sein und im Haushalt mitzuhelfen. Der Forscher Kvaraceous spricht vom »Kontinuum normverletzenden Verhaltens«, das von den kleinen Überschreitungen bis zu den gewalttätigsten Formen der Jugendkriminalität reicht. Alle diese Kinder wurden auf die eine oder andere Weise entmutigt. Ermutigung ist aber für ein Kind so wichtig wie Wasser für eine Pflanze. Ohne Ermutigung verkümmert es und kann seine Talente nicht entwickeln. Deshalb erscheint das Versagen der Eltern und Pädagogen auf diesem Gebiet auch fast tragisch. Gewiß wollen sie helfen, wollen Fehler korrigieren und sind auch ehrlich darum bemüht, aber es fehlt ihnen das Werkzeug, nun ihre Ziele auch wirklich zu erreichen.

Es sind neue Methoden erforderlich, um Kinder anzuregen und zu beeinflussen, aber leider sind nur wenige Pädagogen mit diesen Methoden und deren Anwendung vertraut.

Ermutigung ist so ausschlaggebend, daß die Wirksamkeit jeder erzieherischen Maßnahme tatsächlich von dem Grad abhängt, in dem das Kind dadurch ermutigt oder entmutigt wird. Wie nun auch Eltern und Lehrer ihre Methoden rechtfertigen mögen – sind ihre Versuche entmutigend, so bestärken sie die Anpassungsschwierigkeiten des Kindes. Diese Tatsache wird viel zuwenig erkannt und in Erwägung gezogen. Erst wenn Eltern und Lehrer gelernt haben, ihre erzieherischen Bemühungen nach deren Ermutigungswert zu beurteilen, werden sie viele ihrer gewohnten Reaktionen auf das schlechte Benehmen der Kinder aufgeben und ganz neue Wege der Einflußnahme ins Auge fassen.

Der Ermutigungsfaktor ist so entscheidend, daß er – ist seine Bedeutung erst einmal erkannt – tatsächlich die Anwendung neuer pädagogischer Ansätze in Schulen und Familien zur Folge haben kann. Deshalb müssen die Ermutigungsvorgänge sorgfältig erforscht und vor allem unsere Lehrer mit allen Anwendungsmöglichkeiten dieser äußerst wirksamen Technik vertraut werden.

Dieses Buch möchte das Material für einen Kurs oder einzelne Lehreinheiten über die Grundgedanken der Ermutigung und die Anwendung der Ermutigungsverfahren bereitstellen. Es wäre erfreulich, wenn dieses Buch auch bei der Lehrerausbildung an Pädagogischen Hochschulen und Universitäten als Lektüre dienen könnte. Außerdem kann es als Quellenmaterial für Lehrerfortbildungen äußerst nützlich sein.

Der Ermutigungsvorgang ist vielfältig. Der Wunsch, dem Kind zu helfen, genügt nicht. Es bedarf einer umfassenden

Einführung 25

Kenntnis der Ermutigungsmethoden und der Voraussetzungen im Hinblick auf ihre erfolgreiche Anwendung. Die Vielfältigkeit des Ermutigungsprozesses wird in den einzelnen Kapiteln ausführlich besprochen. Hier möge der Hinweis genügen, daß der Erfolg jeder korrektiven Bemühung weniger davon abhängt, *was der Erziehende tut, als davon, wie das Kind es auffaßt* und darauf reagiert. Die Fähigkeit, die Interpretation des Kindes zu erfassen, ist eine der Voraussetzungen, die leider nur selten erfüllt werden. Vertrauen in das Kind ist eine weitere, schwer erfüllbare Voraussetzung, denn man muß aufrichtig an die Fähigkeit und Bereitwilligkeit des Kindes glauben. Oft fehlt das Vertrauen in das Kind, besonders da, wo es am meisten not tut, nämlich bei dem von der Norm abweichenden und mutlosen Kind. Eltern und Lehrer werden so oft in ihren Bemühungen enttäuscht, daß es absurd erscheinen mag, von ihnen noch Vertrauen in das Kind zu erwarten, das ihre gutgemeinten Pläne durchkreuzt. Aber ohne an das Gute in jedem Kind zu glauben, kann man es nicht wirklich ermutigen.

Eine dritte Voraussetzung ist das Selbstvertrauen des Pädagogen. Wenn ein Lehrer bei seinen Bemühungen selbst den Mut verliert, wie kann er dann das Kind ermutigen? Oft, so scheint es wenigstens, gelingt es eher dem Kind, einen wohlmeinenden Lehrer zu entmutigen, als es dem Lehrer gelingt, die Mutlosigkeit des Kindes zu überwinden. Wie kann dieser Teufelskreis durchbrochen werden? Wie können wir den Lehrer dem weiteren schädlichen Einfluß des entmutigten Kindes entziehen, mit dem er in seiner täglichen Arbeit konfrontiert ist?

Zuerst muß dem Pädagogen geholfen werden. Wachsender Defätismus, wachsende Mutlosigkeit beeinträchtigen das Wirken vieler unserer besten Lehrer, die sich einer steigenden Zahl von sozial und pädagogisch fehlentwickelten Kindern gegenübersehen. Die besten Bemühungen des Lehrers, Mängel zu verbessern und zu korrigieren, werden von diesen Kindern zunichte gemacht. Den Eltern geht es nicht besser. Müttern von

Problemkindern wird oft geraten, sie sollten erst ihre eigene emotionale Fehleinstellung korrigieren lassen, bevor sie ihren Kindern helfen könnten. Unsere Beobachtungen bestätigen dies nicht. Wenn die Mutter lernt, ihrem Kind gewachsen zu sein, verschwinden meist ihre eigenen Minderwertigkeitsgefühle, oder wenn diese fortbestehen, verhindern sie zumindest nicht ihren Erfolg beim Kind.

I. Die Entwicklung der Persönlichkeit: grundsätzliche Annahmen

Wer sich mit der Aufgabe befaßt, das menschliche Verhalten zu verstehen und zu beeinflussen, stützt sich dabei auf bestimmte Hypothesen über die menschliche Natur. In diesem Kapitel werden wir unsere grundsätzlichen Hypothesen darlegen, wobei uns klar ist, daß andere Psychologen und Pädagogen andere Meinungen vertreten. Man muß sich zunächst einmal eindeutig entscheiden, ob man den Menschen als aktiv oder reaktiv, als geführt oder getrieben, ansehen will. Der amerikanische Psychologe Allport stellt sich zu dieser Frage wie folgt:

»Bis jetzt haben uns die sogenannten Verhaltenswissenschaften, einschließlich der Psychologie, den Menschen noch nicht als ein Wesen gezeigt, das fähig ist, eine Demokratie zu gründen oder in einer Demokratie zu leben. Diese Wissenschaften haben größtenteils das physikalische Billardkugelprinzip des äußeren Anstoßes mit bedingt berechenbarer Wirkung imitiert, eine Methode, die jetzt natürlich überholt ist. Sie haben uns eine Psychologie des ›leeren Organismus‹, von Trieben beherrscht und von Umwelteinflüssen geformt, in die Hand gedrückt. Die psychologischen Systembildner haben ihre Hauptaufmerksamkeit Kleinigkeiten und Bruchstücken geschenkt; das Äußere und Mechanische, die Anfangsschritte, das Periphere und Opportunistische hat ihr Interesse gefunden.«[1]

Unsere Theorie der Persönlichkeitsentwicklung sieht den Menschen als grundsätzlich aktiv und relativ frei in der Bestimmung seines Verhaltens. Verhalten ist nicht ein bloßes Resultat von äußeren Einflüssen oder von Vererbung. Der Mensch ist aktiv und verantwortlich. Er ist keine Marionette, deren Bewegungen von Kräften außerhalb ihrer Kontrolle bestimmt werden. Der Mensch ist zielgerichtet und verfolgt seine Ziele bewußt. Er geht Beschäftigungen nach, die eine Bedeutung für ihn haben; er trifft Entscheidungen und organisiert.

Jedes Verhalten hat eine soziale Bedeutung

Wir haben erkannt, daß der Mensch in erster Linie ein soziales Wesen ist. Die Merkmale, die ihn deutlich als menschliches Wesen kennzeichnen, sind das Ergebnis seiner gesellschaftlichen Beziehungen zu seinen Mitmenschen in einer gegebenen Gruppenordnung. Nur innerhalb einer Gruppe kann der Mensch tätig sein und sich erfüllen. Er hängt in seiner Entwicklung von der Zugehörigkeit zu einer Gruppe ab.

Menschliches Verhalten kann am besten aus der Perspektive seines sozialen Umfeldes heraus verstanden werden. Wir sollten daher weder den Menschen selbst noch sein Verhalten untersuchen, ohne seine soziale Situation zu berücksichtigen. Was einem Kind zu Hause erlaubt ist, kann in der Schule sehr unpassend sein. Wichtig ist immer, den ganzen Aktionsbereich eines Individuums in Betracht zu ziehen.

Die Bedeutung des Verhaltens liegt in seinen Folgen. Jedes Verhalten hat eine bestimmte Bedeutung in seinem sozialen Kontext. Das heißt, wir müssen das Kind in einer bestimmten Situation sehen, um die Bedeutung seiner Handlungsweise zu erfassen. Der soziale Kontext ist also wesentlich für die Verhaltensdeutung.

»Sozialer Wettkampf« ist primär, nicht sekundär. Das Streben nach Bedeutung, nach einem Platz in der Gesellschaft, ist das Grundziel jedes Kindes und jedes Erwachsenen. Tatsache ist, daß der Mensch ohne wechselseitige gesellschaftliche Abhängigkeit nicht existieren kann. Die Rolle, die jedes Einzelwesen in der Gesellschaft spielt, und seine Reaktion auf die Stimulation seines Umfeldes liegen der Entwicklung seiner Persönlichkeit zugrunde.

Deshalb sollte das Kind immer als sozial interaktives Wesen beurteilt werden. Konflikte und Probleme entstehen durch Zusammenstöße mit anderen Menschen, nicht etwa durch irgendwelche Kämpfe im eigenen Innern. Wenn wir das Kind daher in seinen Beziehungen zu anderen beobachten, können wir bald die Gründe für sein Verhalten verstehen.

Die Struktur der Bedürfnisse muß in ihrer Beziehung zum Milieu-Kontext gesehen werden. Die Erfüllung von Bedürfnissen geschieht im Kontakt mit einer Gruppe oder mit einzelnen Personen. Gemeinschaftsgefühl ist mehr als ein Gefühl des Dazugehörens, es ist eine Schlüsselkonzeption im Verstehen menschlichen Verhaltens.

»Gemeinschaftsgefühl hat kein fixiertes Ziel. Vielmehr wird dadurch eine Einstellung zum Leben geschaffen, ein Verlangen, auf irgendeine Art mit anderen zusammenzuwirken und die Lebenslagen zu meistern. Soziale Teilnahme ist der Ausdruck unserer Fähigkeit, zu geben und zu nehmen.«[2]

Gemeinschaftsgefühl spiegelt unsere Einstellung zum Mitmenschen wider. Ein Mensch mit gesunder sozialer Anteilnahme akzeptiert Verpflichtungen nicht nur für sich selbst, sondern auch für seine Gruppe. Geistige Gesundheit, Ausgeglichenheit und Anpassungsfähigkeit setzen Wachstum und Entwicklung sozialer Interessen voraus.

Der anpassungsfähige Mensch ist an anderen interessiert, aber die soziale Beteiligung wird bei Kindern oft gehemmt durch Verwöhnung oder Vernachlässigung. Wer zuwenig oder zuviel für ein Kind tut, kann es zu der Annahme verleiten, es brauche die Beziehungen zu seinen Mitmenschen nicht zu pflegen. So können zwei grundverschiedene Maßnahmen, Verwöhnen und Vernachlässigen, zur Entwicklung von Minderwertigkeitsgefühlen und Anpassungsschwierigkeiten führen.

Der biologische Mechanismus verläuft so, daß das Kind als unterlegenes, abhängiges Wesen zur Welt kommt und für geraume Zeit unterlegen und von anderen abhängig bleibt. Es kämpft, um über dieses Gefühl der Unterlegenheit hinwegzukommen. Das Bedürfnis, in einer gegebenen sozialen Ordnung aus einer untergeordneten in eine übergeordnete Stellung zu gelangen, ist im übrigen auch unter den Erwachsenen weithin ausgeprägt. Die Hauptprobleme im Leben eines Menschen, nämlich, seinen Teil von Verantwortung zu übernehmen – sei es bei der Arbeit, in der geschlechtlichen Rolle, den sozialen Beziehungen –, sie alle sind mit der Entwicklung eines gesteigerten Gemeinschaftsgefühls verknüpft. Wer unfähig ist, seine Lebensaufgaben zu meistern, hat Anpassungsprobleme.

Jegliches Verhalten dient einem Zweck

Es ist wichtig, sich die Absichtlichkeit jedes Verhaltens vor Augen zu führen. Alle Handlungen und Maßnahmen eines Menschen sind auf bestimmte Ziele gerichtet.

Oft scheint das Verhalten eines Menschen mehr oder weniger unerklärlich, solange wir das Ziel nicht kennen oder nicht *er*kennen. Oft hören wir Eltern oder Lehrer sagen: »Ich kann einfach nicht verstehen, warum dieses Kind so etwas tut; es ist so sinnlos.« Das bedeutet aber lediglich, daß es aus der Perspektive Erwachsener sinnlos erscheint. Aus der Sicht des Kindes ist diese Handlungsweise durchaus sinnvoll und, wie es meint, der einzige Weg, sein Ziel zu erreichen. Diese Auffassung steht im Widerspruch zu der Annahme, Verhalten werde »verursacht«. Wenn wir teleo-analytisch vorgehen, finden wir, daß Ziele vorhanden sind, die jedes Verhalten erklären. Sie sind die psychischen Reize, die das Verhalten eines Menschen motivieren.

»Das Seelenleben des Menschen wird von seinen Zielen bestimmt. Kein Mensch kann denken, fühlen, wollen, sogar träumen, ohne alle diese Vorgänge zu planen, zu bestimmen, fortzusetzen, zu modifizieren und auf ein immer gegenwärtiges Ziel zu richten.«[3]

Um ein Verhalten wirklich zu begreifen, muß man es von der Warte des Zwecks aus betrachten. Das auf einen Zweck hin gerichtete Verhalten (die sogenannte Purposivität) ist unsere grundlegende Hypothese, die uns die Verhaltensweise und alle Handlungen als einen Weg zeigt, der die Grundziele eines Menschen erkennen läßt. Der aufgeschlossene Pädagoge kann die Ziele eines Kindes aus seinen augenblicklichen Handlungen ablesen. Er muß dabei nur die vielen Möglichkeiten, die sich ihm bei der Verhaltensbeobachtung bieten, auch wahrnehmen. Das heißt, wir müssen unsere Aufmerksamkeit auf den psychologischen Vorgang konzentrieren, um den Grund für ein bestimmtes Verhalten zu entdecken.

Obwohl genormte und projektive Persönlichkeitstests zur Bestimmung der Ziele eines Kindes eine Hilfe sind, scheinen uns die Erfahrungen wichtiger, die wir durch eingehende Beobachtung des Kindes bei seinen täglichen Handlungen und Entscheidungen sammeln können. Eine Testsituation zeigt nur das, was mit Wahrscheinlichkeit im allgemeinen zutrifft. Beobachtungen hingegen erlauben uns zu bestimmen, was für einen speziellen sozialen Handlungsbereich charakteristisch ist. Jedes Kind erzählt uns viel von sich selbst, wenn wir nur unser »drittes Auge« und »drittes Ohr« entwickeln und gebrauchen.

»Wenn man das Ziel eines Menschen kennt und auch sonst in der Welt halbwegs informiert ist, dann weiß man auch, was seine Ausdrucksbewegungen bedeuten können, und kann deren Sinn als eine Vorbereitung für dieses Ziel erfassen.«[4]

Deshalb sollten wir jede Verhaltensweise und alle Handlungen als Teil einer Bewegung auf ein Ziel hin verstehen. Hierin stimmen wir also mit Allport überein: »Die Anstrebung von Zielen bildet den Kern der Persönlichkeit.«[5]

Wir ziehen also in der Verhaltensforschung die Idee der Zweckgerichtetheit mechanistischen Vorstellungen vor. Bei der Anwendung der ideologischen oder zielerforschenden Methode muß man allerdings wissen, daß manche Ziele neurotischer Natur sind. Sie basieren auf einem wunschhaften Leitbild oder auf falschen Lebenserwartungen. Unser Leben wird von der nahezu zwingenden Kraft *aller* unserer Ziele beherrscht. Daher wäre es falsch anzunehmen, es bestehe ein direktes kausales Verhältnis zwischen der Umwelt und der Reaktion des Individuums. Wir halten uns statt dessen an das Prinzip der finalistischen Erforschung: Um einen Menschen zu verstehen, ist es wichtiger, seine Zukunftsziele zu kennen als die Geschichte seiner Vergangenheit.

Diese Einstellung erlaubt die Entscheidungsfreiheit jedes Menschen über seine Ziele und Richtungen. Er entscheidet und handelt.

Das Individuum muß subjektiv betrachtet werden

Der Mensch kann nur vom Standpunkt seines phänomenologischen Feldes aus betrachtet werden. Nicht die Fakten selbst beeinflussen uns, sondern wie wir sie deuten. Es ist daher wichtiger zu wissen, wie das Kind empfindet, als die konkreten Details seines Handelns zu kennen. Jede Verhaltensweise ist für das Individuum sinnvoll – nämlich von der Warte aus gesehen, von der es die Welt betrachtet.

Um in der Menschenführung, Erziehung, Beratung oder Therapie erfolgreich zu arbeiten, muß man den subjektiven Gesichtspunkt des Kindes, seine »private Logik«, erkannt haben. Unsere Sinne nehmen Bilder auf, die wir subjektiv auslegen. Jeder Mensch sieht die Wirklichkeit auf eine etwas andere Weise. Dadurch entsteht der zeitweilige Kontrast von »privater

Logik« und gesundem Menschenverstand. Diese personalisierten Auslegungen helfen uns zu erkennen, wie wichtig es ist, eine Verhaltensweise subjektiv statt objektiv zu sehen.

Die Bedeutung eines Erlebnisses aus der Vergangenheit hängt ab von der Art und Weise, in der ein Mensch es ausgelegt hat; diese Erkenntnis ist wichtig, wenn wir die Verhaltensweise eines Menschen verstehen und sein Verhalten beeinflussen wollen. Es ist entscheidender zu wissen, *wie* ein Mensch seine Fähigkeiten gebraucht, als zu wissen, *was* seine Fähigkeiten sind. Viele Probleme, die uns aus der Unfähigkeit, etwas zu erreichen, entstehen, werden deshalb nicht klar erkannt, weil wir die Subjektivität unseres psychologischen Standpunktes außer acht lassen. Nimmt man aber den subjektiven Standpunkt ein, so legt man die idiographischen Gesetze klar, Gesetze, die auf ein Individuum anzuwenden sind, statt der nomothetischen Gesetze – das heißt Gesetze, die Allgemeingültigkeit haben.

Jedes Individuum hat die schöpferische Kraft zur persönlichen Deutung aller Geschehnisse

Das Kind ist mehr als ein »Reizempfänger«; es hat die schöpferische Fähigkeit, allen Geschehnissen in seiner Umwelt eine auf sich bezogene Bedeutung beizumessen.

»Nun aber ist die Wahrnehmung nie mit einem photographischen Apparat vergleichbar, sondern sie enthält immer auch etwas von der Eigenart des Menschen.«[6]

Das gibt einer Verhaltensweise eine neue Bedeutung und bietet neue Erklärungen. Die Wahrnehmung des Reizes und der Reiz-Reaktion allein genügt also nicht. Man muß vielmehr eine weitere Variante zwischen Reiz und Reaktion berücksichtigen, nämlich die persönliche Deutung aller Wahrnehmungen durch das Individuum. Zwar können wir die Handlungen eines Menschen besser voraussehen, wenn wir seinen Lebensstil, seine charakteristische Handlungsweise kennen. Doch wir müssen auch mit der schöpferischen Kraft des Individuums rechnen, die ihm eine auf sich bezogene Auslegung aller Vorgäng erlaubt.

Wir nehmen nur das wahr, was wir sehen *möchten*. Man nennt diesen Vorgang »tendenziöse Apperzeption«. Der Mensch wird durch das, was er wahrnimmt, und die Art, in der er es wahrnimmt, individuell geprägt. Seine Kreativität läßt ihn seine Wahl treffen; sein Verhalten ist keine bloße Reaktion; der Mensch ist mehr als das Ergebnis von Kräften, die auf ihn einwirken.

Ein oberflächlicher Beobachter mag gewisse Erfahrungen eines Kindes als das Ergebnis von zu großer Beschützung, Vernachlässigung oder Mißhandlung betrachten. Das ist irrelevant. Wichtiger ist herauszufinden, wie sich das Kind das Erlebte auslegt. Deshalb ist es auch so schwierig, die »ideale« Ordnung für die Familie oder das Klassenzimmer vorzuschreiben, da man davon ausgehen muß, daß das Kind Handlungen der Erwachsenen nicht unbedingt in der erwarteten Weise empfindet. Entscheidungsfreiheit heißt, daß ein Individuum für sich selbst entscheiden *kann* und dies auch *tut*. Der Mensch ist weder irgendwelchen Trieben ausgeliefert, noch ist er Opfer von Impulsen, noch wird er von Erbanlagen oder Umwelteinflüssen in eine bestimmte Richtung gezwungen. Er gebraucht all das als Stimulans für seine eigenen Auslegungen, und diese Auslegungen geben den Kräften und Trieben, denen er in sich selbst und in seiner Umwelt begegnet, ihre Bedeutung. Es ist weniger interessant zu wissen, mit welchen Anlagen ein Kind geboren wurde, als zu erkennen, wie es dieselben später eingesetzt hat. Diese Fähigkeit der individuellen Deutung unserer Erfahrungen bestimmt zweifellos unsere Auffassung von der Welt und unsere Meinung über uns selbst. Wir stellen Vermutungen über die Welt an, die auf unseren persönlich gedeuteten Erfahrungen basieren. Manche dieser Vermutungen sind falsch, aber wir handeln so, als wären sie richtig; wir machen sie zu Richtlinien für das Verhältnis zu unseren Mitmenschen. Genauso ist die Entwicklung unseres Selbstbildes ein Produkt voreingenommener Apperzeption. Und wenn unsere Meinungen einmal geformt sind, neigen wir dazu, danach zu leben.

Die Anregungen, die das Individuum empfängt, müssen durch den Prozeß des Wahrnehmens und der Deutung gehen, um die schöpferische Reaktion hervorzubringen. Mit der Zeit wird diese Deutung mehr und mehr von dem charakteristischen Reaktionsschema, dem Lebensstil, abhängig. Dann handeln wir auf der Basis dessen, was uns als wahr *erscheint*.

Unsere Auslegungen bestimmen unser Denken, Fühlen und Handeln. Wenn bereits die ersten tatsächlichen Erfahrungen in der Schule ein Kind dazu verleiten, sich als unzulänglich und minderwertig anzusehen, wird es dazu neigen, auf dieser Basis auch in seinem weiteren Schulleben zu fungieren; es sei denn, der Lehrer ist in der Lage, den Mut seines Schülers zu entwickeln. Genauso kann man feststellen, daß ein Kind, das bereits falsche Vorstellungen entwickelt hat, sich dauernd in Geschehnisse verwickelt, die seine bereits bestehende Meinung von sich selbst immer wieder bekräftigen.

Dazugehören ist ein Grundbedürfnis

Eine der wichtigsten Voraussetzungen, menschliches Verhalten in seiner Vielfalt zu verstehen, ist die Erkenntnis der fundamentalen menschlichen Bedürfnisse. Was die fundamentalen Bedürfnisse sind, ist eine Streitfrage. Ohne die Bedeutung der körperlichen Notwendigkeiten zu unterschätzen, finden wir jedoch, daß das Dazugehörigkeitsgefühl mehr Beachtung verdient, als es im allgemeinen erfährt.

Jeder Mensch hat das Verlangen, sich irgendeinem Menschen oder irgendeiner Gemeinschaft anzuschließen. Auf der Basis dieses Bedürfnisses entwickeln sich viele soziale Institu-

tionen. Sogar in ganz kleinen Kindern zeigt sich bereits das Bedürfnis nach Identifikation und Anschluß. Der Mensch kann
sich nicht selbst verwirklichen, solange er nicht »dazugehört«.
Studien haben gezeigt, daß die Furcht vor dem Ausgeschlos-
sensein zu allgemeinen Angstgefühlen führen kann. Das Bedürfnis, einer Gruppe angeschlossen zu sein und Bedeutung
seiner selbst durch »Dazugehören« zu finden, erklärt viele
Verhaltensarten. Je mehr ein Mensch im allgemeinen am Wohl
anderer interessiert ist, um so ausgeglichener ist er als Individuum. Der Mensch hat einen Drang zur Kooperation. Im Rahmen der zwischenmenschlichen Beziehungen entwickelt sich
die Fähigkeit, zu geben und zu nehmen, und die ihr innewoh-
nende Spannkraft, die sich in einer sozialen Ordnung entwikkelt, ist ein wichtiger Teil allgemeiner Normalität.

Verhalten wird durch eine ganzheitliche, dynamische Betrachtungsweise verständlich

Auf dieser Basis wird der Mensch als ein einheitlicher, psycho-
logischer Organismus betrachtet, wobei die totale Konfigura-
tion der Faktoren in Betracht gezogen werden muß. Das heißt,
der Mensch wird als ein unteilbares Ganzes angesehen, im Gegensatz etwa zu einer atomistischen, reduktionistischen Auffassung. Das Verhalten in Einzelaspekte zu zerlegen ist weder
wirksam noch notwendig; der Mensch als Ganzes offenbart
sich durch seine Handlungen.

Das Individuum ist nicht als ein Schlachtfeld psychischer
Mächte anzusehen, die in seinem Innern einen Kampf ausfech-
ten. Verhalten hat interpersonelle (zwischenmenschliche), nicht
intrapersonelle (innermenschliche) Bedeutung, das heißt, die
Konflikte bestehen zwischen dem Individuum und den Menschen in seiner gesellschaftlichen Umwelt. Wenn sich der
Mensch gegen seine Umwelt verschließt, kommt es weder
zu Konflikten noch zu gegenseitigem Verstehen. Atomistische

Systeme zu entwickeln führt nicht zum Verstehen, dazu muß man das Verhalten als einen interpersonellen Vorgang betrachten und das ganze Aktionsfeld bewerten.

Folglich sind die Triebe den Zielen, die das Verhalten des Augenblicks beeinflussen, untergeordnet. Verhalten ist die Bewegung des »ganzen Individuums« innerhalb seines sozialen Kontexts. All seine Entscheidungen und Handlungen spiegeln seine Richtlinien und Auslegungen wider. Obwohl eine bestimmte Handlungsweise differieren mag, wenn ein Individuum auf neue und verschiedene Situationen trifft, bleibt sie doch im Einklang mit dem speziellen Lebensstil.

Der Lebensstil ist einheitlich und folgt einem Schema

Die Interaktionen des Kindes mit seiner Umgebung, besonders innerhalb seiner Familie, geben ihm die Gelegenheit zu einer Vielzahl von Erfahrungen, die es auf seine Weise deutet. Indem das Kind sich mit diesen Erfahrungen auseinandersetzt, entwickelt es ein charakteristisches Reaktionsschema, seinen »Lebensstil«.

In den Entwicklungsjahren ist jeder Mensch der sozialen Interaktion mit seinen Eltern und Geschwistern ausgesetzt, die während dieser Zeit eine bedeutende Rolle in seinem Leben spielen. Seine Erfahrungen und die subjektive Auslegung derselben führen zur Formierung von Leitsätzen, die seine Handlungsweise für sein ganzes Leben bestimmen. Zu wissen, wie ein Kind ein bestimmtes Erlebnis empfindet, ist wichtiger, als das Erlebnis objektiv zu betrachten. Bei der Bildung eines bestimmten Lebensstils sucht das Kind immer wieder nach Richtlinien, auf die es seine charakteristische Reaktion stützen kann. Wenn der Lebensstil einmal geformt ist, betrachtet es alle Situationen vom Gesichtspunkt dieser voreingenommenen Apperzeption. Die Entwicklung des Lebensstils ist wie folgt beschrieben worden:

»Der Charakter des Menschen ist nichts anderes als die Manifestation eines bestimmten Planes, den sich das Kind für die weitere Lebensführung zurechtgelegt hat. Der Lebensplan eines Kindes wird sich weder aus einer bestimmten Einzelheit, noch aus einmaligen Erlebnissen ergeben, sondern aus seiner Art, Schwierigkeiten zu überwinden, gleichgültig, ob diese nun wirklich vorhanden waren oder nur als solche angenommen wurden. Jeder umrissene, bestimmte Plan wird seine bestimmten, ihm dienlich scheinenden Mittel finden. So ergibt sich aus dem individuell verschiedenen Lebensplan ein für diesen Menschen charakteristischer Lebensstil, der sich in allen seinen Handlungen vorfinden wird. Er verwendet ganz bestimmte Hilfskonstruktionen und Schablonen in seinem Denken, Handeln und Wollen. Daraus entsteht dann die persönliche Note, die charakteristische Melodie seines Lebens, der Rhythmus seiner persönlichen Gangart.«[7]

Der Lebensstil bestimmt die Entscheidungen des Kindes, auch wenn sie auf falschen Annahmen oder irrigen Gesichtspunkten beruhen, die nicht länger auf seine augenblickliche Situation zutreffen. Gelegentlich können wir Menschen beobachten, die sich in allen Situationen in einer Weise verhalten, die sie selbst als der Situation nicht entsprechend empfinden. Wie unter einem Zwang betrachten sie alles von ihrer voreingenommenen Warte, um sich ihre Vorstellungen vom Leben und von sich selbst zu erhalten, die sie bereits in ihrer Kindheit gebildet haben. Diese voreingenommene Apperzeption, die wir alle zu einem gewissen Grade entwickelt haben, dient uns als Mittel der Rechtfertigung für unser falsches Verhalten. Viele Lebensschwierigkeiten sind das Resultat solch prinzipieller, früher falscher Überzeugungen, die in unserem Lebensstil enthalten sind. Wir »schaffen« unsere Erfahrungen im Einklang mit unserer vorgefaßten Meinung.

Diese Einstellung stützt sich auf die Annahme, daß das Verhalten eines Individuums von mehr bestimmt wird als nur von Vererbung, Veranlagung und sozialem Umfeld. Das Ich, wie es sich im Lebensstil ausdrückt, spielt im Verhalten eine Hauptrolle. Das subjektive psychologische Feld jedes Individuums bestimmt seine Handlungen und seine Handlungsweise. Dies bedeutet, daß der Mensch mithilft, sein Umfeld zu »bauen«. In diesem Sinne hat die Umwelt einen größeren subjektiven Wert, als wir ihr gewöhnlich zuschreiben.

Bei der phänomenologischen Einstellung beachtet man die subjektive Reaktion des Individuums auf Vorgänge in seiner Umgebung. Seine Wahrnehmungen, obwohl personalisiert und voreingenommen, bestimmen sein Verhalten mehr als die sogenannte Wirklichkeit.

Alles Verhalten aber muß im sozialen Kontext betrachtet werden. Motivierung entwickelt sich aus sozialen Gründen.

Die Deutung von Gefühlsregungen auf der Basis dieser Annahmen

Wir können also Gefühlsregungen in einem neuen Licht betrachten. Sie scheinen uns nicht länger als mystische Triebkräfte, die dem Verhalten zugrunde liegen. Sie werden als Instrumente sichtbar, die den Zielen des Menschen dienen.

»Gefühlsregungen sind keine mysteriösen Phänomene, die sich jeder Deutung entziehen; sie treten dort auf, wo sie mit dem gegebenen Lebensstil und der vorgebildeten Verhaltensschablone des Individuums übereinstimmen. Ihr Zweck ist, die Situation, in der sie auftreten, zum Vorteil des Individuums zu modifizieren.«[8]

Wir erzeugen und erschaffen unsere Gefühlsregungen. Wir treffen eine Wahl, welche unserer Gefühle wir anwenden und wann und wie wir sie anwenden. Gefühlsregungen sind soziale Werkzeuge und Hilfsmittel zur Erreichung unserer Ziele, seien sie sozial oder antisozial, konstruktiv oder destruktiv. Wenn wir ein Verhalten verstehen wollen, müssen wir unter die Oberfläche sehen. Beurteilen wir dagegen Empfindungen nur nach ihrem Oberflächenwert, so entgeht uns ihre Bedeutung.

Temperamentsausbrüche zum Beispiel sind meist nur Versuche, die Aufmerksamkeit auf sich zu ziehen oder Macht auszuüben. Wenn ein Gefühlsausbruch Erfolg haben soll, muß ein Publikum vorhanden sein. Gefühlsausbrüche werden oft erheblich reduziert, wenn keine Anerkennung und Macht durch sie zu erreichen ist.

Wir unterscheiden disjunktive Empfindungen (die uns von den Mitmenschen trennen) und konjunktive Empfindungen (die uns mit ihnen verbinden). Da der Mensch seine Gefühle mit seinen Zielen in Einklang bringt, können Gefühle nicht mechanistisch ausgelegt werden. Zorn, Niedergeschlagenheit und Widerwille stehen beispielhaft für disjunktive Gefühlsregungen. Mit dem Zorngefühl widersetzt sich der Mensch, er versucht, zu dominieren oder zu verletzen und zu vergelten. Ein Mensch, der als Empfindung Zorn »gebraucht«, glaubt, daß alles nach seinem Willen gehen müsse, und hofft auf einen Sieg durch Zwang. Zorn: Wer Macht zum Ziel hat, gründet dies auf die Annahme, man sei minderwertig. Ein Mensch, der sich seiner Macht sicher ist, hat es nicht nötig, sie zu demonstrieren. Auch Niedergeschlagenheit, die sich in übersteigertem Kummer ausdrückt, dient dem Menschen als Ausgleich für seine Minderwertigkeitsgefühle oder Schwächen. Oft spielt ein Mensch die Rolle des Unglücklichen und versucht damit, seine Position zu stärken und sich eine vorteilhaftere Lage zu sichern. Mit übertriebenem Kummer stellt sich der niedergeschlagene Mensch gegen seine Mitmenschen. Er sucht und findet oft durch die Hilfe und Unterstützung anderer eine Erleichterung seiner Lage. Das bedeutet, Niedergeschlagenheit kann von einer Minus- zu einer Plus-Stellung verhelfen und die Minderwertigkeit aufwerten, ja in Gleichwertigkeit verwandeln.

Als konjunktive Empfindungen sind etwa Freude, Zuneigung, Mitleid und Bescheidenheit zu nennen. Auch Einfühlungsvermögen kann als Ausdruck positiver sozialer Einstellung gewertet werden, denn einer, der sich in die Lage eines Mitmenschen versetzen, sich mit ihm identifizieren kann, hat gesundes Gemeinschaftsgefühl.

Um Zweck und Bedeutung von Gefühlen richtig zu deuten, muß man sie in ihrem sozialen Kontext sehen und sie auf Zweckdienlichkeit, schöpferische Kraft, Relevanz, Subjektivität und auf das Schema des Lebensstils beziehen. Schon verhältnismäßig früh lernt das Kind, seine Gefühle zu seinem Vorteil zu nützen, und ein Pädagoge, der Übung in der Beobachtung von Kindern hat, kann die zielgerichtete Bedeutung ihrer Gefühle gar nicht übersehen. Sie sind nicht so sehr Triebkräfte wie Werkzeuge, die das Kind zur Erreichung seiner Ziele einsetzt.

Die soziale Deutung des Abwehrmechanismus

Unsere Theorie verlangt einen neuen Blick auf die Bedeutung des sogenannten Abwehrmechanismus, einer Methode, mit deren Hilfe der Mensch bestimmten Aufgaben im Leben ausweicht. Der Abwehrmechanismus befähigt ihn, seine Selbstachtung und falsche Lebensauffassung zu schützen. Einige der gebräuchlicheren Mechanismen und ihre allgemein üblichen Definitionen sind:

Rationalisierung: Man findet einen scheinbar logischen Grund für Unzulänglichkeit und Versagen anstelle des wirklichen Grundes.

Projektion: Man bewahrt sein Ich davor, die eigenen unerwünschten Absichten zu erkennen, indem man diese unerwünschten Eigenschaften anderen zuspricht.

Identifikation: Man sieht die guten Seiten anderer als die eigenen an und kann die Erfolge anderer mehr nachempfinden als ihre Misserfolge.

Repression: Der Versuch, unsere Impulse oder Absichten zu verleugnen.

Kompensation: Der Versuch, Schwächen auf einem Gebiet durch Stärken auf einem anderen zu entschuldigen.

Betrachten wir diese Mechanismen unter dem Aspekt sozialer Prinzipien, etwa der Zweckgerichtetheit, der Relevanz, der Subjektivität und des Lebensstil-Schemas, so können wir sie re-interpretieren. Diese Mechanismen helfen dem Ich bei der Suche nach einem Platz in der Gesellschaft. Sie werden im Hinblick auf ein soziales Ziel angewandt. Vom Subjekt aus betrachtet, sind sie zum Zeitpunkt ihrer Anwendung die wirksamsten Methoden; sie erlauben dem Individuum »dazuzugehören«.

Rationalisierung ist darauf abgestimmt, unsere Ziele für uns selbst akzeptabler zu machen. Die Gründe, die wir angeben, sind den gesellschaftlich anerkannten angepaßt. Sie machen es uns möglich, Niederlagen in Siege zu verwandeln.

Projektion schiebt die Schuld auf diejenigen, die nicht so akzeptabel sind wie diejenigen, zu deren Gruppe wir gehören möchten. Projektion erlaubt uns, »dazuzugehören«, indem wir die Fehler derer, die außerhalb unserer eigenen Gruppe stehen, betonen.

Identifikation, als Abwehrmechanismus betrachtet, bedeutet, daß wir uns im allgemeinen mit Menschen identifizieren, die in der Gesellschaft hohes Ansehen genießen. Identifikation ist immer zweckgebunden. Wir haben mit den Menschen, die unseren Platz im Leben stärken oder verbessern, »etwas gemeinsam«, denn wir identifizieren uns mit ihnen (oder mit einer Sache) nur dann, wenn es mit unseren Lebenszielen in Einklang zu bringen ist. Bei Menschen, die, vom subjektiven Standpunkt aus gesehen, unserer Sache negativ gegenüberstehen, entdecken wir keine Ähnlichkeit mit uns selbst. Identifikation mit Außenseitern der Gesellschaft ist daher meist das

Anzeichen dafür, »anders als die andern« sein und nicht zur Gruppe gehören zu wollen.

Kompensation veranlaßt denjenigen, der auf einem bestimmten Gebiet nicht gut abschneidet, auf einem anderen Gebiet so viel Erfolg zu haben, daß sein Platz in der Gesellschaft damit gesichert ist. Durch Kompensation versucht er Aufgaben zu bewältigen, durch die er Anschluß findet. Das Ziel einer Verhaltensweise erkennen heißt also, eine Wechselbeziehung zwischen den Abwehrmechanismen zu sehen. Das Individuum wird von dem Wunsch geleitet, dazuzugehören, anerkannt zu werden, Bedeutung zu erlangen; und jedes Individuum sieht diesen Vorgang subjektiv, vom Gesichtspunkt seiner voreingenommenen Apperzeption aus.

II. Die Entwicklung des Kindes

Bei der Geburt tritt das Kind in eine Gesellschaft ein, deren Regeln und Grenzen es lernen muß. Es gehört einer Gemeinschaft an, die nach bestimmten Richtlinien und Bräuchen lebt. Von Anfang an nimmt es Kontakte mit anderen Menschen auf. Die eigene Familie vermittelt ihm den ersten Kontakt mit einer Gesellschaftsgruppe, und es lernt, sich ihr anzupassen. Diese Kontakte sind es, die es dem Kind mit der Zeit ermöglichen, Schlüsse über die Menschen und den Umgang mit ihnen zu ziehen, denn durch die Beobachtungen und Erfahrungen mit den Menschen seiner Umgebung lernt das Kind, wie es am besten mit ihnen auskommt. Die Einstellungen und Überzeugungen, die es sich auf diese Weise aneignet, bilden die Basis für seinen Lebensstil. Um einen Menschen zu verstehen, muß man daher seinen Lebensstil kennen.

Das Kind reagiert nicht nur, es nimmt an der Lösung der Probleme seiner Umgebung aktiv teil. Es ist mehr als ein Produkt von Erbfaktoren und Umwelteinflüssen; seine subjektive Deutung all dessen, was in ihm und um es herum vorgeht, gibt seinen Handlungen Bedeutung. Das Kind ist imstande, sich über seine Erfahrungen eine eigene Meinung zu bilden. Es kann Schlüsse ziehen und interpretieren. Sein Verhalten stützt sich mehr auf die selbstgewählte Anwendung gewisser Fähigkeiten als auf den Besitz bestimmter angeborener Eigenschaften, denn bei der Entwicklung dieser Fähigkeiten kommt die schöpferische Kraft des Kindes mit ins Spiel.

Um ein Kind verstehen zu können, muß man sich mit der fundamentalen Struktur seiner Persönlichkeit vertraut machen. Diese fundamentale Struktur, also das, was wir gemeinhin als Lebensstil bezeichnen, bleibt durch das ganze Leben hindurch im wesentlichen unverändert. Daher ist das Erkennen des Lebensstils und seine Entwicklung für den Erfolg unserer Bemühungen um das Kind so überaus wichtig und bedeutsam.

Aber dazu braucht es mehr als die richtige Einordnung verschiedener oberflächlicher Verhaltensschemen, die auf den ersten Anblick unzusammenhängend erscheinen.

»Das Erkennen der Grundbegriffe, die die Formung der kindlichen Persönlichkeit bestimmen, trägt mehr zum Verstehen eines bestimmten Kindes bei als die Wahrnehmung des beiläufigen Verhaltensschemas, das dieses Kind zeigt, während es verschiedene Entwicklungsphasen durchläuft. Jede externe Veränderung, die ein Kind in den verschiedenen Altersstufen durchmacht, ist lediglich eine Variation des Themas und nur auf der Basis seiner Grund-Persönlichkeit verständlich.«[9]

Dem genauen Beobachter wird es nicht entgehen, daß alle Handlungen eines Kindes von frühester Jugend an zielgerichtet sind, obwohl das Kind sich meist des Ziels nicht bewußt ist. Und wir begreifen die Absichten des Kindes, wenn wir die Ziele erkennen, die es verfolgt. Denn alle Handlungen sind Teil des ganzen Lebensschemas, das auf der Bewertung des Selbst und der Umwelt beruht. Das Kind lernt rasch, die Einstellung anderer zu seinem Vorteil auszunutzen. Erkennt es doch schnell ihre Reaktion auf alles, was es tut, und findet bald heraus, welche Reaktionen ihm am liebsten sind, mit welchen Mitteln es sie hervorrufen, in welcher Situation es sie anwenden kann und bei wem seine Methoden Erfolg haben.

Einflußfaktoren für die kindliche Entwicklung

Familienatmosphäre

Die Eltern schaffen die Atmosphäre, in der das Kind seine ersten Lebenserfahrungen mit der Gesellschaft macht, denn seine Meinung über einzelne Personen und über die Gesellschaft bildet sich aus dem Verhältnis, das es zu den Eltern hat. Das heißt, das Kind entwickelt seine bestimmte Einstellung zu den gesellschaftlichen Konventionen innerhalb der Familie.

Über die Eltern werden dem Kind auch die Einflüsse von seiten der Gemeinschaft vermittelt. Diese dienen als Beispiel menschlicher Beziehungen. Von den Eltern lernt das Kind, wie Menschen überhaupt miteinander umgehen. Die Beziehungen der Eltern sind das Muster für alle persönlichen Beziehungen in der Familie. Familien, die wetteifern, stimulieren das Kind, mit zu konkurrieren. In Familien, die zusammenarbeiten, wird der persönliche, sich von den anderen unterscheidende Stil jedes Kindes gefördert. Allerdings ist das Familienschema nicht unbedingt bestimmend für das Verhalten des Kindes. Tatsächlich läßt das Familienmuster recht gegenteiliges Verhalten bei manchen Kindern zu.

»Kinder derselben Familie zeigen im großen und ganzen eine Neigung zu ähnlichem Verhalten und entwickeln charakteristische Werte und moralische Auffassungen, besonders wenn diese von beiden Eltern akzeptiert und eindeutig festgelegt sind. Wir können deshalb sagen, daß ähnliche Charakterzüge von Geschwistern Ausdruck der Familienatmosphäre sind, während Persönlichkeitsunterschiede die besondere Stellung jedes Kindes in der sogenannten Familienkonstellation widerspiegeln.«[10]

Familienkonstellation

Jedes Kind nimmt im Grunde eine unterschiedliche Stellung im Familienkreis ein und erlebt daher alle Vorkommnisse in der Familie von seiner individuellen Warte aus. Ganz allgemein betrachtet, spielt der Platz, den das Kind unter seinen Geschwistern einnimmt, eine ausschlaggebende Rolle bei der Entwicklung seines Charakters. Konkurrenz zwischen Geschwistern führt zu fundamentalen Persönlichkeitsunterschieden. Bei Konkurrenzkämpfen wird der eine Erfolg haben, wo ein anderer entmutigt aufgibt; oder wo einer versagt, wird ein anderer an dessen Stelle treten. Im Gegensatz dazu drücken sich Bündnisse unter Geschwistern in ähnlichen Interessengebieten, Charaktereigenschaften und Temperamenten aus.

Bei einer Betrachtung der Familienkonstellation beachte man zuerst die Ordinalpositionen, z.B. ältestes, zweitältestes, mittleres, jüngstes, einziges Kind.

Jedes hat seine charakteristische Bewegungslinie, seine eigenen Auffassungen und Einstellungen, die es veranlassen, eine konkrete Situation auf verschiedene Weise einzuschätzen, so daß sie nicht unbedingt dasselbe Verhalten hervorrufen.

Besondere Aufmerksamkeit verlangen die Ausnahmen zu den »klassischen« Behauptungen über die Ordinalpositionen. Im speziellen Fall mag es einem Kind gelingen, seine konkurrierenden Geschwister zu überholen. Vielleicht ist es aber auch unfähig, die Rolle des Älteren zu übernehmen und beizubehalten. Die Abwesenheit eines Elternteils beispielsweise kann Annahmen, die nur auf der ordinalen Position beruhen, zunichte machen. Daher sieht die positionale Psychologie die psychologische Reaktion des Kindes auf seine Stellung für bedeutender an als die ordinale Position dieses Kindes per se.

Die Ordinalpositionen wurden wie folgt als charakteristisch beschrieben: Das *älteste* Kind befindet sich für eine begrenzte Zeitspanne in einer Situation, in der es das *einzige* Kind

Einflußfaktoren für die kindliche Entwicklung   49

ist. Es ist anzunehmen, daß es als einziges Kind ein beträchtliches Maß an Aufmerksamkeit erhält. Plötzlich findet es sich entthront; es muß sich mit einem Geschwister auseinandersetzen, das ihm, so scheint es, die Liebe der Mutter raubt. Also versucht es, die Nachteile seines »Thronverlustes« zu verringern, denn es möchte selbstverständlich weiterhin an *erster* Stelle stehen. Gelingt ihm dies nicht mit positiven Mitteln, so wird es statt dessen dauernd bestrebt sein, seine Position als *ältestes* Kind in anderer Weise zu behaupten.

Das *Zweitgeborene* steht einem Geschwister gegenüber, das ihm immer voraus ist. Das ältere Kind scheint Vorteile zu haben, die es nicht hat: es darf Dinge tun, die ihm verboten sind. All dies sieht es als Zeichen von Unterlegenheit an – das ältere scheint fähiger. Oft handelt das zweite Kind so, als müsse es das erste Kind einholen. Und oft wird es »mehr als das, was das Älteste gar nicht ist«, zum Beispiel wird es oft aktiver oder unabhängiger als sein älterer Rivale.

Das *mittlere* Kind hat gewöhnlich weder die gleichen Rechte wie das ältere noch die gleichen Vergünstigungen wie das jüngere Kind. Es muß nach beiden Seiten hin seine Ellenbogen gebrauchen. Oft glaubt es, man wolle es hinausdrängen; dann neigt es dazu, das Leben ungerecht zu nennen. Oder aber es gelingt ihm, beide Konkurrenten zu unterdrücken und der Überlegene zu sein.

Das *jüngste* Kind ist das Nesthäkchen, der »schwächste Punkt« in der Machtstruktur der Familie. Es kann diese Position allerdings gut zu seinem Vorteil nutzen, hat es doch die besten Chancen, verwöhnt zu werden. Es entwickelt oft besondere Charakteristik, durch die es sich seinen Platz erobert: Es ist das netteste, charmanteste, schwächste, hilfloseste Kind. Obwohl es oft gleichzeitig das ehrgeizigste Kind der Familie ist, kommt es häufig vor, daß es aufgibt, wenn es die anderen nicht überflügeln kann.

Das *Einzelkind* verbringt seine Entwicklungsjahre unter Menschen, die alle größer und fähiger sind als es selbst. Daher muß es schon bald Fertigkeiten entwickeln, die ihm die Aufmerksamkeit und Hilfe der Großen sichern. Dies kann mit Charme und Intelligenz erreicht werden oder durch Hilflosigkeit und Schüchternheit.

Es ist also offensichtlich, daß gewisse Verhaltensweisen mit der Ordinalposition jedes Kindes zusammenhängen. Positionen geben aber nicht Anlaß zu mechanischen Interpretationen. Unterschiede in Alter und Geschlecht, besondere Vorzüge oder Schwächen, Krankheit und ähnliche Faktoren müssen ebenfalls in Betracht gezogen werden. Auch die Auslegung des Eltern-Kinder-Verhältnisses kann entscheidend sein. Der Altersunterschied zwischen den Kindern z.B. kann soziale oder wirtschaftliche Änderungen einer Familie beinhalten. Auch hat der einzige Bruder mehrerer Schwestern meist eine Sonderstellung inne. Die altersmäßige Gruppierung der Geschwister, wie auch der Altersunterschied zwischen Eltern und Kindern, ist gleichfalls von Bedeutung.

Junge Eltern haben auf die Position des Kindes in der Familie einen anderen Einfluß als Eltern mittleren oder fortgeschrittenen Alters. Und in einer großen Familie kann ein Kind auch eine Doppelposition innehaben.

Persönlichkeitsmerkmale bilden sich durch die Reaktion des Kindes auf die Vielzahl der Faktoren, die seine Position in der Familie beeinflussen. Wenn wir die Position des Kindes betrachten, müssen wir nicht nur das, was *wir* objektiv sehen, erwägen, sondern uns auch eingehend mit dem befassen, was das Kind subjektiv erlebt, mit seiner privaten Logik, seiner tendenziösen Apperzeption.

Der Lebensstil

Das Kind wird in eine Gesellschaft hineingeboren, deren Regeln es lernen muß. Es sieht sich mit der Aufgabe des Lebens konfrontiert. Die Mitglieder seiner Familie sind seine erste Gesellschaft; es paßt sich an und bildet seine Meinung über wirk-

Einflußfaktoren für die kindliche Entwicklung 51

same Beziehungen zur Umwelt. Das heißt, es entwickelt Einstellungen, die seinen Lebensstil formen. Diesen Lebensstil muß erkennen, wer ein Individuum verstehen will. Der genaue Beobachter wird feststellen, daß alle Handlungen von frühester Jugend an einen Zweck haben, obwohl das Kind sich dieser Zwecke nicht bewußt sein muß. Wenn wir aber die Ziele kennen, die das Kind verfolgt, gelingt es uns auch, seine Handlungen zu verstehen, die das Resultat seines generellen Lebensstils sind, der auf seiner Einschätzung des Selbst und der Gesellschaft beruht.

Das Kind lernt, die Einstellung Erwachsener zu seinem Vorteil auszunutzen. Es faßt ihre Reaktion auf sein Weinen oder Lachen schnell auf. Der einzige Weg, verschiedene Erfahrungen zu assimilieren, ist, sie in irgendein System zu integrieren. Durch Erfahrungen erkennt das Kind seine Talente und seine Grenzen. Das Agieren unter Eltern und Geschwistern hilft ihm bei der Entwicklung seiner Persönlichkeit. Das Kind ist jedoch niemals lediglich passives Objekt äußerer Einflüsse. Eine scheinbare Reaktion zeigt sich bei genauerer Beobachtung meist als zweckhafte Betätigung, die im Einklang mit dem Lebensplan steht. Denn jedes menschliche Wesen hat seinen eigenen, ihn kennzeichnenden, individualisierten Plan. Dies erklärt, warum jede neue Situation bei verschiedenen Kindern die verschiedensten Reaktionen hervorrufen kann; sie legen dieselbe gegebene Situation subjektiv aus.

Wir müssen uns vergegenwärtigen, daß alle Handlungen Teile des Lebensschemas eines Kindes sind. Der Lebensstil gibt seiner Persönlichkeit Einheit. »Man kann den Lebensstil mit dem Grundthema eines Musikstücks vergleichen.«[11]

Der Lebensstil entwickelt sich innerhalb des gesellschaftlichen Handlungsbereichs eines Kindes und offenbart dessen Auslegung seiner Umgebung. Er ermöglicht es dem Kind mit der Zeit, im Einklang mit seiner persönlichen Logik wirksam zu handeln.

»Nur dadurch, daß wir alles, was wir erleben, tendenziös entstellen, können wir die in unserer Kindheit gewonnenen falschen Ansichten vom Leben und von unserer eigenen Person aufrechterhalten. Eine private Logik, die sich jeder zurechtlegt, läßt dann das irrtümliche Verhalten als richtig erscheinen und verhindert die Einsicht, daß die meisten Schwierigkeiten und Unannehmlichkeiten im Leben die logische Folge von Irrtümern in unserem Lebensplan sind.«[12]

Die Lebensauffassungen in der frühen Kindheit sind flexibel. Allerdings wird das Kind durch die Entwicklung seiner geistigen Kräfte sehr bald veranlaßt, sich auf Eindrücke zu verlassen, die mit seinen bereits vorgefaßten Ideen übereinstimmen. Das heißt, es adaptiert die Eindrücke in seine private Logik oder persönliche Voreingenommenheit, und diese Voreingenommenheit hindert es dann daran, von den Erfahrungen, die nicht in seine Lebensauffassung, seinen Lebensstil, hineinpassen, zu lernen.

»Menschen ›machen‹ ihre Erfahrungen; sie registrieren nur das, was in ihren Plan paßt, und ›provozieren‹ außerdem oft die Erfahrungen, die sie erwarten oder wünschen.«[13]

Der Lebensstil entsteht aus dem unbewußten Plan, den das Kind bei der Lösung bestimmter Probleme für wirksam befunden hat. Später, während das Kind sich entwickelt, sucht (und findet) es die Logik, um seine Handlungsweise zu rechtfertigen, und wird auf diese Weise unbewußt von seinem Lebensstil dirigiert, der seine Handlungsweise bestimmt und seine Handlungen motiviert.

Der Lebensstil bietet eine Ausgangsbasis für unser Verhalten; er dient als vereinheitlichendes Prinzip. Das Erkennen des Lebensstils eines Kindes ist daher die wichtigste Voraussetzung für wirksame Führung in der Behebung von Fehleinstellungen.

Einflußfaktoren für die kindliche Entwicklung 53

»Das Erkennen der Voraussetzungen, unter denen die Bildung der kindlichen Persönlichkeit sich vollzieht, trägt mehr zum Verstehen eines Kindes bei als das Erkennen des bestehenden Verhaltensschemas, das das Kind zeigt, während es verschiedene Entwicklungsphasen durchläuft.«[14]

Das Kind sucht Antworten auf folgende Fragen: »Wer bin ich? Was bin ich? Wie stark bin ich? Wo ist mein Platz?« Seine Antworten, die von den gesammelten Erfahrungen und den Erwartungen für die Zukunft beeinflußt sind, bestimmen den sich entwickelnden Lebensstil.

Gewisse Auffassungen des Kindes, wie sein Selbstbild, sein Selbstideal, seine Einschätzung der Umwelt und seine ethische Einstellung, sind grundlegend für den Lebensstil. Das Selbstbild ist die persönliche Meinung des Individuums über sich selbst. Jede Auffassung, die das Ich betrifft (z. B.: »Ich bin, ich tue«), ist ein Teil des Selbstbildes. Das Selbstideal bildet sich aus dem, was ein Individuum sein möchte. Freud nannte dies das »Ich-Ideal«. Der bekannte Psychologe Rogers nennt es »the ideal self«. Die Umwelteinschätzung besteht aus Überzeugungen und Einstellungen zu allem, was nicht zum Selbst gehört, während die ethische Einstellung sich auf das bezieht, was ein Individuum tun oder nicht tun sollte. In der Praxis also könnte der Konflikt zwischen dem Selbstbild und dem Selbstideal zur Entwicklung von Minderwertigkeitsgefühlen führen. Ein Konflikt zwischen dem Selbstbild und der ethischen Einstellung äußert sich im allgemeinen als Schuldgefühl. All diese Auffassungen zusammengenommen bilden den Lebensstil.

In der Entwicklung des menschlichen Wesens treten gewisse Grundfehler auf, die aus einem Mangel an Logik entstehen. Einige der üblichen Grundfehler sind:

1. Das Gefühl der Unzulänglichkeit; z. B.: »Ich bin hilflos.«
2. Die Annahme, man sei etwas Besonderes; besonders hervorragend oder besonders nutzlos.

3. Ethische Unterbewertung: »Ich bin zu nichts nutz. Ich bin wertlos. Ich bin unfähig zu tun, was ich tun sollte.«
4. Milieu-Pessimismus: »Die Welt ist mir feindlich gesinnt. Die Welt ist gefährlich. Die Welt schuldet mir meinen Lebensunterhalt.«
5. Mißverstehen anderer: »Man kann den Leuten nicht trauen. Wenn die Leute nicht tun, was ich will, sind sie unfair. Die anderen sind dazu da, mir zu dienen.«

Solche Verzerrungen in der Auffassung vom Selbst und von anderen, von Umgebung, Handlungen und Zielen können einen Menschen zu falschen Schlüssen verleiten.

Natürlich muß man jeden Menschen aufgrund seiner individuellen Auffassungen zu begreifen suchen. Es ist aber interessant festzustellen, daß einige charakteristische Lebensstile in unserer Kultur recht häufig vertreten sind, so zum Beispiel:

Ich habe nur dann einen Platz im Leben,
1. wenn ich Anerkennung finde,
2. wenn ich alles unter Kontrolle habe,
3. wenn ich intellektuell überlegen und im Recht bin,
4. wenn ein anderer sich um mich kümmert (ein starker Mann, eine gute Frau),
5. wenn ich moralisch überlegen oder im Recht bin (dies führt oft zum nächsten Typ),
6. wenn ich beleidigt werde und auf meine Peiniger herabsehen kann (Märtyrer-Komplex).

Der Mensch, der sich auf Anerkennung verläßt, hat in seiner Kindheit die Anerkennung durch die Eltern möglicherweise überschätzt. Dann gibt es Leute, die Anerkennung mit Liebe verwechseln. Für andere wieder ist Anerkennung der einzige Weg, »Status zu erlangen«. Letztere können Kritik schlecht vertragen; sie sind übersensibel und versuchen, anderen Entscheidungen zu überlassen, so daß auf sie selbst kein Tadel fällt. Sie möchten gefallen und andere zufriedenstellen.

Der herrschsüchtige Mensch versucht, die anderen zu manipulieren. Er kann keinem vertrauen, sich auf keinen verlassen und muß immer recht haben. Je mehr er tatsächlich im Recht ist, desto besser dünkt er sich. In übersteigerter Form kann dies zu einer Zwangspsychose führen. Wer das Bedürfnis hat, »gut« zu sein, ist überzeugt, daß »Gutsein« allein schon Status bedeutet. Er ist häufig ein Perfektionist und strebt nach moralischer Überlegenheit, richtet gern über andere und zeigt, indem er seine Fehler als erster zugibt, wie gut er selbst ist.

Derjenige wiederum, der andere besiegen will, ist aus Prinzip in Opposition. Er glaubt sich dazu berechtigt, in allem seinen Willen zu bekommen. In der Macht zu rebellieren liegt für ihn die größte Bedeutung.

Der Märtyrer schließlich ist ein Mensch, der leidet und Kränkungen »sammelt«. Sein Leiden verleiht ihm moralische Überlegenheit.

Gemeinschaftsgefühl

Gemeinschaftsgefühl ist das Gefühl »dazuzugehören«; es bedeutet Teilnahme am Geschick der Mitmenschen, Mitarbeit zum Wohl der Allgemeinheit. Gemeinschaftsgefühl spielt bei der Entwicklung des Kindes eine besonders wichtige Rolle. Denn nur durch Gemeinschaftsgefühl findet das Kind Anschluß an andere. Deshalb sollte die Fähigkeit zur Zusammenarbeit unbedingt erlernt bzw. gelernt werden. Je mehr ein Kind verwöhnt wird, desto weniger Interesse zeigt es gegenüber der allgemeinen Ordnung und seinen Mitmenschen. »Gemeinschaftsgefühl ist der Ausdruck unserer Fähigkeit, zu geben und zu nehmen.«[15]

Der Charakter entwickelt sich im gesellschaftlichen Rahmen. Ausschlaggebend für die Charakterbildung ist jedoch nicht das soziale Umfeld, in dem man aufwächst, sondern die Einstellung, die man zu seinem Umfeld hat.

Das Ausmaß des Gemeinschaftsgefühls bestimmt oft den Erfolg und die Zufriedenheit eines Menschen für sein ganzes Leben.

»Ein allgemeiner Maßstab für das Gemeinschaftsgefühl eines Menschen ist seine Fähigkeit zur Zusammenarbeit und seine Bereitwilligkeit, die Regeln der menschlichen Gesellschaft zu respektieren, auch wenn dies manchmal persönliche Opfer erfordert.«[16]

Man sollte sich daher vergegenwärtigen, daß Gefühle, die anfangs gegen Eltern und Lehrer gerichtet sind, in mancher Hinsicht oft einen Angriff auf die Gesellschaft im allgemeinen bedeuten. Das bedeutet aber nicht, daß man die herrschenden Umstände passiv hinnehmen sollte. Scheinbare »Anpassung« kann auch ein Hindernis des Fortschritts sein.

Erziehungsmethoden

Den Einfluß der Familienatmosphäre und der Familienkonstellation auf die Persönlichkeitsentwicklung haben wir bereits erwähnt. Ein weiterer wichtiger Faktor ist die Erziehungsmethode. Jedes Kind wird anders erzogen. Alle Erziehungsversuche, ob sorgfältig ausgedacht, nebensächlich oder zufällig, erzeugen im Kind eine Reaktion.

Ein gleichberechtigtes Verhältnis setzt voraus, daß der Erziehende gleichzeitig bestimmt und freundlich ist. Im Rahmen eines solchen Verhältnisses kann der Respekt der erziehenden Person und des Kindes gewahrt werden. Der schlimmste Fehler in der Erziehung ist Verwöhnung, die sich durch Überbeschützen, übertriebene Sorge und Nachgiebigkeit ausdrückt. Sie sollte unbedingt vermieden werden, denn damit wird dem Kind die Gelegenheit entzogen, seine Kräfte und Fähigkeiten zu erproben. Erziehung innerhalb einer gleichberechtigten Ordnung ist auf unterschiedliche Weise möglich. Einfach aus-

Einflußfaktoren für die kindliche Entwicklung **57**

gedrückt gehören dazu: Respekt für Ordnung, Lösung von Konflikten sowie Ermutigung.

Respekt für Ordnung lernt man in einer Familien- oder sonstigen Gruppenatmosphäre, in der Wert auf Ordentlichkeit gelegt wird. Das elterliche Vorbild ist zwar wichtig, reicht aber nicht aus. Die Ordnung wird erhalten, wenn jedes Kind genau weiß, was von ihm erwartet wird und daß es seine Pflichten nicht vernachlässigen darf. Konsequente Standhaftigkeit ist der Schlüssel zur Ordnung. Respekt vor der Ordnung kann man erzeugen, indem man das Kind mit den Konsequenzen seines Fehlverhaltens experimentieren läßt.

Wenn Erziehung wirksam sein soll, müssen Konflikte gelöst werden. Sonst wird das Kind jegliche Kooperation verweigern und versuchen, die Erwachsenen zu »besiegen«, statt mit ihnen zusammenzuarbeiten. Jeder, der Erziehungsaufgaben wahrnimmt, sollte sich die Zeit nehmen zu beobachten und nachzudenken. Zurückhaltung und situationsbedingtes Vorgehen können zur Lösung von Konflikten beitragen.

Ermutigung ist von größter Bedeutung. Auftretende Probleme sind meistens die Folgen irgendeiner Entmutigung. Fehlt dem Kind das Selbstvertrauen, so führt dies unweigerlich zu einem Fehlverhalten. Der Ermutigungsprozeß ist vielseitig und grundlegend für die kindliche Entwicklung.

Die Ziele des Fehlverhaltens

Wir können annehmen, daß es Ziel jedes Kindes ist, einen Platz in der Gruppe zu finden, sich anzuschließen. Sogar dann, wenn es sich falsch verhält, glaubt es, dadurch einen Platz erlangen zu können. Vielleicht will es Aufmerksamkeit, oder möchte seine Macht beweisen. Möglicherweise will es anderen »eins auswischen« oder es stellt Unfähigkeit oder Ungeschicklichkeit zur Schau, damit es von einer ihm unangenehmen Aufgabe befreit wird. Ganz gleich, welche Ziele das Kind verfolgt, sein Verhalten resultiert aus der Überzeugung, sein Weg sei der wirksamste, um in der Gruppe etwas Bestimmtes zu erreichen. Die vier Stufen des Fehlverhaltens sind folgende:

Aufmerksamkeit erregen, Macht ausüben, Rache üben und Unfähigkeit zur Schau stellen.

Aufmerksamkeit zu erregen ist ein Mechanismus, der von den meisten Kindern schon sehr frühzeitig angewandt wird. Da ein kleines Kind meist unfähig ist, durch einen nützlichen Beitrag zur Gruppe Anschluß zu finden, versucht es Bedeutung und Anschluß zu erlangen, indem es fordert. Dadurch gewinnt es Aufmerksamkeit und Zuwendung. Zunächst wird es versuchen, durch positive Mittel Aufmerksamkeit zu erzielen. Bringen ihm diese jedoch keinen Erfolg, so wird ihm bald jedes Mittel recht sein, das Erfolg verschafft. Ein Kind läßt sich lieber bestrafen als ignorieren.

Im Machtkampf möchte das Kind zeigen, daß es andere unter Kontrolle halten kann. Es versucht, nur das zu tun, was es selber will, und verweigert jeglichen Gehorsam. Gehorchen oder etwas Verbotenes nicht zu tun, wäre eine unerträgliche Niederlage. Stellt sich heraus, daß der Erwachsene stärker ist, so wird das Kind in seiner Überbewertung von Macht noch bestärkt und ist um so fester entschlossen, das nächste Mal zu siegen.

Vergeltung ist das Resultat heftiger Feindseligkeit. Hier erhält das Kind seinen Platz in der Gruppe dadurch, daß es sich verhaßt macht. Die Hoffnung, Aufmerksamkeit oder Macht zu erlangen, hat es aufgegeben. Nun triumphiert es durch Boshaftigkeit und Gewalt.

Ein Kind, das seine Unzulänglichkeit betont, erwartet keinen Erfolg mehr. Es flieht in seine Unfähigkeit und nimmt seine Mängel als Vorwand, um nicht mitmachen zu müssen.

III. Entmutigung und Mutlosigkeit

Mutlosigkeit ist ein Zustand, Entmutigung ist ein Vorgang. Beides sind schwer zu beschreibende Begriffe. Um den Zustand der Mutlosigkeit verstehen zu können, müssen wir ein klares Bild von *Mut* haben, und der Begriff Mut ist ebenfalls schwer zu definieren. Man bezeichnet einen Menschen oder eine Handlung als mutig, wenn keine Furcht vorhanden ist und daraus eine Freiheit zu handeln resultiert. Ein mutiger Mensch wird durch Handlungen charakterisiert, die ein wenig mutiger Mensch nicht auszuführen wagt. Mutlosigkeit ist offensichtlich ein Fehlen von Mut. Und die übliche Vorstellung von Mut geht vom Fehlen einer anderen Eigenschaft aus, der Furchtsamkeit.

Psychologische Konzeptionen werden oft nicht in ihrem Charakter und Wesen begriffen, sondern durch einen »Ausschließungsprozeß«. So wird Mutlosigkeit als Nichtvorhandensein von Mut definiert und Mut mit Furchtlosigkeit gleichgestellt. Die Unzulänglichkeit solcher Erklärungen über grundlegende menschliche Eigenschaften ist offensichtlich, werden dabei doch wesentliche Aspekte dieser Eigenschaften außer acht gelassen, die für das Verhalten des Individuums ausschlaggebend sind!

Was ist Mut?

Da das Wort Mut*los*igkeit sinngemäß ein Fehlen von Mut ausdrückt, wollen wir zunächst klarstellen, was Mut überhaupt ist. Mut, allgemein lediglich einem Fehlen von Furcht gleichgesetzt, ist, klarer gefaßt, die Fähigkeit, mit einer Handlung verbundene Gefahren und mögliche nachteilige Folgen klar zu erkennen und diese Handlung trotzdem unbeeinträchtigt auszuführen. Der mutige Mensch sieht eine Situation, eine Aufgabe oder ein Ergebnis mehr vom Standpunkt möglicher Handlungen und Lösungen als von dem eventueller Bedrohungen und Gefahren. Deshalb kann er zur Tat schreiten, ohne zu zögern, ausharren, ohne zu erlahmen, und ohne psychische Rückschläge fortfahren.

Aber ist solch eine Einstellung, solch ein Vorgehen nicht eher ein Zeichen von Verwegenheit als von Mut? Oder sind beide dasselbe? Diese Frage ist schwer zu beantworten, denn die gleiche Handlungsweise kann auf Menschen mit verschiedenen, ja oft entgegengesetzten Einstellungen völlig unterschiedlich wirken. Der sparsame Mensch wird von Leuten, die ihm seine Knauserigkeit übelnehmen, als geizig bezeichnet, und der großzügige Mensch scheint denen verschwenderisch, die nicht in den Genuß seiner Freigebigkeit kommen. Ebenso mag der Schüchterne vorsichtig, der Mutige in den Augen derer leichtsinnig erscheinen, die anders fühlen und seine Lage anders einschätzen. Schließen derartige Überlegungen eine objektive Basis für Unterscheidungen aus? Eine einzeln herausgegriffene Handlung kann sich allerdings einer klaren Bewertung und richtigen Einschätzung entziehen. Innerhalb der ganzen Situation betrachtet, wird die Bedeutung einer Handlung jedoch meist klar. Nüchtern betrachtet, ist jede Handlung nach ihren Folgen zu bewerten, die ihr ja erst Bedeutung verleihen.

Es ist unverkennbar, daß die Handlungen eines Mutigen andere Folgen haben als die eines Verwegenen. Beide nehmen ein Risiko auf sich, doch der eine wohlüberlegt und der andere ohne richtige Einschätzung der gegebenen Situation. Psychologisch gesehen, liegt unter der leichtsinnigen Handlung gewöhnlich ein nur schlecht verdeckter Pessimismus. Der verwegene Mensch ist nur scheinbar mutig. In Wirklichkeit erwartet er, daß er scheitert, ja, er verursacht das Scheitern seines Plans dadurch, daß er bei der Ausführung versäumt, die

Entmutigung und Mutlosigkeit   61

nötige Vorsicht walten zu lassen. Ein mutiger Mensch geht anders vor.

Was also ist das Talent, der psychologische Mechanismus, die Charaktereigenschaft, die dem Mut zugrunde liegt, die ihn erzeugt? Ist Mut eine ganz bestimmte Gefühlsregung? Oder ist Mut eine undefinierbare, angeborene Eigenschaft? Wir glauben, daß hinter jeder Handlung eine Auffassung oder Überzeugung steht, ein kognitiver Prozeß, der zu gewissen Emotionen oder emotionalen Anzeichen und Äußerungen führen kann, aber nicht führen muß. Seltsamerweise wird Mut im allgemeinen weniger als ein Gefühl erkannt als sein Gegenstück, die Furcht. In Wirklichkeit basieren beide auf kognitiven Vorgängen, auf grundsätzlichen Annahmen über Möglichkeiten und Absichten, auf einer »privaten Logik«. Doch ist Furcht offensichtlich negativer Natur, mehr gegen als für etwas eingestellt und oft gegen die Anforderungen und Ansprüche einer Situation gerichtet. Aus diesem Grund brauchen wir für solch negative Absichten eine starke emotionale Unterstützung und Rechtfertigung, die man sich leicht genug verschafft durch die darin verwickelten und zur Schau gestellten, scheinbar unkontrollierbaren Gefühle. Mut dagegen erfordert keine Verstärkung und Rechtfertigung, keine Verzierungen und Ausschmückungen. Mut ist direkt, zwanglos, objektiv. Mut stützt sich auf Vernunft und schöpft alle inneren Kraftquellen aus ohne Verschwendung, Abirrung und innere Aufreibung.

Hinter der Mannigfaltigkeit in Erscheinung und »Arbeitsvorgang« von Mut und Furcht gleicherweise kann man die Ähnlichkeit der beiden Denkvorgänge und Auffassungen erkennen. Ihr einziger Unterschied ist die Richtung: Mut ist dafür, Furcht ist dagegen; Mut ist plus, Furcht ist minus. Beide stützen sich darauf, wie man sich selbst und die Situation einschätzt, entweder im positiven oder im negativen Sinn. Mut fördert, Furcht hindert. Mut und Furcht basieren beide auf bestimmten Überzeugungen und Erwartungen.

Man kann nicht behaupten, daß Furcht oder Mut sich auf einen einzigen Gedanken oder *eine* Auffassung stützen. Vielmehr steht hinter beiden Gefühlen ein Konglomerat sich gegenseitig unterstützender Ideen. Die wesentlichen Bestandteile von Mut sind Selbstsicherheit und Vertrauen in die eigenen Fähigkeiten, mit einer gegebenen Situation fertig zu werden oder, was noch wichtiger ist, allem, was kommt, gewachsen zu sein. Dies bedeutet nicht, daß man alle Probleme des Lebens lösen kann. Solche »Selbstsicherheit« findet man nur in den Tollkühnen, die sich einreden, es gäbe keine Gefahren, Schwierigkeiten und Niederlagen, die die Wirklichkeit einfach ignorieren und sich in der falschen Glorie eines Erfolgs sonnen, der nur in ihrer Phantasie besteht. Natürlich können wir nicht alle unsere Probleme lösen, nicht all unsere Schwierigkeiten meistern, alle Hürden und Behinderungen bewältigen. Doch es ist charakteristisch für den Mutigen, daß er eine Lösung *sucht* und – was am wichtigsten ist – daß er es mit jeder mißlichen Lage aufnimmt. Er ist überzeugt, daß er als rechtschaffener, wertvoller Mensch alles, was auf ihn zukommt, bewältigen kann. Die Bereitwilligkeit und Fähigkeit, alles anzunehmen, ohne sich besiegen zu lassen und in Verzweiflung geschlagen zu geben, und die Überzeugung, daß niemand den eigenen Wert und Selbstrespekt rauben kann, scheinen die hervorragendsten Merkmale eines mutigen Menschen zu sein.

Psychodynamik der Mutlosigkeit

Der Mutlosigkeit liegen unterschiedliche Überzeugungen zugrunde. Der Mutlose rechnet gar nicht damit, einen Kampf zu gewinnen oder je seine Probleme zu lösen; er arbeitet nicht einmal auf eine mögliche Lösung hin. Er hat weder Vertrauen in seine Fähigkeiten noch in das Leben im allgemeinen; er nimmt es als gegeben hin, daß er keine Chance hat. Trotzdem wird er sich immer wieder bemühen – und viele entmutigte Menschen

Entmutigung und Mutlosigkeit 63

bemühen sich sogar sehr, übersehen aber bei ihren Anstrengungen gute Gelegenheiten und zerstören ihre Chancen aufgrund ihrer pessimistischen Erwartungen. Der mutlose Mensch fürchtet die Zukunft; er ist überzeugt, daß alles Künftige nicht nur gefährlich, sondern auch schwer zu ertragen sein wird.

Am schwersten zu ertragen ist wohl das Gefühl, wertlos, unzulänglich, ein Versager zu sein. Die Sorge um Status und Prestige und die Befürchtung, beides zu verlieren oder zumindest zu beschädigen, sind die häufigsten Charakteristiken der Mutlosigkeit. Dies ist einleuchtend, wenn wir uns vergegenwärtigen, in welch hohem Maß uns unser Status und der Wert unserer Person beschäftigen. Erniedrigung und Schande, Minderwertigkeit und Fehlerhaftigkeit sind für uns alle die schlimmsten Gefahren, da wir selbst so oft an unserem Wert zweifeln und vergessen, daß wir einen Platz in der Gesellschaft haben, daß uns das Schicksal einen Platz in der Gruppe zugewiesen hat. Unsere Kultur verleiht den Anschein, auf moralischen Richtlinien und ethischen Wertbegriffen aufgebaut zu sein, die zu unser aller Entmutigung beitragen, so daß es uns schwerfällt, mutig zu sein, das heißt, den eigenen Wert, die eigene Kraft und Fähigkeit zu erkennen, unabhängig davon was wir sind. Nur wenige können sich von den vorherrschenden Normen befreien und den Mut zur Unvollkommenheit entwickeln.

Es muß betont werden, daß das Erkennen unserer Grenzen, Unzulänglichkeiten und Mängel als solche nicht unbedingt Mutlosigkeit zur Folge hat. Im Gegenteil, oft führt dieses Erkennen zu einer mutigen Handlung, um irgendwelche Mängel oder eine Zwangslage zu meistern, seien sie nun durch die Umwelt oder durch eigenes Versäumnis entstanden. Der Mut, unvollkommen zu sein, das heißt, die eigenen unvermeidlichen Unvollkommenheiten und Niederlagen bereitwillig anzuerkennen, stellt einen eingebauten Schutz gegen Entmutigung dar. Es ist bezeichnend für den Mutigen, daß er von seiner gegebenen Situation ausgeht, wie schwierig, unangenehm oder gefährlich sie auch sein mag.

Wir müssen zwischen Minderwertigkeitsgefühlen und einem sogenannten Minderwertigkeitskomplex unterscheiden. Das Gefühl der Unzulänglichkeit bewirkt oft Vervollkommnung und Reifung und führt damit zu Erfolg und Erfüllung; nicht jedoch bei einem Minderwertigkeitskomplex: einer tiefen Überzeugung von der eigenen Unfähigkeit, Mängel beheben oder verbessern zu können. Diese Einstellung ist identisch mit dem als Ziel 4 beschriebenen kindlichen Fehlverhalten. Das zutiefst entmutigte Kind versucht, Eltern, Lehrer und Altersgenossen mit seiner absoluten Unfähigkeit zu beeindrucken, damit sie es sich selbst überlassen und nichts von ihm erwarten oder fordern. Dadurch, so hofft es, tritt seine tatsächliche oder angenommene Unfähigkeit nicht noch schmerzhafter zutage. Mutlosigkeit ist das Endprodukt wiederholten Versuchens, Suchens und Hoffens; sie ist die Endstufe der Hoffnung, ein letzter Versuch, ohne Glauben an Erfolg, bis man schließlich ganz aufgibt.

Ein Mensch kann teilweise oder vollkommen entmutigt sein. Er kann auf einem bestimmten Gebiet, einer schwierigen Aufgabe wegen oder in einer mißlichen Situation mutlos sein oder dem Leben im allgemeinen mutlos gegenüberstehen und sich unfähig fühlen, auf irgendeinem Gebiet noch Erfolg zu erzielen. Durch falsche Einschätzung der Situation erkennt man weder die vorhandenen Chancen noch die Möglichkeiten zu einer Verbesserung der Lage. Selbst wiederholte Beteuerungen anderer über seinen Wert, seine Fähigkeiten und seinen Erfolg können einem tief entmutigten Menschen nicht glaubhaft erscheinen, weil er von der Richtigkeit der falschen Einschätzung seiner selbst und der Situation überzeugt ist. Er hat die Intelligenz, Bestätigungen für das, was er glaubt, zu finden; seine »private Logik« ist für ihn so überzeugend wie jeder andere logische Denkvorgang, den wir entwickeln, um irgendeine unserer persönlichen und subjektiven Überzeugungen zu untermauern. Die Frage ist nicht, ob man im Recht oder im Unrecht ist, wichtiger – ja allein wichtig – ist, was oder wie man zu sein *glaubt*. Dies ist die Basis für all unsere Handlungen. Wenn wir erst einmal eine definitive Überzeugung gewonnen haben, *schaffen* wir Erfahrungen, die diese Überzeugung untermauern, indem wir nur das wahrnehmen, was mit unserer Überzeugung übereinstimmt, und alles, was unseren Annahmen widerspricht, übersehen. Deshalb ist Ermutigung so schwer: Beim Versuch, einen Mutlosen zu ermutigen, gibt man oft dessen pessimistischen Auffassungen nach, anstatt ihn zur Änderung seiner Auffassung zu bewegen.

Der Entmutigungsprozeß

Wir sind davon überzeugt, daß alle Einflüsse, die eine Verhaltensänderung herbeiführen, sei es zum Guten oder zum Bösen hin, auf Änderungen der Überzeugungen, Meinungen und vor allem Erwartungen beruhen. Lebenserwartungen und Hoffnungen bilden die stärksten Beweggründe des Menschen, und Menschen handeln in Übereinstimmung mit ihren Erwartungen, ob sie nun Unangenehmes oder Angenehmes, Gutes oder Böses erwarten. In all ihren Handlungen richten sie sich nach diesem geheimen Plan – geheim deshalb, weil der Mensch sich dessen nicht bewußt ist. Natürlich trifft nicht immer das ein, was man erwartet, da noch andere Kräfte am Werk sind, die das Eintreffen des Erwarteten verhindern können. Doch wir selbst bewegen uns immer in der Richtung dessen, was wir erwarten, ob es nun angenehm ist oder nicht, ob wir es wünschen oder fürchten, obwohl wir uns meist unserer Richtung und den hinter unserer Handlungsweise liegenden Absichten nicht bewußt sind. Im Gegenteil, sobald wir Nachteiliges oder Unangenehmes erwarten, neigen wir dazu, uns selbst über unsere Absichten zu täuschen. Wir glauben, daß unsere Hoffnungen ehrlich sind, aber gleichzeitig handeln wir in einer Weise, die sie zerstört.

Der augenblickliche Stand der Wissenschaft trägt wenig zu unserer Erleuchtung bei. Viele Experten beeindrucken uns mit

Vorträgen über unsere Machtlosigkeit im Kampf mit den überwältigenden inneren und äußeren Kräften, denen wir uns als unglückliche Opfer beugen müssen. Das gegenwärtige Verständnis vom Menschen und der menschlichen Natur verhindert fast vollständig, daß wir der gewaltigen Kräfte, die wir besitzen und die wir in der Entscheidung über unsere Handlungen oder beim Verfolgen unserer Ziele und der Herbeiführung der erwarteten Geschehnisse anwenden können, gewahr werden.

Jeder, der die Erwartungen eines Menschen ändert, trägt zu einer Verhaltensänderung dieses Menschen bei. Einige Psychologen und Psychiater haben die gängige Auffassung, wir seien Gefangene emotionaler Kräfte und vernunftwidriger Impulse, äußerer Einflüsse und innerer Anlagen. Solche Überzeugungen schließen die Erkenntnis dessen, daß unsere momentanen Erwartungen stärker sind als frühere Erlebnisse und Neigungen, aus. Ohne Rücksicht auf erbliche Veranlagung oder frühere Umwelteinflüsse halten wir uns an das, was wir *jetzt* von uns und anderen erwarten. Unsere früheren Erlebnisse sind nur insofern bedeutend, als sie zu unseren jetzigen Meinungen, Überzeugungen, Auffassungen und Erwartungen beigetragen haben. Diese allein zählen, obwohl auch sie Änderungen unterworfen sind.

Der Vorgang der Er- oder Entmutigung manifestiert sich also in der veränderten Meinung, die ein Mensch von sich und seinen Erwartungen hat. Wird er veranlaßt, mehr und Besseres von sich zu erwarten, so wird er ermutigt. Verstärken sich seine Selbstzweifel, wird er entmutigt. Eine Untersuchung aller Einflüsse, die den Glauben oder die Zweifel eines Menschen formen, zeigt deutlich die entmutigenden und ermutigenden Reizwirkungen, denen er ausgesetzt ist. In unserer Zeit liegt das weitaus größere Gewicht auf der negativen Seite. Wir alle entmutigen uns gegenseitig mehr, als wir ermutigen, wir können viel besser entmutigen als ermutigen.

Die Verwundbarkeit des Menschen

Wir sollten uns ruhig einmal vergegenwärtigen, daß wechselseitige Entmutigung wohl nie so weit verbreitet war wie in unserer Zeit. Der heftige soziale Konkurrenzkampf erlaubt es keinem, sich seiner Zulänglichkeit und seines anerkannten Platzes in der Gemeinschaft ganz sicher zu fühlen.

Wir müssen allerdings annehmen, daß der Mensch von jeher an seiner Lebenstüchtigkeit zweifelte. Er war sich nie sicher, ob er den Anforderungen und Gefahren des Lebens erfolgreich begegnen konnte. Der Mensch scheint daher anfällig für Minderwertigkeitsgefühle zu sein. Glücklicherweise haben diese eher zu ausgleichenden Bemühungen als zur Resignation angeregt.

Der Mensch ist sich vor allem seiner biologischen Minderwertigkeit bewußt. Im Vergleich zu anderen Lebewesen seiner Größe ist er von der Natur schlecht ausgestattet worden, um ihren Gefahren begegnen zu können. Zum einen kann die Sippenbildung als ausgleichende Lösung für das Überleben des Individuums angesehen werden. Zum anderen ermöglichte die Entwicklung des Intellekts dem Menschen, dessen Körper jedes natürlichen Schutzes entbehrte, die Erfindung künstlicher Waffen. Dieses intellektuelle Wachstum setzte den Menschen jedoch einer neuen Reihe von Minderwertigkeitsgefühlen aus: Er erkannte die Größe des Universums und seine eigene Winzigkeit. Er begriff die Unvermeidbarkeit seines Todes, seiner Zerstörung, seine Grenzen in Zeit und Raum. Dieses kosmische Minderwertigkeitsgefühl ließ ihn einen Ausgleich in Kunst und Religion suchen. Der Mensch strebte nach Unsterblichkeit, nach Vereinigung mit einem »Höheren Wesen«.

Diesen biologischen und kosmischen Minderwertigkeitsgefühlen war der Mensch ausgesetzt, sie führten zur Höherentwicklung der menschlichen Rasse. Die dritte Art von Minderwertigkeitsgefühl ist ganz anderer Natur: Das soziale Minderwertigkeitsgefühl ist etwas Individuelles, es geht nur den einzelnen an. Statt ihn, wie die kosmischen und biologischen Minderwertigkeitsgefühle, mit seinen Mitmenschen zu vereinigen, trennt es ihn von den anderen, ja, es macht ihn zum Gegner.

Das Kind sieht, wie klein es im Vergleich zur Größe, Kraft und Fähigkeit seiner Eltern, anderer Erwachsener und älterer Geschwister ist. Falsche Erziehungsmethoden intensivieren oft zusätzlich die Minderwertigkeitsgefühle des Kindes.

Das Gefühl sozialer Minderwertigkeit war vermutlich noch nie so ausgeprägt wie heute. Seit Beginn seiner Existenz war das menschliche Individuum stets in ein soziales Umfeld eingebettet. Der Urmensch gehörte einer kollektiven Gesellschaft an. Während der letzten achttausend Jahre war die Gesellschaftsordnung unserer Zivilisation stabil – ein Kastensystem, in dem es schwierig war, sich frei nach oben oder nach unten zu bewegen, ungeachtet individueller Talente oder Mängel. Erst als die Gesellschaft durch den Zusammenbruch des Feudalismus erschüttert wurde, konnten Charaktereigenschaften ein Individuum zu Fall bringen oder zur Verbesserung seines sozialen Status führen. Keiner war sich seines Platzes mehr sicher. Ganz gleich, wie hoch er stieg, er konnte immer wieder fallen. Um sein eigenes bedrohtes Ich zu schützen, entwickelte der Mensch die Fähigkeit, andere zu entmutigen, indem er auf sie herabsah.

Konkurrenz in der Familie

Besonders innerhalb der Familie findet das gefährliche Spiel gegenseitiger Entmutigung fruchtbaren Boden und unbegrenzte Möglichkeiten. Am Arbeitsplatz und bei gesellschaftlichen Zusammenkünften müssen wir unseren Hang, auf andere herabzusehen, auf ein Minimum beschränken, da sonst der Arbeitsvorgang gestört und ein freundschaftliches Zusammensein unmöglich wäre. Wir haben gelernt, den freien Ausdruck unserer Gefühle und Ideen unter Kontrolle zu halten, so daß ein gewisser Grad an Kooperation und oberflächlicher

Entmutigung und Mutlosigkeit 69

Harmonie erhalten bleibt. Im modernen Familienleben, besonders in Großstadtgebieten, kann dieser Zustand jedoch leider nicht immer gewahrt werden. Dort kann der Konkurrenzkampf zwischen Mann und Frau, zwischen Eltern und Kindern sowie unter den Geschwistern möglicherweise eskalieren.

Zwar kann das dominante Elternteil die volle Entfaltung des Machtkampfes verhindern; wenn jedoch die Familie vom demokratischen Gedanken der Gleichwertigkeit aller erfüllt ist, steht jedes Familienmitglied für sich selbst, bestimmt seine Handlungen allein und versucht gewöhnlich, Überlegenheit über die anderen zu erlangen. Dies bedeutet nicht, daß gleichberechtigte Mitbestimmung ein friedliches, harmonisches Zusammenleben nebeneinander ausschließt. Jedes Übel, das durch einen »Demokratisierungsprozeß« hervorgerufen wird, kann durch mehr »Demokratie« geheilt werden.

Der größte Schaden entsteht durch unseren Mangel an Übung darin, andere als Gleichgestellte zu akzeptieren, und das in einer Zeit, in der liberales Denken jedem Mitglied der Gesellschaft das Gefühl der Gleichberechtigung und Selbstbestimmung ohne Rücksicht auf Rasse, Religion, Hautfarbe, Geschlecht, Einkommen oder Alter zuspricht. In Familie und Schule können wir mit Kindern nur so lange fertig werden, wie sie selbst gewillt sind, mitzumachen und sich zu engagieren. Wenn sie es nicht tun, verstärken Eltern und Lehrer meist den Konflikt. Der liberale Umgang mit anderen Menschen ist nicht einfach, und wir sind daher manchmal nicht in der Lage, die entstehenden Konflikte zu lösen. Unsere jetzigen Erziehungsmethoden bestehen aus einer Serie von entmutigenden Handlungen. Wir betrachten das Kind nicht als uns ebenbürtig, deshalb überbeschützen oder erniedrigen wir es. In unseren Familien wird den Kindern wenig Gelegenheit gegeben, ihre Fähigkeiten durch nützliche Beiträge zum Familienleben zu prüfen. Die Erwachsenen und älteren Geschwister erlauben ihnen nicht, ihren tatsächlichen Kräften entsprechende Aufgaben zu übernehmen und für sich selbst zu sorgen. Ihre physische Unterlegenheit und Unfähigkeit wird meistens falsch eingeschätzt. Wir leiden heute an einem oft unbewußten Vorurteil unseren Kindern gegenüber. Das heißt, wir gewähren ihnen viel Freiheit, aber ohne ihnen die damit verbundenen Pflichten zu übertragen. Auf der einen Seite lassen wir sie ungezähmt gewähren, auf der anderen Seite versuchen wir, auf Strenge und autoritäre Maßnahmen zurückzugreifen, die wir in einer gleichberechtigten Gesellschaftsordnung einfach nicht mehr anwenden sollten. Unsere Kinder haben gelernt, sich angesichts wirkungsloser elterlicher Erziehungsbemühungen zu behaupten. Sie sind im allgemeinen erfolgreicher in der Einflußnahme auf die Eltern und veranlassen diese, ihre Handlungsweise zu ändern, während die Eltern sich vergeblich bemühen, das Verhalten ihrer Kinder zu ändern. Anstelle der traditionellen elterlichen Kontrolle über die Kinder ist heutzutage häufiger zu beobachten, daß Kinder ihre Eltern beherrschen und manipulieren.

Die extremsten Aspekte des Konkurrenzkampfes charakterisieren heutzutage die Beziehungen unter Geschwistern: Jeder mißgönnt dem anderen den kleinsten Vorteil, jeder versucht, den andern herabzusetzen, nur um sich selbst dadurch besser zu stellen. Ununterbrochener Streit unter Geschwistern ist so verbreitet, daß man allgemein zu der Annahme neigt, dies sei das normale und unvermeidliche Verhalten aller Kinder. Daß diese Annahme falsch ist, kann leicht bewiesen werden. Durch die Anwendung wirksamer Mittel wird dem Streit entgegengewirkt, und die Kinder lernen, harmonisch miteinander auszukommen.

Der heftige Wettstreit zwischen Geschwistern behindert die Entwicklung jedes einzelnen Kindes. Seine schädlichen Folgen wurden bislang kaum erkannt. Es sollte jedoch zwischen Konkurrenzkampf und Geschwisterrivalität unterschieden werden. Konkurrenzkampf und Rivalität können, müssen aber nicht, gleichzeitig auftreten. Rivalität ist ein offener Wettkampf um sofortige Befriedigung eines Wunsches. Konkurrenz ist um

Entmutigung und Mutlosigkeit 71

vieles versteckter und hintergründiger, was zur Folge hat, daß ihre Auswirkungen vielen Laien und sogar Kinderpsychologen oft verborgen bleiben. Im Konkurrenzkampf versucht das Kind, seine eigene Überlegenheit zu festigen. Keiner will der Unterlegene sein, und so strebt jeder nach Überlegenheit auf irgendeinem Gebiet. Das heißt, er sucht die schwächsten Punkte seines Gegners und versucht, ihn in diesen zu übertreffen. Das ist auch der Grund dafür, daß Konkurrenten innerhalb der Familie oft gegenteilige Charaktereigenschaften, Fähigkeiten, Interessen und Temperamente haben. Jedes Kind sucht seinen Erfolg dort, wo sein Gegner versagt, und verstärkt durch seinen Erfolg nur noch das Gefühl des Versagens und der Unzulänglichkeit im anderen. Der vehementeste Kampf spielt sich zwischen dem ersten und dem zweiten Kind ab. Somit sind die größten Persönlichkeitsunterschiede häufig bei den beiden ältesten Kindern einer Familie erkennbar.

Die Eltern, meist im unklaren über die Gründe für die Verschiedenheit ihrer Kinder, verstärken diese noch, indem sie die Stärken und Schwächen jedes Kindes hervorheben. Statt ihren Einfluß auf ein Kind zu nutzen, treten sie ihn an die Geschwister ab. Der gegenseitige Einfluß der Geschwister aufeinander ist daher weit größer als der der Eltern, die lediglich den bereits festgelegten Status der Über- und Unterlegenheit der Geschwister anerkennen. Dies ist eine der Hauptquellen der Entmutigung; sie kann sich auf das ganze Leben eines Menschen ausdehnen. Ist ein Kind beispielsweise fest davon überzeugt, daß sein Geschwister ihn auf irgendeinem Gebiet übertrifft, so wird es auf jenem Gebiet keinen Versuch unternehmen, da hier sein Geschwister ja bereits um so vieles besser ist. Der Erfolg des einen beruht meistens auf dem Mißerfolg eines anderen. Der gute und der schlechte Schüler ergänzen sich gegenseitig, ebenso wie der Konformist und der Rebell. Und auch der scheinbar Erfolgreiche im Kampf trägt meist seine Narben davon, denn der weniger Begünstigte hat ihn vielleicht auf einem anderen, wenn auch weniger wichtigen oder anerkannten Gebiet übertroffen.

Überehrgeiz

Es ist nur zu verständlich, daß ein Kind, das ständig mit einem erfolgreicheren Geschwister konfrontiert ist, zu der Überzeugung gelangt, es sei ein Schwächling und würde das auch bleiben. Leider wird oft gar nicht deutlich, daß sich ein Kind falsch einschätzt, weil sein zur Schau gestelltes Verhalten die Fehlauffassung seiner selbst nur bestätigt, eine Auffassung, die es dann an seine Lehrer und Eltern weitergibt.

Nur selten wird erkannt, wie hervorragende Leistungen in Mißerfolg umschlagen können. Die meisten guten Schüler mit hohen moralischen und sozialen Maßstäben sind sehr verwundbar. Sie sind nicht »gut« einfach um des Guten willen; sie lernen nicht, um sich Wissen anzueignen. Viele Schüler sind nur »gut«, um »besser als die andern« zu sein. Und sobald sie in eine Situation geraten, in der sie nicht hervorragen können, bricht ihr ganzes Leistungsschema zusammen, und sie geben oft ganz auf. Viele Kinder, die auf der positiven Seite nicht bei den Besten sein können, »schlagen sich auf die nutzlose Seite« (Adler) und sehen ihren Erfolg darin, die Schlimmsten zu sein. Viele Schüler, die das Klassenziel nicht erreichen, sind in Wirklichkeit übertrieben ehrgeizig; sie geben auf, wenn ihre Leistungen ihnen keinen Status verschaffen. »Welch andere Gründe könnte es geben, sich anzustrengen und mitzumachen?« Viele der sogenannten jugendlichen Kriminellen sind entmutigte, überehrgeizige junge Menschen, die ihre Befriedigung darin suchen, die Gesetze zu übertreten und den Erwachsenen zu trotzen.

Das Streben, »besser zu sein«, beginnt in der Familie und setzt sich im weiteren Kreis der Gemeinschaft fort. Eltern und Lehrer, besonders in den Mittel- und oberen Mittelschichten, fördern diese Neigung. Manch ein Kind, das nicht besonders tüchtig ist und keine herausragenden Fähigkeiten aufweist, bekommt den Eindruck, es sei so, wie es ist, nicht gut genug. Sogar von dem besten Schüler erwartet man irgendwo, etwa auf gesellschaftlichem oder sportlichem Gebiet, noch bessere Leistungen. Ein Schüler, der auf allen Gebieten gleich gut ist, bekommt oft zu hören, er solle sich nicht immer und überall so anstrengen. Nur wenige Kinder werden so akzeptiert, wie sie sind, und sogar diese wenigen sind oft nicht zufrieden, weil sie selbst glauben, sie müßten anders sein. Solange die augenblickliche Tendenz, den Ehrgeiz anzuspornen und nur um des Ruhmes willen etwas zu erreichen, anhält, was oft noch unterstützt wird durch die Androhung einer Erniedrigung, wird die Mutlosigkeit bei unseren Kindern zunehmen, und zwar bei den »Guten« genauso wie bei den »Bösen« – vielleicht mehr noch bei den Guten, die von ihrer Vortrefflichkeit nie ganz überzeugt sein können. Die Kinder, die aufgegeben haben, sind nur scheinbar mit ihren mäßigen oder schlechten Leistungen zufrieden; hinter ihrer scheinbaren Gleichgültigkeit verbergen sie ihre tiefe Mutlosigkeit, weil sie zu stolz sind, sie zu zeigen.

Die Folgen der Mutlosigkeit

Niemand kann daran zweifeln, daß Mutlosigkeit einer der Hauptfaktoren aller Schwächen, jedes Fehlverhaltens und Versagens ist, wenn wir von Gehirnschäden und Geistesschwäche einmal absehen. Keiner versagt und nimmt alle damit verbundenen Leiden und Entbehrungen auf sich, ohne vorher das Vertrauen in seine Fähigkeit zum Erfolg mit positiven Mitteln verloren zu haben. Es gehören so viel Ausdauer, Hartnäckigkeit und Selbstaufopferung dazu, negativ zu handeln, daß einer nur dann den falschen Weg einschlägt, wenn er keine andere Wahl sieht. Allerdings liegt in einer Falscheinstellung und in Fehlverhalten eine große Verlockung: Man erreicht durch Übeltaten leicht besonderen Ruhm und Macht oder erregt zumindest Aufmerksamkeit. Um im Unterricht, beim Sport oder gesellschaftlich unter seinesgleichen herauszustechen, sind große Anstrengungen nötig: Fleiß und ein beachtliches Maß an

74 · Entmutigung und Mutlosigkeit

Begabung sind erforderlich. Auf einen Erfolgreichen kommen buchstäblich Tausende, die ihre Chancen nicht wahrnehmen. Aber auch sie können etwas »Besonderes« sein, von ihren Mitschülern bewundert werden, sich »wichtig« fühlen und Status erlangen, indem sie nämlich einfach die Erwachsenen besiegen und sich ihren Anordnungen widersetzen. Diese Umstellung auf gesellschaftlich unannehmbares Verhalten ist wohl die häufigste Konsequenzhandlung der Entmutigten.

Allerdings gehört ein überdurchschnittlicher Mut dazu, den Kampf auch auf der falschen Seite weiterzuführen. Dies erklärt, warum viele unserer jugendlichen Missetäter zu den intelligentesten und fähigsten jungen Menschen zählen; sie weigern sich aufzugeben, sie wollen sich durchsetzen. Völlig mutlose Kinder können diesen Kampf nicht durchhalten. Die erste Konsequenzhandlung der Mutlosen ist der Rückzug aus dem Gebiet, auf dem eine Niederlage unvermeidbar scheint. Kein Mißerfolg wird ein Kind zum Aufgeben zwingen, solange es ihn als vorübergehend betrachtet und noch Hoffnung auf einen späteren Erfolg sieht. So führen Mißerfolge und Niederlagen oft zu besonderen Anstrengungen und zu sensationellen Erfolgen. Versagt aber die Hoffnung auf Erfolg, so kommt die Mutlosigkeit in ihrer ganzen Kraft ins Spiel. Es ist nicht vorherbestimmbar, wann ein Kind das Fazit zieht, daß all seine Bemühungen auf einem bestimmten Gebiet erfolglos sein werden, aber die Folgen werden sofort klar. Und oft ist es gerade die falsche Anwendung einer korrektiven Bemühung des Pädagogen, die das Kind von der Hoffnungslosigkeit seiner Anstrengungen überzeugt. Vielleicht sucht es nun in anderen Fächern etwas zu erreichen, oder – was häufiger der Fall ist – es erkämpft sich Aufmerksamkeit, Macht und Status auf eine andere, negative Weise. Aber der ausschlaggebende Faktor ist, daß es seine Bemühungen auf bestimmten Gebieten aufgegeben hat, die nun für den Rest seines Lebens seine schwachen Seiten bleiben werden. Dieser Zustand sollte nicht unbemerkt bleiben; leider erkennt die erziehende Person die verbleiben-

Entmutigung und Mutlosigkeit

den Bereiche der Mutlosigkeit oft nicht, wenn ein Kind auf anderen Gebieten Erfolg hat. Meist zieht man dann den Schluß, die Talente des Kindes seien auf diese Gebiete beschränkt, und übersieht, daß eine Vorliebe für bestimmte Fächer oft nur eine Folge von Entmutigung in anderen Fächern ist.

Diese Tatsache müssen wir im Auge behalten. Wenn wir nicht lernen, Mutlosigkeit im Anfangsstadium zu erkennen und ihr entsprechend zu begegnen, werden wir Kinder großziehen, die trotz aller Leistungen, die sie vielleicht erzielen, mehr oder weniger demoralisiert sind. Sobald sich Mutlosigkeit festsetzt, wird die Persönlichkeit verbogen. Selbst wenn sich die Mutlosigkeit nur auf ein bestimmtes Gebiet beschränkt, Selbsteinschätzung und Selbstrespekt leiden darunter; der Mensch wird verwundbar, schüchtern und furchtsam. Wohl jeder hat irgendein Gebiet, das ihm zu schaffen macht, ihn beunruhigt. Wir brauchen Mut, um unsere Lebensaufgaben zu meistern und unsere Talente voll auszuschöpfen. Auch die kleinste Entmutigung zehrt am Mut und an der Kraft eines Menschen. Vielleicht gelingt es ihm, seine schwachen Gebiete zu umgehen und so zu tun, als seien sie nicht vorhanden; aber er wird nie ganz frei sein, nie sein Bestes geben können, weil ihm die Zuversicht fehlt, daß er *alles,* was auf ihn zukommt, meistern kann. Mutlosigkeit untergräbt Selbstrespekt und Integrität. Sie führt zu Fehlverhalten und Verstellung, zu Angstgefühlen und Furcht. Und was noch schlimmer ist – sie ist ansteckend.

Der mutlose, von seinen Defekten überzeugte Mensch ist, ganz gleich, wie falsch seine Vorstellungen über sich sein mögen, gut ausgerüstet, wenn es gilt, andere zu entmutigen, die etwa versuchen, sein falsches Selbstbild zu korrigieren. Dieser wechselseitige Entmutigungsprozeß läßt uns alle viel zu schnell aufgeben, wenn die Hindernisse unseren Anstrengungen nicht sofort weichen wollen. Das gilt vor allem für unsere Lehrkräfte, die sich durch die Mängel ihrer Schüler sehr leicht entmutigen lassen, und zwar deshalb, weil die Kinder sie sehr leicht von ihren Mängeln überzeugen können.

Der Mechanismus wird noch verschlimmert, weil viele Erwachsene die in einer liberalen Ordnung wirksamen Methoden und Fertigkeiten der Ermutigung nicht kennen; diese können dazu beitragen, kindliches Fehlverhalten zu korrigieren und Kinder, die aufgeben wollen, zu Leistung anzuregen. Aus diesem Grunde ist die wichtige Fähigkeit zur Ermutigung so selten gegeben. Sie wird meist nur von Pädagogen angewandt, die sie durch ihre eigene Fähigkeit, sich selbst nicht entmutigen zu lassen, erlangt haben.

IV. Grundsätze der Ermutigung

Wer schulische oder soziale Schwächen und Fehleinstellungen eines Kindes korrigieren will, muß zuerst seine Beweggründe, den Zweck seines Verhaltens deutlich erkennen.

Die moderne Motivationsforschung kennt zahlreiche Methoden, mit deren Hilfe wir die unseren Handlungen zugrundeliegenden Motive erkennen können. Wir werden uns hier hauptsächlich mit den Methoden befassen, die ein Pädagoge ohne spezielle Ausbildung und ständige Weiterbildung anwenden kann.

Verhalten zu beobachten ist ein sinnvoller Weg, wenn man Richtlinien anwendet und Prinzipien zugrunde legt, die die Dynamik, die hinter dem Beobachteten steht, verdeutlichen. Im allgemeinen aber dient Beobachtung mehr der Beschreibung als der Diagnose.

Der Beobachtende kann wichtige Informationen sammeln,

1. wenn er das Umfeld kennt, in dem das Verhalten auftritt. Dabei muß er die Situation mit den Augen des Kindes, nicht von der Warte des Pädagogen und seiner Erfahrungen und Werturteile aus sehen;
2. wenn er weiß, worauf es ankommt: Statt lediglich zu beobachten, was das Kind tut und wie es dabei vorgeht, muß er den Zweck, das Ziel seiner Handlungsweise erkennen;
3. wenn er jedes im Zusammenhang stehende Verhalten beachtet und registriert: das Charakteristische und Übliche ebenso wie das Ungewöhnliche, denn jeder Schritt des Kindes hat Bedeutung;
4. wenn er in Betracht zieht, daß Verhalten nicht eine bloße Reaktion auf äußere Reizwirkungen, sondern ein schöpferi-

scher Akt des Kindes in seinem Bestreben nach einem Platz in der Welt ist;

5. wenn er bei der Deutung des Beobachteten den teleo-analytischen Richtlinien folgt;
6. wenn er auf sich wiederholende Verhaltensschemata achtet;
7. wenn er die Entwicklungsstufe des Kindes in Betracht zieht.

Das Wesentliche der Beobachtungsmethode wäre also: das Verhalten im Zusammenhang mit dem sozialen Umfeld zu sehen, die subjektive Bedeutung des Verhaltens zu erkennen, charakteristisches wie auch ungewöhnliches Verhalten unter verschiedenen Voraussetzungen zu registrieren, sich wiederholende Verhaltensweisen zu beachten und alles als Bewegung, hin zu bestimmten, vom Kind selbst gewählten Zielen zu betrachten.

Um das beobachtete Verhalten richtig analysieren zu können, sollte man sich zunächst die Bedeutung des Verhaltens vor Augen führen.

»Um ein Kind richtig zu verstehen, muß man sich vergegenwärtigen, daß jede seiner Handlungen zweckhaft ist und seine Einstellung, Ziele und Erwartungen ausdrückt.«[17]

Für alle, die diese Einstellung anerkennen, hat Verhalten Bedeutung und ist nicht etwa planlos. Wir sehen die kindliche Persönlichkeit nur dann als ganze, wenn wir die charakteristischen Leitmotive aller Handlungen beachten. Wer nur Bruchstücke des Verhaltens registriert, dem entgeht der Zusammenhang der Vorkommnisse, und er wird das Verhalten nie begreifen können.

Sorgfältige Beobachtung im Rahmen der obigen Anregungen führt zum Verständnis der kindlichen Ziele und erlaubt wirkungsvolles Handeln. Manche Kinder verhalten sich, als wäre ihr einziges Lebensziel, überall der Erste zu sein; sie sind entweder die Allerbesten oder die Allerschlimmsten. Andere

Grundsätze der Ermutigung 79

glauben, daß keiner sie mag, und spielen aus diesem Grund in der Gruppe die Rolle des Störenfrieds. Manche Kinder können überhaupt nur mit Unterstützung der Eltern oder Lehrer etwas leisten; andere finden Sicherheit nur in einer ganz bestimmten Rolle, sie spielen die Prinzessin, den Prahlhans, den Schwächling oder den Tyrannen.

Der aufgeschlossene Beobachter wird erfahren, daß die Lebenseinstellung nicht nur aus den Handlungen des Kindes zu ersehen ist, sondern sich auch in seiner Körperhaltung, seinen Bewegungen, seinem Gesichtsausdruck und sogar in der Vermeidung gewisser Situationen ausdrückt. Bloße Verhaltensbeschreibung hat wenig Sinn, wenn man sie nicht als Grundlage zur Erforschung des Ziels benützen kann. Der geschulte Beobachter erkennt hinter jedem Verhalten Ziel und Zweck.

Um sich in der Kunst der Beobachtung zu schulen, ist es ratsam, sich sofort detaillierte Notizen aller Vorfälle zu machen. Dadurch erzieht man sich beim Sammeln von Informationen zur Genauigkeit. Das Beobachtete erklärt nicht immer sofort das Verhalten in der jeweiligen Situation, kann aber zur späteren Auslegung dienen. Im folgenden ein Muster, wie eine gute Beobachtungsskizze aussehen kann:

1. Sie enthält Tag und Ort der Handlung sowie die Situation, in der die Handlung stattfand.
2. Sie beschreibt die Handlung des Kindes, die Reaktion anderer, betroffener Personen und die Gegenreaktion des Kindes.
3. Sie enthält alles, was das Kind sagt und was zu ihm gesagt wird.
4. Sie gibt »Stimmungshinweise«, darunter versteht man: Haltung, Bewegungen, Ton der Stimme und Gesichtsausdruck, die das Empfinden des Kindes ausdrücken. Eine Auslegung der Gefühle muß nicht enthalten sein, nur Hinweise, mithilfe derer sich der Leser der Beschreibung ein Urteil bilden kann.

5. Die Beschreibung soll den Vorfall verdeutlichen. Konversation oder Handlung sollten so lange fortgeführt werden, bis eine kleine Charakterskizze aus dem Leben des Kindes entsteht.

Die Skizze liefert dem Beobachter eine gute Grundlage für seine weiteren Maßnahmen. Der Erwachsene sollte sich immer der wechselseitigen Beziehungen zwischen sich und dem Kind bewußt sein. Das Verhalten des Kindes ist immer die logische Folge seiner Auffassung der gegebenen Situation. Oft bewirkt das Verhalten des Erwachsenen die Handlungsweise des Kindes. Leider ist es aber zumeist das Kind, das den Erwachsenen zur Reaktion zwingt; der Erwachsene wird geführt, statt zu führen. Verschiedene Wege können die Motive des Kindes ans Licht bringen. Am erfolgversprechendsten ist es, die Struktur des Planes zu ergründen, auf die das Kind seine Verhaltensweise aufbaut; damit gewinnen seine einzelnen Handlungen Bedeutung.

Leitgedanken der Ermutigung

Bei jedem Versuch, die Entwicklung zu fördern oder einen Lernvorgang einzuleiten, ist die Rolle der Ermutigung im Spiel. In einer amerikanischen Enzyklopädie über Erziehungsforschung steht:

»Wenn immer Leistungen angeregt werden sollen, ist eines der Probleme die Überwindung der Trägheit. Diese Aufgabe ist an sich schwierig genug; sie wird aber noch gewaltig und unnötig verschlimmert, wenn man ein Kind ohne eine vorsorgliche Mäßigung der Verantwortung mit dem vollen Ausmaß der Aufgaben, die man von ihm erwartet, überwältigt. Ebenso wie man ein Kind, das sich weigert, eine große Portion zu essen, mit einer kleineren Portion überhaupt erst zum Essen bewegen kann, so kann man es auch zu Leistungen in der Schule oft dadurch anregen, daß man ihm anfangs nur einen auf seine Verhältnisse zubemessenen Teil einer Aufgabe stellt.«

Grundsätze der Ermutigung 81

Wir können keinen Fortschritt erwarten, wenn wir nicht begreifen, daß ein Kind zusätzlich zu seinen Talenten und Neigungen auch noch ermutigende Unterstützung braucht.

Kinder brauchen das Gefühl ihres eigenen Wertes. Viele nennen dieses Gefühl »Sicherheit«. Hier folgen sechs Grundeinstellungen, die Kindern »Sicherheit« geben:

1. Du gehörst zu denen, die es schaffen.
2. Ein Versuch kann nicht schaden. Versagen ist kein Verbrechen.
3. Man sollte viele Möglichkeiten für erfolgreiche Leistungen schaffen. Die Maßstäbe sollten nicht so hoch sein, daß die Kinder ihnen nie gerecht werden können.
4. Jeder einigermaßen geglückte Versuch sollte anerkannt werden. Es ist wichtig, Vertrauen in die Fähigkeit des Kindes, etwas zu vollbringen, zu setzen und dies auch zu zeigen.
5. Man muß ein Kind so anerkennen, wie es ist, und es gern haben, damit es sich selbst auch gern hat.
6. Man sollte gewisse Rechte gewähren.

Solche Einstellungen allein bedeuten schon Ermutigung und fördern den Willen zu lernen. Sie zeigen dem Schüler, daß der Lehrer Vertrauen in ihn hat, und zwar Vertrauen in ihn, so wie er *ist,* nicht wie er *sein könnte.* Diese Einstellung schafft größere Möglichkeiten für einen Erfolg und vermindert die des Versagens, und zwar in den Augen des Schülers wie auch des Lehrers. Ein oft zitiertes pädagogisches Experiment über die Auswirkungen von Ermutigung zeigt das folgende Beispiel:

In der staatlichen Schule von Winnetka, Illinois, wurde bei einem über sieben Jahre laufenden Experiment festgestellt, daß Kinder, die während der ersten eineinhalb Schuljahre keinen Unterricht im Lesen erhalten hatten, ihre Mitschüler in Parallelklassen, die dem üblichen Unterrichtsplan gefolgt waren, einholten und sogar übertrafen. Die Klasse, in die 25 Kinder von sowohl gleichem Lebensalter wie gleicher geistiger Reife und aus einem ähnlichen sozialen Umfeld stammend gewählt worden waren, hatte während dieser Zeitspanne von eineinhalb Jahren Bücher im Schulzimmer zur Verfügung, und ihr Interesse wurde durch Vorlesen geweckt; Leseunterricht wurde jedoch nicht erteilt.

In der Mitte des zweiten Schuljahres war die Sondergruppe noch im Rückstand, am Ende des vierten Jahres war sie bereits eine halbe Klassenstufe weiter als die Parallelklassen. Von da an bis zum Ende der siebten Klasse war ein stetig steigender Leistungsfortschritt zu verzeichnen. Psychologen und Lehrkräfte, die die Kinder der Sonderklasse und ihrer Parallelklassen bewerteten, ohne zu wissen, welche Schüler der Sonderklasse angehörten, stellten bei allen Teilnehmern des Experiments einen wesentlich höheren Grad an Spontaneität, Lerneifer und allgemeiner Zusammenarbeit fest.

Die Kinder der Versuchsklasse hatten nie das Gefühl, Versager zu sein, nur weil sie nicht lesen konnten, während die schlechten Leser in den normalen Klassen sich ihres Versagens bewußt waren; sie waren entmutigt, weil sie aus irgendeinem Grund im Lesen zurückblieben, und es ist anzunehmen, daß durch diese Entmutigung der Klassendurchschnitt gedrückt wurde. Ein weiterer Grund für den Erfolg der Sonderklasse war vielleicht die Ausschaltung der Leseunwilligkeit als Mittel, um besondere Aufmerksamkeit zu erlangen oder einen Machtkampf mit dem Lehrer zu führen. Gerade bei Leseschwierigkeiten liegt häufig eine emotionale Prädisposition zugrunde.

Dieses Beispiel zeigt uns nicht nur das Resultat eines auf einen längeren Zeitraum ausgedehnten Experiments über die Auswirkungen einer Verschiebung des üblichen formellen Unterrichts, sondern es vergegenwärtigt uns äußerst eindringlich die Vorteile der Ermutigungselemente. Kinder, deren Lerneifer nicht durch Druck, Rebellion oder das Gefühl des Versagens beeinträchtigt wurde, zeigten weitaus bessere Leistungen. Sie hatten ein stärkeres Selbstgefühl.

Grundsätze der Ermutigung 83

Die Ermutigung ist ein sehr ernst zu nehmender Teil der Kindererziehung. Die Psychologen H. und R. Bakwin äußerten dazu:

»Bei richtiger Kindererziehung müssen sich Ermutigung zum Ausdruck der Persönlichkeit und Freiheit auf der einen Seite und Betonung der Notwendigkeit für Konformität auf der anderen Seite die Waage halten.«[18]

Dieser Satz betont die fundamentale Notwendigkeit der Ermutigung, ohne die Ansprüche der Gesellschaft zu vernachlässigen. Unsere Ermutigungsversuche müssen in eine Richtung gehen, die nicht nur dem einzelnen Individuum, sondern der gesamten Gesellschaft nützt. Ein weiterer Gedanke über die Notwendigkeit der Ermutigung:

»In unserer Zeit sind Kinder einer Reihe von entmutigenden Erfahrungen ausgesetzt. Bewußte Ermutigung ist unerläßlich, um dem entgegenzuwirken. Ein Kind entgleist nur dann, wenn es den Mut verloren hat und nicht mehr an seine Fähigkeit zum Guten glaubt. Ermutigung heißt Vertrauen in das Kind zeigen. Ermutigung zeigt dem Kind den Glauben eines Mitmenschen an seine *gegenwärtige* Kraft und seine Fähigkeiten, nicht etwa an seine ›Entwicklungsmöglichkeiten‹. Wenn man dem Kind nicht so, wie es zu gegenwärtigem Zeitpunkt ist, vertraut, ermutigt man es nicht.«[19]

Ziel der Ermutigung ist es, dem Kind zu helfen, Mut, Verantwortungsgefühl und Fleiß zu entfalten. Das Kind braucht Ermutigung, um Interesse an den anderen entwickeln und einen Beitrag zum Wohl der Gemeinschaft leisten zu können.

Ermutigungsmethoden

Eine erziehende Person, die ermutigt,

1. schätzt das Kind so, wie es ist;
2. zeigt Vertrauen in das Kind und schenkt ihm dadurch Selbstvertrauen;
3. glaubt an die Fähigkeiten des Kindes, gewinnt sein Zutrauen und fördert sein Selbstbewußtsein;
4. zeigt Anerkennung für eine gute Leistung oder eine ehrliche Bemühung;
5. nützt die Gruppe, um die Entwicklung eines Kindes zu fördern und zu begünstigen;
6. gliedert die Gruppe so, daß jedes Kind seinen Platz hat;
7. hilft bei der Entfaltung von Fertigkeiten in regelmäßigen und psychologisch gestuften Abständen, die einen Erfolg erlauben;
8. erkennt und konzentriert sich auf die starken Seiten und guten Anlagen;
9. wertet die Interessengebiete des Kindes aus, um den Lernprozeß zu beschleunigen.

Wertschätzung des Kindes

Vorab folgende Definition:

Erster Faktor in einem Verhältnis, das dem Kind Sicherheit geben soll, ist die ehrliche Wertschätzung. Dies bedeutet nicht, daß der Pädagoge eine sentimentale Zuneigung zu seinem Schüler fassen oder ihm Vergünstigungen und besondere Aufmerksamkeiten erweisen soll – als Wiedergutmachung für die Schwierigkeiten des Lebens. Man braucht die innere Überzeugung, daß in jedem Kind Gutes steckt, daß es entwicklungsfähige, positive Anlagen hat und unsere Bemühungen und Versuche mit ihm verdient. Das Kind muß zuerst fühlen, daß es der Mühe wert ist, die der Lehrer sich mit ihm gibt, bevor es an sich selbst glauben kann.

Grundsätze der Ermutigung   85

Eine aufschlußreiche Episode, die obiges bestätigt, wurde uns
von einem Schulleiter berichtet:

Ende Februar wurde mir mitgeteilt, daß ein als Unruhestifter bekann-
ter Junge aus einem anderen Schulbezirk zu uns übersiedeln würde.
Bill war ein Siebtkläßler, sehr erwachsen und groß für sein Alter. Am
ersten Tag ließ ich Bill in mein Büro kommen und hieß ihn an meiner
Schule willkommen. Ich sagte ihm, wir könnten einen großen Jungen
wie ihn recht gut für unseren Schülerlotsendienst gebrauchen, und
sicher wäre er auch eine Bereicherung unseres Softball-Teams. Ich
wußte bereits, daß er ein guter Sportler war und gern Baseball spielte.
Also unterhielt ich mich mit ihm eine Weile über Baseball, und er war
sichtlich erfreut über unsere kleine Unterhaltung.

   Bill wurde dem Schülerlotsendienst zugeteilt und hat ausgezeichnete Arbeit geleistet. Er hat sich einiger kleiner Vergehen schuldig
gemacht, aber nie etwas Böses angestellt. Er ist bei seinen Klassenkameraden sehr beliebt und hat unter ihnen eine Vorbildfunktion
inne.

   Ich habe Bill sehr gern und halte ihn für einen der nettesten
Jungen unserer Schule. Neulich kam seine Mutter zu mir, um mir zu
sagen, wie froh sie über Bills gutes Verhalten sei und wie gerne er die
Schule besuche.

Hier haben wir einen Pädagogen, der positiv handelt. Er läßt
sich vom schlechten Ruf des Jungen nicht zu einem Vorurteil
verleiten, sondern richtet sein Augenmerk auf seine positiven
Seiten. Er zeigt seinen Glauben an das Gute in dem Jungen und
handelt in sicherer Erwartung eines guten Verhältnisses.

Die beschriebene Veränderung im äußeren Verhalten und in
der inneren Einstellung des Schülers veranschaulicht die Wirksamkeit dieser Methode bei einem als schwierig bekannten
Kind.

Vertrauen in das Kind

Im folgenden Beispiel ergreift eine Lehrerin die Möglichkeit, ihren Glauben an ein Kind auszudrücken und ihm Selbstglauben zu schenken:

Die Kinder saßen in der Schulbücherei und hörten der Bibliothekarin zu, die über einen Preis sprach, der jährlich für die beste Illustration eines Kinderbuches verliehen wird. Frau Smith, die Klassenlehrerin, fügte hinzu: »Vielleicht werden einige von euch später auch einmal gute Buchillustratoren, die diesen Preis verdienen.« Tim meldete sich und berichtete, er habe vor kurzem eine Geschichte geschrieben und könne bestimmt für jede Seite eine gute Zeichnung anfertigen und dafür bereits jetzt einen Preis gewinnen. Statt das zu tun, was für viele Lehrer bezeichnend gewesen wäre, nämlich darauf hinzuweisen, daß Tim noch viel zu klein sei, daß er erst erwachsen werden und fleißig arbeiten müsse, um einen Preis zu verdienen, stimmte Frau Smith mit Tim überein, daß er ein guter Zeichner sei und daß seine Arbeit Lob verdiene.

Ein anderer Lehrer hätte wahrscheinlich einen Vortrag über den Lohn harter Arbeit, über Entbehrungen oder gute Schulleistungen gehalten und den langen Weg des Erwachsenwerdens bis zur Reife geschildert. Frau Smith nahm statt dessen die Gelegenheit wahr, Tims gute Leistungen anzuerkennen. Er war künstlerisch begabt, und sie ermutigte ihn durch Anerkennung seines Talents, indem sie seine gegenwärtigen Leistungen lobte und ihre Zufriedenheit mit dem ausdrückte, was er jetzt bereits vollbringen konnte. Dies verlieh ihm Selbstvertrauen in seine Entfaltungsmöglichkeiten.

Selbstvertrauen durch Vertrauensbeweise

Ein Vertrauensbeweis muß so überzeugend sein, daß das Kind tatsächlich Selbstvertrauen entfalten kann. Der Lehrer muß

Grundsätze der Ermutigung 87

selbst daran glauben und ehrlich davon überzeugt sein, wenn er einem Kind vermittelt:»Ich weiß, du schaffst es!«

Eine erste Klasse gab für die höheren Klassen ein Theaterstück, bei dem die Rollen gelesen wurden. Natürlicherweise bekamen die besten Leser der Klasse die Hauptrollen. Am Tag vor der Aufführung kamen viele Kinder wegen einer Krankheitsepidemie nicht zur Schule, und der Lehrer mußte Ersatz für einige Rollen finden. Danny war kein guter Leser, und freiwillig las er nie. Der Lehrer nutzte die Gelegenheit, um ihn anzuspornen. Er sagte:»Danny, würdest du diese Leserolle übernehmen? Wir brauchen einen, der seine Sache gut macht, und du könntest es sicher.«

Danny zögerte. Für die Mittagspause war eine Probe angesetzt; Danny erschien. Er war nicht der beste Leser, doch der Lehrer versicherte ihm, er könne das. Nach dem Unterricht half der Lehrer noch ein wenig beim Einstudieren der Rolle, und Danny nahm das Stück mit nach Hause, um weiter zu üben. Bei der Aufführung am nächsten Tag machte er seine Sache sehr gut. Damit hatte er einen neuen Status in der Klasse erlangt. Das Stück hatte Erfolg, und Danny fühlte sich erfolgreich. Von diesem Tag an las er sehr gerne und meldete sich oft freiwillig zum Vorlesen im Unterricht.

Anerkennung für gute Leistung und ehrliche Bemühung

Manchmal haben Kinder den Lehrer so gründlich von ihrer Unfähigkeit überzeugt, daß er überrascht ist, wenn sie auf seine Anerkennung hin plötzlich ihre tatsächlichen Fähigkeiten entfalten.

Tommy war in vieler Hinsicht während des ganzen Jahres ein Problemkind gewesen. Da er seine Rechenaufgaben nicht abgab, wurde er, als die Klasse ans Multiplizieren kam, zurückgestellt. Er schien es ruhig hinzunehmen und machte wie bisher weiter, bis ich eines Tages einen Test machte, der außer Addition und Subtraktion auch die Multiplikation verlangte. Tommy wurde gesagt, er brauche nur die beiden ersten Teile des Tests zu machen. Zu meinem großen Erstaunen machte er den ganzen Test und sogar sehr gut! Ich lobte ihn sehr vor der ganzen Klasse, und seine Mitschüler fingen an, ihn aufzufordern, jetzt immer seine Aufgaben zu machen. Seitdem machte Tommy beim Rechnen keinerlei Schwierigkeiten mehr.

Hier sehen wir den Erfolg der Anerkennung. Die Lehrerin war klug genug, sich von Tommy etwas zu erhoffen. Sie zeigte Verständnis und zollte die seiner Bemühung gebührende Anerkennung. Kinder lassen sich sehr leicht positiv beeinflussen, wenn man den richtigen »Lehrmoment« ausnutzt.

Mitarbeit der Gruppe

Wir vertreten den Standpunkt, daß jegliches Verhalten eine soziale Bedeutung hat und daß eines der kindlichen Hauptziele der Anschluß an die Gruppe ist. Ein Lehrer, der sich diesen Standpunkt zu eigen machen kann, wird die Hilfe der Gruppe zur optimalen individuellen Entfaltung heranziehen. In der folgenden Episode brachte eine Änderung der Sitzordnung Erfolg.

Anfang April entschloß ich mich, die Sitzordnung zu ändern. Eine der Änderungen sah vor, Ruth neben John zu setzen.

Ruth ist ein etwas scheues Kind mit überdurchschnittlichen Schulleistungen. Sie liest sehr gerne und hat sich eine Bibliothek angelegt, darunter eine Anzahl von naturwissenschaftlichen und geschichtlichen Büchern für jüngere Kinder. Viele dieser Bücher bringt sie mit zur Schule und bewahrt sie teils in ihrem Pult, teils in einem Regalfach auf. Ihre ganze Freizeit verbringt sie mit Lesen; Kontakt mit Klassenkameraden hat sie fast keinen.

John ist ein aktiver, geselliger Junge, den man nicht immer unter Kontrolle halten kann. Seine Leistungen liegen etwas unter dem Durchschnitt. Der Grund hierfür ist seine Unaufmerksamkeit verbunden mit dem Bestreben, all seine Aufgaben schnell, wenn auch nicht immer gründlich, zu lösen.

Grundsätze der Ermutigung 89

Einige Tage nach Inkrafttreten der neuen Sitzordnung bemerkte ich, daß John Ruth Fragen über eines ihrer Bücher stellte. Sie gab es ihm, er blätterte es durch und machte sie auf ein Bild aufmerksam. Ich ging an ihrem Pult vorbei und sah, daß es ein Buch über Planeten war. Bald lieh sich John Ruths Bücher aus. Er liest jetzt häufig in der Schule und auch zu Hause. In letzter Zeit fiel mir auf, daß Ruth und John auch außerhalb des Klassenzimmers miteinander reden. Einige Mitschüler haben mir erzählt, daß die beiden fast jeden Tag nach dem Unterricht zusammen nach Hause gehen.

Hier hat die Lehrerin zwei Kinder mit völlig unterschiedlichen Persönlichkeiten zusammengebracht, die sich in der Entwicklung gegenseitig ergänzen.

Die Lehrerin hat den Wert der Soziometrie erkannt: Eine kluge Nutzung der Sitzordnung kann vielen Kindern helfen.

Integration der Gruppe

Der Lehrer muß die individuellen Unterschiede beachten. Entwicklungs- und Interessenspannen sowie Begabungsunterschiede zwischen den einzelnen Schülern müssen bei der Planung für eine Klasse berücksichtigt werden. Doch auch die Gruppe als ganze verdient Aufmerksamkeit. Oft muß der Lehrer mit ihr verhandeln. Es folgt eine Geschichte über eine kleine Gruppe, die an einer Sonderaufgabe arbeitete.

Ich habe neun Jungen und einem Mädchen aus der 6., 7. und 8. Klasse für eine Sonderstunde täglich ein Klassenzimmer für ein Selbstlernprogramm zur Verfügung gestellt. Alle Schüler bis auf einen, der freiwillig (zur Selbstverbesserung) teilnimmt, haben große Leseschwierigkeiten. Ich habe ihnen das Selbstlern- und -testprogramm erklärt, und sie glauben unerschütterlich an den Erfolg dieser Methode. Ein Achtkläßler, der im allgemeinen keine Tränen vergießt, begann zu weinen, als er in sein Klassenzimmer zurückkam. Auf die Frage des Klassenlehrers sagte er: »Ich habe sechs Fehler gemacht!«

Da die Kinder ihre Tests selbst bewerten und die Sonderstunde als eine persönliche Angelegenheit betrachten, frage ich nie nach dem Ergebnis. Am nächsten Tag nahm ich mir einige Minuten Zeit für eine private Unterhaltung mit dem Jungen. »Warum fragst du mich denn nicht, wenn du nicht zurechtkommst?« wollte ich wissen. »Vor all den Sechstkläßlern?« antwortete er. »Die haben leichtere Testkarten als du«, erinnerte ich ihn und fügte hinzu, »aber wenn es dir lieber ist, können wir ja im Flur darüber reden. Womit hattest du denn Schwierigkeiten?« – »Die langen und kurzen Laute machen mir zu schaffen; ich kann sie nicht auseinanderhalten«, antwortete er. »Gut, daß du es mir gesagt hast. Damit haben bestimmt noch andere Schüler Schwierigkeiten. Morgen werde ich Frau James bitten, im Englischunterricht darauf einzugehen«, versprach ich ihm.

Diese Lehrerin gab Kindern mit einem gemeinsamen Problem einen gemeinsamen Arbeitsplatz, an dem sie in ihrem eigenen Tempo lernen konnten. Sie vertraute ihnen und mischte sich nicht ein. Die Verantwortung lag bei den Schülern; wenn sie jedoch Hilfe brauchten, war der Lehrer für sie da, um den Lernvorgang zu unterstützen.

Entwicklung von Fähigkeiten in Teilschritten auf dem Weg zum Erfolg

Es ist wichtig, die Entwicklungsstufe des Kindes richtig einzuschätzen und ihm seinem augenblicklichen Leistungsstand angemessene Aufgaben zu stellen.

Millie lernt langsam. Sie ist in der fünften Klasse und gehörte einer Mädchengruppe an, die ich leitete. Eine Gruppenregel verlangte, daß Verse aus dem Gruppenbuch auswendig gelernt wurden, die in einem Test abgefragt wurden, bei dem Preise zu gewinnen waren. Die meisten Mädchen lernten ihren Teil zu Hause und sagten die Verse bei Zusammenkünften vor der Gruppe auf. Millie hatte Schwierigkeiten; sie schaffte es einfach nicht. Ich fühlte, daß man sie ermutigen mußte. Ich ging Millies Teil der Testverse mit ihr durch und sagte zu ihr: »Jetzt lernst du erst einmal ein paar Zeilen und sagst sie mir auf, dann sehen wir weiter.«

Als sie die ersten Zeilen konnte, gingen wir etwas weiter. Immer wenn wir einen ganzen Vers durchexerziert hatten, wiederholte sie alles. Schließlich konnte sie ihren Teil ganz aufsagen und war glücklich, als ich mit meiner Unterschrift bestätigte, daß sie den Test bestanden hatte. Nach diesem ersten Erfolg war Millie so ermutigt, daß sie sich mehr zutraute. Bisher hatte sie oft mit verwirrtem Gesichtsausdruck dagesessen; die Aufgabe schien ihr unüberwindlich. Jetzt wußte sie, daß sie es Schritt für Schritt schaffen würde. Die Aufgabe als ganze hatte Millie erschreckt; die Teilaufgaben packte sie mutig an. Diese Methode kann man auch bei Gruppen anwenden.

Ich habe festgestellt, daß die beste Ermutigungsmethode darin besteht, Kindern Aufgaben zu stellen, die ihrer Leistungsstufe angepaßt sind. Im Turnunterricht wende ich diese Methode immer an. Manche Kinder sind den vorgeschriebenen Übungen einfach besser gewachsen als andere; einige sind ganz unbeholfen. Ich lobe jedes Kind für alles, was es gut macht. Wenn ein Kind so ungelenk ist, daß die ganze Klasse es bemerkt, finde ich immer noch Lob für eine geschickte Bewegung, einen richtigen Schritt. Ein paar ermutigende Worte helfen dem Kind, sich nicht zu verkrampfen. Es wird bereit sein, weiterzuüben und bald ordentliche Leistung vollbringen. Oft ist die ganze Klasse stolz auf die Leistung eines weniger begabten Mitschülers.

Hier wurde die Philosophie des Lehrers in echtes Lob umgemünzt. Die Kinder arbeiten wirksamer, wenn sie in Teilschritten voranschreiten und wenn der Teil, den sie beherrschen, als solcher erkannt und beachtet wird.

Betonung der starken Seiten und guten Anlagen

Lehrer neigen häufig dazu, zu glauben, Fehler zu finden sei ihre eigentliche Aufgabe. Beruht aber das Verhältnis mit den

Schülern vor allem darauf, sie auf ihre Fehler hinzuweisen, so verläuft der Unterricht meist nicht besonders angenehm.

Eine positive Lernsituation betont das Richtige, ohne das Falsche zu übersehen. Wir haben festgestellt, daß es sich lohnt, bewußt nach Talenten eines Schülers zu suchen. Es wäre für jeden Lehrer hilfreich, sich zu Beginn des Schuljahres eine Notiz über die stärkste Seite jedes Schülers zu machen. Wer das Talent eines Schülers kennt, kann darauf ein sehr gutes Verhältnis aufbauen.

George machte grundsätzlich keine Aufgaben. Sein Intelligenzquotient war durchschnittlich. Nach den ersten drei Wochen wußte ich, daß er sehr gut las. Ich erwähnte dieses Talent vor der Klasse und gab ihm Gelegenheit, sich auf seinem starken Gebiet zu bewähren. Bald begann er, sich auch in anderen Fächern mehr einzusetzen. Sein Status in der Gruppe stieg gewaltig an.

Dieser Lehrer erkannte die starke Seite des Jungen und konzentrierte seine Bemühungen darauf, was zu besserer Integration in die Gruppe und gleichzeitig zu besseren Leistungen führte.

Ermutigung zur Aneignung von Fertigkeiten ist in verschiedenen Bereichen möglich. Die Beispiele in den folgenden Kapiteln zeigen, wie man Kinder auf einfache Art durch Ermutigung fördern kann.

V. Ermutigung auf speziellen Gebieten

Bis jetzt haben wir die Leitgedanken und allgemeinen Methoden der Ermutigung besprochen und Beispiele ihrer Anwendung in verschiedenen Situationen gegeben, denn der Pädagoge, der diese Methode anwendet, muß die ihr zugrunde liegenden Leitgedanken verstehen. Wertschätzung, Vertrauensbeweise, Anregung des Selbstvertrauens, Anerkennung für Bemühungen, Heranziehung der Gruppe zur Entwicklung des Individuums, schrittweises Vorgehen, Erkenntnis der Talente und Interessen – all das sind Grundprinzipien der Ermutigung. In einer ermutigenden und anregenden Klassenatmosphäre basiert das Lehrer-Schüler-Verhältnis vorwiegend auf positiven Methoden. Die Kinder zeigen bessere Leistungen, weil sie regelmäßig angemessene Teile einer Aufgabe übertragen bekommen, ihre Fortschritte, ganz gleich, wie groß oder klein sie sind, werden anerkannt, und sie werden nicht bestraft. In solch einer Atmosphäre wird das Wachstum mit relativ geringem Aufwand gefördert, und während der Lehrer die Resultate des neuen Verhältnisses feststellen kann, wird sich sein Unterricht mehr und mehr auf die positiven Leistungen statt auf die Fehler konzentrieren.

Allerdings sind besondere Methoden nötig, um besondere Situationen zu meistern. In diesem Kapitel werden wir einige besonders gelagerte Ermutigungsvorgänge entwickeln und beschreiben.

Entwicklung von Fertigkeiten und Fachkenntnissen

Um Kindern bei der Erlangung bestimmter Fertigkeiten zu helfen, müssen wir Methoden entwickeln, die leicht und gut durchzuführen sind. Hier ist es mit rein mechanischem Verhalten nicht getan. Es bedarf zum Beispiel einer Reihe von Fertigkeiten, um sportlich tüchtig zu sein, ein Instrument zu spielen, eine Schreibmaschine zu benutzen, eine Sprache richtig zu sprechen oder Spiele richtig zu spielen. Wesentlich ist dabei die Integration einer Vielzahl von Prozessen, die zu der Fähigkeit richtiger Handhabung führt.

Ermutigung ist also, wie bereits mehrmals erwähnt, für die Entwicklung eines Kindes unbedingt notwendig. Es entwickelt sich zu dem, wozu es ermutigt wird. Es kann allen, die Erziehungsaufgaben wahrnehmen, nicht deutlich genug gesagt werden, wie wichtig es ist, dem Kind zu seiner optimalen Entwicklung innerhalb seiner sozialen Grenzen zu verhelfen. Ermutigung regt das Kind an, sein Bestes zu geben; es hilft ihm, seine Fähigkeiten überhaupt als solche zu erkennen. Der Entwicklungsvorgang geht also über bloßes Vertrauen und Glauben an das Individuum hinaus. Er erfordert die Fähigkeit, das Vertrauen und den Glauben in die Tat umzusetzen. Auch wenn ein Kind in seinen Leistungen nicht perfekt ist, sollte man ihm Anerkennung zollen, denn dadurch wird sein Selbstvertrauen und der Glaube an seine Fähigkeiten gestärkt und seine Entwicklung gefördert.

Ermutigung zur Aneignung von Fertigkeiten ist auf verschiedenen Gebieten möglich. Die folgenden Beispiele zeigen, wie man Kinder auf einfache Art durch Ermutigung fördern kann.

Sportunterricht in der 3. Klasse. Die Kinder wählten vier Mannschaftskapitäne. Die ersten drei waren schnell gewählt. Dann, nach einer Pause, wählte man Nancy als vierten. Sie war zwar körperlich dazu in der Lage, doch jeder wußte, wie schüchtern und sensibel sie

Entwicklung von Fertigkeiten und Fachkenntnissen 95

war. Man hatte sie wirklich nur gewählt, um sie in eine ihr unangenehme Lage zu bringen.

Nancys sofortige Reaktion war Freude über den von ihr falsch verstandenen Freundschaftsbeweis. Doch ihre große Schüchternheit und das Bewußtsein, daß sie sportlich nicht trainiert war, ließen sie gleich darauf wieder zögern. Sie sagte:»Oh, nicht ich! Ich bin nicht gut genug!«

Der Lehrer erkannte die Lage und mischte sich ein, indem er sich an Nancy wandte:»Doch, Nancy, ich glaube, du wärst ein guter Mannschaftskapitän.« Bald war die Wahl der Spieler beendet. Der Lehrer gab ihr schnell ein wenig Nachhilfe. Schließlich fand Nancy Glauben an ihre Fähigkeiten, und ihre Mannschaft war überdies auch noch erfolgreich. Die Mitschülerinnen fühlten irgendwie, daß sie ihre anfängliche Boshaftigkeit wiedergutmachen müßten.

Hier mischte sich der Lehrer in eine Situation ein, die der Entwicklung des Kindes leicht hinderlich hätte werden können. Nancys Gefühl, unfähig zu sein, hätte sich wahrscheinlich verstärkt, wenn der Lehrer nicht eingegriffen und die Situation zu Nancys Vorteil gewendet hätte. Seine Aufmerksamkeit und sein Glaube an Nancy veranlaßten die Mitschüler, sie in einem neuen Licht zu sehen.

Kevin, neun Jahre alt, war neu in der Nachbarschaft. Bald ergab sich für ihn die Gelegenheit, an einem Baseballspiel teilzunehmen. Bald zeigte sich aber auch, wie wenig Erfahrung und Talent er dazu hatte, und es gab Streit darüber, zu welcher Mannschaft er gehören solle. Kevins Unfähigkeit wurde dadurch so unterstrichen, daß er nun allerhand Vorwände fand, um nicht mitspielen zu müssen. Auch Kevins Vater sah, daß er kein guter Spieler war und nahm sich deshalb die Zeit, mit ihm im Hof zu spielen. Doch Kevin ließ den Ball meistens fallen, konnte ihn überhaupt nicht fangen und schlug nach einer Weile selbst vor, etwas anderes zu spielen.

Sein Vater glaubte fest daran, daß Kevin es lernen könne. Er kaufte einen Ball, der größer und weniger hart war, so daß Kevin besser mit ihm umgehen konnte. Der Vater warf und schlug den Ball so geschickt, daß Kevins Chancen, ihn zu fangen oder zu treffen, stiegen. Immer, wenn seine Anstrengungen erfolgreich waren, lobte ihn der Vater. Aber auch, wenn etwas schiefging, bemerkte er etwas Positives, z.B. die richtige Ausgangsstellung oder eine gute Bewegung. Langsam gewann Kevin sein Selbstvertrauen zurück. Bald mußte der Vater ihn auch nicht mehr »absichtlich« gewinnen lassen, und nach einiger Zeit konnte Kevin seine neuen Fertigkeiten im Spiel mit den Nachbarskindern anwenden.

Der Vater stellte die richtige Diagnose über seinen entmutigten Sohn. Er brachte die Geduld für die ersten Anfangsschritte auf, denen Kevin gewachsen war. Seine Anerkennung stärkte Kevins Selbstvertrauen. Besonders kleinere Kinder sprechen auf Ermutigung gut an. Oft erlangen sie nur deshalb keine Fertigkeiten, weil sie sich nichts zutrauen; ihnen fehlt der Mut.

Im folgenden Beispiel geht es um die Überwindung von Ängsten, in diesem Fall die Angst vor dem Wasser:

Virginia, zweieinhalb Jahre alt, war einige Male in ziemlich große Spiele im Wasser mit älteren Nachbarskindern verwickelt worden und hatte seitdem Angst vor dem Wasser. Sie weinte schon, wenn sie nur ihre Zehen ins Wasser stecken sollte. Ich machte es mir zur Aufgabe, dem Kind zu helfen, seine Scheu vor dem Wasser zu überwinden, damit es ihr wieder Freude machte, in ein Becken oder einen See zu gehen. Zuerst nahm ich Virginia mit ans Wasser, wenn keine anderen Kinder dabei waren. Während ich schwamm, lief Virginia am Rande des Beckens auf und ab. Ich merkte, daß sie gern im Wasser gespielt hätte. Ich ging schrittweise vor, indem ich sie zuerst ermutigte, ihre Finger ins Wasser zu tauchen, dann ihre Füße. Schließlich half ich ihr, die Leiter herabzuklettern und ihre Beine ins Wasser zu tauchen. Ich wußte, daß hier nur mit Geduld etwas zu erreichen war. Immer wenn sie zögerte, ließ ich ihr Zeit und versuchte nicht, sie zu überlisten, indem ich sie etwa unerwartet ins Wasser zog. Mittlerweile hat Virginia den Mut, mit einem Schwimmgürtel am seichten

Ende des Beckens zu plantschen. Durch meine Ermutigung hat sie ihre Angst überwunden. Es verleiht mir ein Gefühl der Befriedigung, daß ich diesem Kind vielleicht ein bißchen geholfen habe.

Virginia war davon überzeugt, daß Wasser für sie etwas Unangenehmes war. Durch die Geduld und das Verständnis eines Erwachsenen fand sie Freude am Wasser. Als man ihr Gelegenheit gab, gute Erfahrungen mit dem Wasser zu machen, überwand sie die durch vorherige schlechte Erfahrungen hervorgerufene Scheu.

Auch auf alle die Schulleistungen betreffenden Fertigkeiten sollten wir einen neuen Blick werfen. Das Kind kann viel mehr leisten, wenn man seine vorhandenen Fähigkeiten unterstreicht, statt immer wieder die Fähigkeiten hervorzuheben, die es nach unserer Auffassung haben sollte, und statt alle Fehler, die es macht, zu betonen.

Sally ist eine Sechstkläßlerin, die an meinem Unterricht für Lesen, Sprachkunde und Rechnen teilnimmt. Genauigkeit mit Buchstaben und Zahlen schien nicht gerade ihre Stärke zu sein. Ihre Leistungen waren nicht nur schlecht, manchmal machte sie überhaupt keine Aufgaben und entzog sich dadurch einer Benotung. In letzter Zeit lasse ich sie bei der Korrektur von Rechtschreib- und Rechenaufgaben helfen. Ich gebe ihr jeweils ein Beispiel, nach dem sie die Aufgaben vergleicht. Es scheint ihr Spaß zu machen, und sie zeigt mehr Interesse an ihrer eigenen Arbeit, zumindest macht sie jetzt alle ihre Aufgaben.

Diese Ermutigung war einfach, aber wirksam. Die Lehrerin hätte den Standpunkt vertreten können, daß Sally, die nicht einmal ihre Aufgaben machen konnte, auch nicht zu leichteren Hilfeleistungen imstande war. Doch sie machte kein Aufhebens über Sallys Unzulänglichkeit, sondern bat sie, ihr zu helfen. Das Kind war von der ihm übertragenen Verantwortung beeindruckt. Da die Lehrerin an sie glaubte, konnte sie auch an sich selbst glauben.

98   *Ermutigung auf speziellen Gebieten*

Tim, elf Jahre alt, hatte beträchtliche Schwierigkeiten im Rechnen, weil ihm eine gute Grundlage, vor allem beim Multiplizieren, fehlte. Ich beauftragte Tim, mir eine Multiplikationstafel mit allen Lösungen anzufertigen. Als er sie an mein Pult brachte, bemerkte ich: »Das hast du aber gut gemacht. Ich weiß, daß verschiedene Kinder so etwas gut brauchen könnten. Würdest du mir wohl die Arbeit abnehmen und noch einige machen?« Am nächsten Tag kam Tim mit vier weiteren Tafeln zur Schule. Ich dankte ihm und gab sie den Schülern. Tim hatte durch das Anfertigen der Multiplikationstafeln soviel Übung auf diesem Grundgebiet erhalten, daß sich seine Leistungen tatsächlich verbesserten.

Dieser Lehrer nutzte eine Gelegenheit, Tim in seinen Leistungen zu helfen, indem er ihm gleichzeitig die Chance gab, sich nützlich zu machen. Lehrmethoden sind oft am wirksamsten, wenn man gegebene Umstände ausnutzt. Hätte er Tim die Multiplikationen eingepaukt, wäre der Erfolg sicher nur von kurzer Dauer gewesen. Statt dessen durfte Tim einen Beitrag zum Wohl der Klasse leisten. Dies vermittelte ihm ein Gefühl des Dazugehörens. Er eignete sich die Fertigkeit durch die Erfüllung einer ehrenhaften Aufgabe an.

Besser lernen

Lesen

Lesen bildet die Grundlage für die meisten Schulleistungen. Hier ist die Anwendung vernünftiger Ermutigungsprinzipien besonders wichtig.

Ben, 11 Jahre alt, ist trotz seines überdurchschnittlichen Intelligenzquotienten mit dem Lesen mehrere Jahre im Rückstand. In der Nachhilfestunde begann ich mit dem Stoff, der seiner augenblicklichen Leistungsstufe angepaßt war. Außerdem druckten wir Geschichten, die

Besser lernen 99

er erzählt hatte, und er lernte, sie zu lesen. Wir machten auch einfache Spiele, die etwas Lesen erforderten. So wurde es Ben ermöglicht, auf verschiedenen Gebieten ein wenig Erfolg zu erlangen. Jetzt sieht er neuen Aufgaben mit Zuversicht entgegen. Ich verweile nie lange bei seinen Fehlern, zeige ihm aber meine Anerkennung für jeden, auch noch so kleinen Fortschritt und unterstütze all seine Bemühungen.

Der Lehrer begann mit einem Stoff, dem Ben gewachsen war. Er konzentrierte sich auf seine Fortschritte. Durch die Überzeugung, daß Ben sein Bestes gab, machte er ihm Mut für die nächsten Schritte.

Als Robby in die 5. Klasse kam, hatte er trotz bisher ausreichender Leistungen plötzlich Schwierigkeiten beim Lesen. Einige Wochen nach Schulbeginn teilte ihm der Lehrer mit, daß er ihn wahrscheinlich nicht versetzen könne. Daraufhin wurde er ängstlich und begann gleichzeitig, den Unterricht zu stören. Jetzt reagierte der Lehrer so, daß er ihn verschiedene Sätze hundertmal schreiben ließ. Die Folge war: Robbys Leistungen im Lesen sanken auf das Niveau eines Zweitkläßlers, und er wurde am Ende des Schuljahres nicht versetzt. Eine ehemalige Lehrerin sollte ihm während der Sommerferien Nachhilfestunden im Lesen geben. Zuerst versuchte sie herauszufinden, wie gut Robby überhaupt lesen konnte. Dann suchte sie Geschichten aus, die seine Interessengebiete behandelten. Robby wollte natürlich wissen, was in jeder Geschichte vor sich ging, und während er sie mit Interesse las, entwickelte er die nötige Fertigkeit. Am Ende der Sommerferien erreichte er beim Lesetest das Niveau der 6. Klasse. Der Schulleiter ließ ihn, als er sich von Robbys Fortschritt überzeugt und mit der Nachhilfelehrerin unterhalten hatte, in die 6. Klasse aufrükken. Darüber war dieser so erfreut, daß er weiterhin mit guten Leistungen und korrektem Verhalten reagierte.

Der erste Lehrer zeigte sehr offen, daß er kein Vertrauen in Robby hatte, und versuchte, seine Leistungen durch Bestrafung zu verbessern, was ein schlechteres Verhalten und noch schlechtere Leistungen zur Folge hatte. Die Nachhilfelehrerin dagegen fand den Schlüssel zum Erfolg durch ehrliches Interesse. Sie begann mit dem Stoff, der Robby keine Schwierigkeiten bereitete, und lobte seine Leistungen, auch wenn sie unter der Stufe lagen, die man von einem Schüler seines Alters erwarten konnte. Da der Lesestoff Robbys Interessengebieten angepaßt war, machte er seine Fortschritte fast unbewußt, weil er vor allem wissen wollte, wie die Geschichte weiterging. Die Lehrerin zeigte ihr Interesse an Robby nicht nur durch die Art, wie sie das Problem löste, sondern auch, indem sie dem Schulleiter über seine Fortschritte berichtete. Dieser zeigte ebenfalls Vertrauen in den Jungen, indem er ihn versetzte. Durch diese Vertrauensbeweise gelangen Robby die Leistungen, die seine Versetzung rechtfertigten.

Gerry, jetzt in der 8. Klasse, war in jeder Klasse einer der Jüngsten gewesen. Seine Unreife und Unsicherheit hatten den Lehrern schon immer Sorge gemacht, wenn es um die Frage der Versetzung oder Wiederholung ging. Gerrys Eltern waren der Meinung, er sollte keinesfalls eine Klasse wiederholen. Sie und alle Verwandten stellten ihm immer einen erfolgreicheren Vetter als Vorbild hin mit der Begründung, Gerry brauche einen Ansporn. Gerade dies aber machte ihn noch unsicherer. Er begann zu stottern und traute sich nicht mehr zu lesen. Schon zu Beginn seiner Schulzeit war Gerry so entmutigt worden, daß er, zumindest was das Lesen betrifft, alle Hoffnung aufgegeben hatte. Er hielt sich für einen Versager, da er immer nur durch seine Mängel Aufmerksamkeit erregte. Und auch den Besuch des Ferienunterrichts betrachtete Gerry als die jährliche Bestätigung seiner Unfähigkeit.

Die Diagnose eines Psychologen ergab eine durchschnittliche Intelligenz. Gerrys Leistungen im Lesen entsprachen dem Niveau der 3. Klasse. Ein Persönlichkeitstest ergab Minderwertigkeitsgefühle auf verschiedenen Gebieten. Seine erfolgreiche jüngere Schwester schien eines seiner Probleme zu sein. Je besser ihre Schulleistungen waren, desto mehr verschlechterten sich die seinigen. Er hatte sich

Besser lernen 101

seinen Platz im Leben geschaffen, indem er sich gefällig zeigte und hilflos stellte. Problemen gegenüber sah er sich nicht gewachsen. Die Abhängigkeit von seiner Mutter war groß.

Die pädagogische Therapie für Gerry war auf seine Probleme im ganzen abgestimmt. Die Interessenstufe der verwendeten Texte entsprach seinem Alter, die Leistungsstufe der Texte lag knapp unter seinen Fähigkeiten. Anfangs hatte Gerry wenig Hoffnung. Es wurde ihm gegenüber jedoch betont, der Therapeut sei der Ansicht, er könne es schaffen; Gerry sollte aber selber bestimmen, ob er den Versuch machen wolle. Er nahm einige Selbsttests mit nach Hause und sah, daß er sich selber helfen konnte. Beim nächsten Zusammentreffen war er fröhlich und durch seinen Erfolg ermutigt. Er bat um mehr Hausaufgaben als beim erstenmal. Gerry hielt einige Monate durch und machte langsame, aber spürbare Fortschritte, die ihm die Anerkennung des Therapeuten einbrachten. Bald konnte er so gut lesen, daß er sich auch am allgemeinen Unterricht wieder mehr beteiligen konnte. Seine Klassenkameraden ermutigten ihn ebenfalls und halfen ihm bei der Verbesserung seiner Leistungen.

Scheinbar wurden Gerrys Lehrkräfte schon frühzeitig auf seine Entwicklungsprobleme aufmerksam. Die Eltern bestanden darauf, Gerry in eine Klasse einstufen zu lassen, in der er wenig Chancen auf Erfolg hatte. Die dauernden Vergleiche mit seinem erfolgreichen Vetter verringerten Gerrys Selbstvertrauen und Selbsteinschätzung. Bald fand er es ebenso lohnend, durch Mißerfolge statt durch Leistungen aufzufallen. Die richtige Diagnose half, die Veranlagungen und Leistungen des Kindes festzustellen und zu vergleichen. Das Vertrauen des Therapeuten machte Gerry Mut, den Versuch zu wagen. Der richtig gewählte Stoff erschreckte ihn nicht, sondern gab ihm das Gefühl, etwas leisten zu können. Sein neuer Platz in der Klasse befriedigte das Bedürfnis des Dazugehörens. Als nun Gerrys Leistungen und nicht mehr seine Fehler hervorgehoben wurden, merkte er wahrscheinlich zum erstenmal, daß er auch Vorzüge hatte.

Jonathan, zwölf Jahre alt, mehr als einmal sitzengeblieben, war in der 4. Klasse. Seine Einstellung zur Schularbeit war, sowenig wie nur möglich zu tun. Seine familiäre Situation war instabil und er konnte keine konsequente Erziehung genießen. Der Lehrer versuchte, Jonathan durch Strafarbeiten und Nachsitzen im Zaum zu halten. Intelligenztests ergaben eine normale Begabung. Bei Leistungstests erreichte Jonathan hingegen nur ungefähr die dritte Stufe, und Persönlichkeitstests ergaben, daß er entmutigt und pessimistisch war und sich selber abwertete. Gefühle der Minderwertigkeit und der Hoffnungslosigkeit wurden bei jedem Versuch deutlich.

Auch in der pädagogischen Therapie zeigte Jonathan Widerstand; er führte seine Arbeiten nicht zu Ende. Er sprach undeutlich und benützte Ausdrücke der Kleinkindersprache, um damit Arbeit und Problemen zu entgehen. Seine charakteristische Einstellung zu Hausaufgaben war, sowenig wie möglich anzunehmen und dann zu vergessen, die Aufgaben überhaupt zu machen oder sie zur Schule zu bringen.

Wir sprachen offen mit Jonathan über die Gründe seines Verhaltens. Dann erhielt er Aufgaben, die seiner Leistungsstufe angepaßt waren. Er begann, einen Teil der Aufgaben fertigzustellen, und erhielt Anerkennung für jede seiner Anstrengungen. Großer Wert wurde auf ein gutes Verhältnis zum Therapeuten gelegt. Über einen Zeitraum von einigen Monaten schwankte Jonathan zwischen Fortschritten und Rückschlägen, da er noch immer unter dem strafenden Einfluß der Schule stand und unter seinen ungünstigen Familienverhältnissen litt. Schließlich ergab ein weiterer Test, daß Jonathans Leistungen inzwischen der 5. Klasse entsprachen.

Dieses Beispiel zeigt deutlich, wie wichtig die Totalbewertung ist. Die Umstände in der Schule wie auch in der Familie ließen keine schnellen Fortschritte zu. Was aber verhalf Jonathan dann doch zu dem Fortschritt, der sich tatsächlich vollzog? Vor allem eine ehrliche und dauernde Bewertung durch den Therapeuten: Strafmethoden wurden ganz vermieden. Es wurde der geeignete Stoff gewählt und fortwährend Vertrauen in Jonathans Fähigkeiten gezeigt.

Besser lernen 103

Rechtschreiben

Dieses Fach bietet gute Gelegenheit, Kinder zu beobachten, die jeder Ordnung widerstreben und die für sie charakteristische Methoden anwenden, um diese zu umgehen. Rechtschreiben erfordert Sorgfalt und Genauigkeit; es ist ein Gebiet des Widerstandes für alle Kinder, denen es schwerfällt, sich einer Ordnung zu beugen.

Martin konnte keines der Wörter buchstabieren, die wir während der ersten beiden Monate des Schuljahres durchgenommen hatten. Als er eines Tages beim Buchstabieren wieder verstummte, forderte ich ihn auf, dem nächsten Schüler zuzuhören und es noch einmal zu versuchen, wenn ich zu ihm zurückkam. Beim dritten Versuch klappte es. »Das war gut, Martin«, sagte ich, »komm zur Tafel!« Als ich ihn aufforderte, das Wort zu schreiben, antwortete er, er könne es nicht. Wieder buchstabierte ein Mitschüler für ihn, und Martin wiederholte das Wort. Jedesmal, wenn er einen Fehler machte, buchstabierte die Klasse für ihn. Schließlich, als ich ihn wieder bat, schrieb er ein Wort ohne Hilfe. Nach vielen Wiederholungen schrieb er vier Wörter. Ich lobte ihn für jedes richtig geschriebene Wort. Anfangs hatte die Klasse über ihn gelacht, jetzt unterstützte sie ihn. Mein nächster Schritt war, jeweils ein geschriebenes Wort auszulöschen und es ihn wiederholen zu lassen. Als er das erste Wort im Kopf hatte, löschte ich das zweite aus. Beim dritten Wort löschte ich die beiden ersten aus und ließ ihn die drei Wörter einige Male wiederholen. Dann ließ ich ihn alle vier Wörter in verschiedener Reihenfolge buchstabieren, schickte ihn auf seinen Platz zurück und ließ die ganze Klasse die vier und die in der vorhergegangenen Stunde gelernten Wörter schreiben. Als Martin sagte, er könne sie nicht schreiben, erklärte ich ihm, ich erwarte von ihm nur, daß er die vier soeben geübten Wörter richtig schreibe. Am Ende des Unterrichts, bevor er das Klassenzimmer verließ, kam er zu mir und schenkte mir einen Radiergummi mit einem Tierbild darauf. »Hier«, sagte er, »den dürfen Sie behalten.«

Der Lehrer erkannte, daß Martin keinen Mut hatte und nicht an seine Fähigkeiten glaubte. Er »schuf« eine Situation mit guten Erfolgsmöglichkeiten. Dann zog er die Klasse zur Unterstützung seiner Arbeit heran, und da er von Martin nur das erwartete, was er tatsächlich leisten konnte, ließ er ein Versagen auch nach der Übung an der Tafel nicht zu. Dazu ließ er es erst gar nicht kommen.

Dan, 9 Jahre alt, hatte im allgemeinen Freude an seiner Schularbeit, nur im Rechtschreiben waren seine Leistungen vollkommen ungenügend. Seine Einstellung war: »Da hört's bei mir einfach auf.« Nach verschiedenen vergeblichen Versuchen kam seine Mutter auf die Idee, eine Familienzeitung zu drucken. Dan hatte Freude am Lesen und erzählte gern von seinen Erlebnissen. Schreiben war eine seiner Lieblingsbeschäftigungen. Deshalb wurde er zum »Herausgeber« der Zeitung ernannt, und die übrigen Familienmitglieder reichten ihre Artikel ein, die er korrigieren und annehmen oder ablehnen durfte. Er war so stolz auf seinen verantwortungsvollen Posten, daß er alles sorgfältig durchlas und korrigierte. Bald war seine Nachlässigkeit im Rechtschreiben behoben.

Dan wurde eine Möglichkeit geboten, sich die fehlende Fertigkeit durch eine Beschäftigung anzueignen, die ihm Spaß machte. Das Vertrauen seiner Familie, die ihn zum Herausgeber und Lektor ernannte, ermöglichte es ihm, an seine Fähigkeit zu glauben. Sein Platz in der Gemeinschaft wurde durch seine verantwortungsvolle Aufgabe gefestigt.

Schrift

Tom hat gute Ideen, doch beim Schreiben hat er es meist so eilig, daß seine Arbeiten schlampig aussehen. Für eine Lektion über amerikanische Geschichte schrieb er ein Gedicht über Kapitän John Smith, das allen so sehr gefiel, daß die anderen 5. Klassen eine Kopie davon haben wollten. Tom war über so viel Anerkennung derart erfreut, daß er drei *ganz saubere* Kopien schrieb.

Besser lernen 105

Daß eine gute Schrift nicht nur eine Schikane der Schule war, erkannte Tom, als er an einem praktischen Beispiel merkte, warum eine gute Arbeit auch leserlich sein muß. Der Lehrer betonte sein Talent, seine schöpferische Kraft, und ergriff die Gelegenheit, ihn den Wert einer deutlichen Schrift selbst erkennen zu lassen.

Ich hatte eine Linkshänderin in meiner Klasse, die aufgrund ihrer Schrift sehr befangen und mutlos war. Mary hielt ihr Papier und ihren Arm in einer äußerst unnatürlichen Stellung. Eine Folge davon war ihre schlechte Schrift. Da ich selbst Linkshänder war, verstand ich sie sehr gut, obwohl ich nie Schreibschwierigkeiten oder eine schlechte Schrift gehabt hatte. Vor Unterrichtsbeginn half ich ihr, an die Tafel zu schreiben, und zeigte ihr auch, wie man einen Bleistift richtig hält und benützt. Als sich ihre Schrift verbesserte, ließ ich sie allgemeine Klassennotizen schreiben. Bald faßte sie wieder Selbstvertrauen und lernte recht gut schreiben.

Die Lehrerin hatte Interesse an Mary und widmete ihr etwas Zeit. Sie zeigte Mary ihr Vertrauen, als sich ihre Schrift verbessert hatte, indem sie ihre Hilfe für die Klasse erbat. Jetzt konnten auch Marys Mitschüler ihre Leistungen anerkennen.

Mathematik

Ich hatte Simon in meiner 7. Klasse. Sein Intelligenzquotient lag unter dem Durchschnitt; er war älter als seine Mitschüler und sehr groß, kam sich aber in der Klasse minderwertig vor. Ich bemühte mich um Simon, indem ich ihm sehr einfache Aufgaben stellte. Er hatte dabei immerhin so viel Erfolg, daß er sich ein bißchen Anerkennung verdienen konnte. Man merkte ihm an, daß er sich unter seinen Mitschülern wohler fühlte. Nach der Schule half Simon oft im Lebensmittelgeschäft seines Onkels aus. Ich zog ihn deshalb im Mathematikunterricht zu Rate, um die Lebensmittelpreise, die wir in unseren Aufgaben verwendeten, mit den tatsächlichen zu vergleichen. Seine Kenntnisse auf diesem Gebiet, das den übrigen Mitschülern nicht geläufig war, verliehen ihm mehr Sicherheit im Rechnen, das sich von da an ständig verbesserte.

Dieser Lehrer ließ sich von der Vielzahl der bei Simon vorliegenden Schwächen nicht abschrecken. Er gab ihm Aufgaben, die so leicht waren, daß selbst er sie lösen konnte. Dadurch fühlte er sich in der Gruppe wohler. Dann baute er Simons einzigen Vorzug aus: Er kannte die Lebensmittelpreise, d.h., er wußte wenigstens auf einem Gebiet mehr als die anderen. Dies verbesserte seine Stellung in der Klasse beträchtlich.

Ronny hatte große Schwierigkeiten mit den Grundbegriffen des Rechnens. Schließlich hatte er alles einigermaßen begriffen. Da kam Ralph in unsere Klasse, der den Zahlen ganz und gar hilflos gegenüberstand. Ronny wurde aufgefordert, Ralph zu helfen. Jeder Fortschritt, den Ralph durch seine Hilfe machte, steigerte Ronnys Interesse an diesem Unterrichtsfach.

Die Gelegenheit, mit einem Mitschüler zu arbeiten und dessen Fortschritte zu beobachten, gab Ronny Vertrauen in seine eigenen Fähigkeiten. Außerdem konnte er dabei konstruktiv tätig sein.

Kinder, die durch Entmutigung mit den vier Grundformen des Rechnens Schwierigkeiten haben, können sie manchmal überwinden, wenn ein Lehrer, der Algebra unterrichtet, ihr Interesse an höheren Formen des Rechnens zu wecken versteht.

Naturwissenschaften

Bobs Leistungen in Naturkunde lagen unter dem Durchschnitt. Ich begann, ihn zu beobachten, und stellte seine manuelle Geschicklichkeit fest. Wir ernannten ihn zum Leiter unserer Organisationsgruppe für Gemeinschaftsarbeiten. Unter anderem fertigte die Klasse unter seiner Leitung einen Vulkan aus Papiermaché an, der mit großer

Besser lernen   107

Sorgfalt bemalt wurde und die verschiedenen Lava- und Gesteins-
schichten im Innern zeigte. Nachdem Bob diese neue Position in der
Klasse gefunden hatte, verbesserten sich seine Noten.

Dieser Lehrer war aufgeschlossen genug, Bob nicht nur vom
Standpunkt des unmittelbaren Unterrichtsgebietes aus zu beurteilen; er weckte vielmehr sein Interesse, indem er seine Geschicklichkeit in das Unterrichtsprogramm mit einplante. Dies
brachte Bob Ansehen in der Gruppe ein. Nachdem er auf
einem Gebiet Erfolge verzeichnen konnte, verbesserten sich
seine Leistungen auch auf anderen Gebieten.

Mike in meiner 7. Klasse zeigte wenig Interesse am naturwissenschaftlichen Unterricht. Eines Tages entdeckte ich, daß sein Onkel
ihn oft auf seinem großen Lastwagen mitfahren ließ. Ich bat Mike,
der Klasse zu beschreiben, wie man so einen Lastwagen fuhr und wie
der Motor funktionierte. Wir hatten eine recht interessante Klassen-
diskussion. Schließlich erklärte Mikes Onkel sich bereit, mit seinem
Lastwagen auf dem Schulhof eine Demonstrationsrunde zu fahren.
Damit hatte Mike einen neuen Platz in der Klasse gefunden, was ihn
auch auf anderen Gebieten zu besseren Leistungen befähigte.

Der Lehrer erkannte, daß Mikes Erfahrungen außerhalb der
Schule ihm auch in der Schule helfen konnten. Er schöpfte
diese Möglichkeit aus, um ihm zu einer besseren Stellung in
der Gruppe zu verhelfen. Wenn wir von positiven Tatsachen
ausgehen, statt uns auf Schwächen eines Kindes zu konzentrieren, stärken wir durch unser Vertrauen die Überzeugung des
Kindes, so daß es seine Aufgaben meistern kann, und berichti-
gen seine falsche Annahme darüber, daß seine Möglichkeiten
begrenzt seien.

Sozialkunde

David nutzte den Geschichtsunterricht dazu, seine Mitschüler und den Lehrer abzulenken. Er vertrat den Standpunkt: »Es hat überhaupt keinen Sinn zu wissen, was früher einmal passiert ist.« Als wir die Gründung der Verfassung durchnahmen, beschloß die Klasse, sich ebenfalls eine Verfassung zu geben. David meinte, er wisse genau, wie man Gesetze mache, da sein Vater bei Gericht angestellt sei und es zu seinen Aufgaben gehöre, verschiedene Verfassungen zu studieren und zu vergleichen. David hatte Gelegenheit, verschiedene Unterlagen mit in den Unterricht zu bringen und konnte damit einen wesentlichen Beitrag zum Thema leisten.

David hatte sich entschlossen, auf dem Gebiet mitzumachen, auf dem er etwas wußte. Sein verbesserter Status führte zur Erweiterung seines Interessenbereichs.

Sarah hatte wenig Interesse am Geschichtsunterricht. Dieses Fach schien keine Antworten auf ihre persönlichen Fragen und Probleme zu geben. Eines Tages machte die Lehrerin eine Bemerkung über die jährliche Wandlung der Mode. Das erregte Sarahs Interesse, und sie fragte, ob sie darüber nachlesen und einen Bericht schreiben dürfe. Obwohl die Lehrerin zuerst die Bedeutung einer Arbeit über einen so peripheren Teil des Geschichtsunterrichts in Frage stellte, willigte sie ein. Bald hatte Sarah allerhand Informationen über Kostüme und Mode der einzelnen Geschichtsabschnitte gesammelt. Während ihrer Arbeit stieß sie auf weitere interessante Einzelheiten über Sitten und Bräuche der Völker in den verschiedenen Zeitaltern.

Man sollte mit dem Interesse des Kindes beginnen, auch wenn es anfangs mit dem eigentlichen schulischen Ziel nicht direkt verknüpft ist, und sollte dem Kind zu verstehen geben, daß man seinen Plan für wichtig hält. Während sich das Verhältnis des Schülers zur Klasse und zum Lehrer positiv entwickelt, kann man seinen Plan in den allgemeinen Plan einbauen.

Besser lernen   109

Geographie war für Eddy nicht sehr reizvoll. Ballspielen und andere Vorhaben außerhalb der Schule interessierten ihn mehr. Von Tag zu Tag wurde es schwieriger, im Unterricht mit ihm auszukommen. Besonders störend war, daß er den Lehrer ständig beim Erläutern von Fakten, die die westlichen Staaten Amerikas betrafen, korrigierte. Die Sicherheit, mit der er seine Kritik vorbrachte, ließ den Lehrer vermuten, daß er besondere Kenntnisse auf diesem Gebiet haben mußte. Einige Nachprüfungen ergaben, daß Eddy tatsächlich immer im Recht war, wenn er den Lehrer korrigierte. Es stellte sich heraus, daß er schon viel im Westen herumgekommen war, da er in den Sommerferien immer mit seinen Eltern auf Reisen war und seine Familie eine große Sammlung von Bildern und anderen Reiseandenken hatte. Eddy wurde aufgefordert, Anschauungsmaterial mit zur Schule zu bringen. Die Fotos belebten und verbesserten den Geographieunterricht. Sein Nutzen für die Klasse war offensichtlich. Der Lehrer gab ihm gebührende Anerkennung, und Eddy entschloß sich, andere geographische Gebiete genauso gründlich kennenzulernen wie den amerikanischen Westen.

Die Tatsache, daß die Kritik des Schülers berechtigt war, brachte keine Verstimmung in das Verhältnis von Lehrer und Schüler. Der Lehrer forschte nach und stellte fest, daß Eddy von Nutzen für den Unterricht sein konnte, während er durch seinen Erfolg die Möglichkeit erhielt, seine Einstellung zu diesem Fach und zu seinem Lehrer zu verbessern.

Kunsterziehung

Der achtjährige Johnny kam zum Pult des Lehrers, seine mit »ausreichend« benotete Zeichnung fest an sich gedrückt. Der Lehrer wußte, daß er in diese Zeichnung sehr viel Anstrengung, Interesse und Phantasie gesteckt hatte; mit anderen Worten, Johnny hatte sein Bestes gegeben. Offensichtlich war sein Bestes in den Augen des Zeichenlehrers aber nicht gut genug. Johnny war enttäuscht, entmutigt und dem Weinen nahe. Der Lehrer wies auf die besseren Teile der

Zeichnung hin. Dann machte er Vorschläge, wie man die Zeichnung durch kräftigere Strichführung hier und mehr Farbe da sowie mehr Details bei den Figuren noch weiter verbessern könne. Er sagte, er fände, daß dieses Bild Johnnys bisher beste Leistung sei. In der Pause folgte er den Vorschlägen des Lehrers und gab ihm die verbesserte Zeichnung wieder. Als Johnny das Blatt mit einer Eins zurückbekam, strahlte er vor Stolz.

Die guten Teile der Zeichnung wurden zuerst erwähnt. Johnnys Anstrengungen wurden anerkannt, und er konnte die Aufgabe erneut in Angriff nehmen in dem Gefühl, daß sie es wert war.

Bei Durchsicht einer Reihe von Janets Zeichenbemühungen merkte ich, daß sie ohne ehrliches Lob und ohne Ermutigung ihr Interesse verlieren würde. Deshalb ermunterte ich sie, einige kleinere Zeichenaufgaben in Angriff zu nehmen, und bald machte ihr der Unterricht viel Freude. Daß ich sie zuerst lobte, machte sie zuversichtlicher; jetzt konnte auch sie ihre eigene Arbeit kritischer betrachten und verbessern. Inzwischen ist das Kind nicht nur für Lob, sondern auch für konstruktive Kritik aufgeschlossen, ohne Minderwertigkeitsgefühle wegen ihres mangelnden Talentes zu haben.

Beginnen Sie da, wo das Kind jetzt steht, und bewerten Sie die gegenwärtige Arbeit. Geben Sie ihm Kraft, damit es fähig wird, seine Leistungen selbstkritisch zu betrachten.

Freies Reden

Ann war fünfeinhalb, als sie in meine Kindergartenklasse kam. Sie sprach so undeutlich, daß man kein Wort mit den Buchstaben s, th, sh, l, d, r, w, v und f richtig verstehen konnte. Sie lief mit hängendem Kopf herum, sprach nur selten mit jemandem, gab vor, nicht zu hören, und war äußerst asozial. Ihre Fähigkeit, Anweisungen zu folgen, war jedoch ausgezeichnet.

Eines Tages, als die Kinder sich zum Nachhausegehen bereit machten und einige Kleiderbügel auf dem Boden verstreut zurückließen, nutzte ich die Gelegenheit, Ann um ihre Mithilfe zu bitten. Dabei lernten wir uns besser kennen. Ich begann, ihr beim Sprechen zu helfen, indem ich einen Spiegel benutzte und ihr die Zungenstellungen zeigte. Ich ließ sie zum Beispiel die Zunge falten und Wörter wie *like, love, let* aussprechen. Ich nörgelte nicht an ihr herum, verharrte aber bei der Übung. Einmal im Monat benutzten wir das Tonbandgerät. Jedes Band wurde aufgehoben. Ich appellierte auch an Anns Eitelkeit: Sie hatte hübsche blaue Augen, und ich fragte, warum sie ihren Freunden denn nicht zeigte, wie hübsch blau ihre Augen seien, statt immer den Kopf hängenzulassen. Ich wies darauf hin, daß man mit den Augen lächeln könne, wenn man nicht reden wolle.

Immer, wenn ich sicher war, daß sie die Antwort auf eine Frage wußte, rief ich sie auf. Um die Weihnachtszeit war sie so weit, daß sie kurze Antworten gab. Am Ende des Schuljahres gab sie zusammen mit einer Mitschülerin eine kleine Darbietung. Sie erhielt für ein weiteres Jahr einmal wöchentlich Sprachunterricht. Jetzt ist sie in der 4. Klasse und ein reizendes kleines Plappermäulchen geworden. Die Tonbänder sind die einzigen Zeugen ihrer Sprachprobleme.

Hier wurden verschiedene Ermutigungsmethoden angewandt: Ann wurde in die Gruppe einbezogen, ein Vorzug, nämlich ihr Äußeres, wurde hervorgehoben, und sie wurde in Situationen aufgerufen, in denen ihr Erfolg fast sicher war.

Entwicklung kindlicher Grundhaltungen

Die Schule sollte für mehr als nur die rein schulischen Leistungen die Verantwortung übernehmen. Sie ist dafür verantwortlich, die Einstellung der Kinder zu einer Vielzahl von Themen und Problemen zu sensibilisieren. Die Grundhaltung eines Kindes ist Voraussetzung für sein späteres Handeln. Jegliche Veränderung einer Grundhaltung ist ausschlaggebend, da sie eng mit den Handlungsmotiven eines Individuums zusammenhängt.

Das emotionale Klima im Klassenzimmer und die Interaktion zwischen Lehrer und Schüler sind Gebiete, denen besondere Bedeutung beizumessen ist.

Meiner Klasse wurde einmal ein Schüler zugeteilt, der als sehr schwierig galt. Das vergangene Jahr hatte er zumeist im Zimmer des Schulleiters oder im Flur verbracht. Seine Akte wies ungefähr dreißig Eintragungen über Zuspätkommen auf.

Vor den Ferien, als die Klassenlisten für das kommende Schuljahr verteilt wurden, kam John in meine Klasse gestürmt, und mit einem »Jetzt-hast-du-mich-auf-dem-Hals«-Ausdruck rief er: »Frau Miller, ich bin nach den Ferien in Ihrer Klasse! Na, was sagen Sie dazu?« Ich sah den Jungen an und sagte: »Ich weiß, John, ich habe dich ja für meine Klasse mit ausgesucht.« Er strahlte über das ganze Gesicht, und ich sah, daß er vor Freude völlig außer sich war. Es war anzunehmen, daß kein Lehrer ihn je »ausgesucht« hatte, denn sein Name allein bedeutete Schwierigkeiten, genau wie der Name seiner Familie. Meine Erwiderung kam für ihn ganz unerwartet; und ich bin sicher, es ermutigte John ungemein, daß er für das nächste Schuljahr »ausgesucht« worden war. Er lief aus dem Zimmer und rief: »Also, dann bis nach den Ferien!«

Mit einer einfachen Handlung veränderte die Lehrerin die Atmosphäre. Zuerst brachte sie John mit einer unerwarteten Bemerkung aus der Fassung; als er merkte, daß sie ihn ganz und gar akzeptierte, hatte er das Gefühl, daß er mit dieser Lehrkraft ausnahmsweise auskommen würde. Das Ganze war kein langwieriger Prozeß, und doch wurde das Verhältnis klar geprägt.

Diane, eine siebenjährige Zweitkläßlerin, war seit ihrem Eintritt in die Schule ein Problem. Sie schlug ihre Mitschüler, warf mit allen möglichen Gegenständen um sich, schrie und rannte im Zimmer umher. Meist weigerte sie sich, an Einzel- oder Klassenaufgaben im Unter-

Entwicklung kindlicher Grundhaltungen 113

richt oder in der Freizeit teilzunehmen. Als ich der Klasse einmal Gedichte vorlas, bemerkte ich, daß Diane mit Entzücken zuhörte. Ich fragte, ob sie gerne Gedichte vorlesen wolle. Sie las für mich und für die Klasse. Die Kinder waren begeistert und zeigten ihre Begeisterung auch. Sie baten Diane, doch auch an ihren Spielen teilzunehmen. Von da an veränderte sich Dianes Verhalten: Es hatte sich nicht um eine bloße Leseübung gehandelt, sondern um eine allgemeine Stärkung ihrer sozialen Position.

Die Lehrerin beobachtete Diane so genau, daß sie sogar in einem passiven Augenblick eine Möglichkeit entdeckte, der Schülerin zu helfen. Sie erkannte und benutzte das Interesse des Kindes, um sie in die Gruppe einzubeziehen, und veranlaßte sie dadurch, sich konstruktiver zu verhalten.

Jack, ein Zweitkläßler, hatte Schwierigkeiten, »erwachsen« zu werden. Er war bei jeder Gelegenheit unartig und ließ sich hinterher von seiner Mutter zu Hause bemitleiden. Doch auch seine Mutter hatte unter seiner Unartigkeit zu leiden; er ließ ihr keine Ruhe. Seiner Lehrerin hatte er in der ersten Klasse das Leben schwergemacht.

Ich hatte Jack bereits im Kindergarten gehabt, wo er soviel Unruhe wie nur irgend möglich gestiftet hatte. Er erinnerte sich wohl noch, daß mir an einer ruhigen, friedlichen Klassenzimmeratmosphäre lag. Er nahm an, daß er mich jetzt, wo er etwas älter war, sicher dazu bringen konnte, ihn um des lieben Friedens willen gewähren zu lassen. Einige Tage lang hatte er die Oberhand. Sein Privatlehrer wußte weder ein noch aus, der Schulleiter predigte tauben Ohren, denn Jack bestand darauf, in allen Klassenzimmern ein- und auszugehen, wie es ihm beliebte. Wenn ich ihn aufforderte, sich ordentlich zu benehmen, schrie er aus Leibeskräften, daß er mich hasse. Ich reagierte nicht auf seine Temperamentsausbrüche, und immer, wenn er willig war, gab ich ihm kleine Aufgaben, machte ihn zum Organisator einer Gemeinschaftsarbeit, ließ ihn malen oder bat ihn, einem Mitschüler, der Lernschwierigkeiten hatte, zu helfen. Auch seine Mitschüler waren sehr hilfsbereit. Er entwickelte sich rasch, und bald

114   *Ermutigung auf speziellen Gebieten*

kam er mit uns allen gut aus. Noch nach über zwei Jahren dankt mir
Jacks Mutter für meine Geduld, die ich mit ihm hatte.

Diese Lehrerin ließ sich nicht auf einen Machtkampf, einen
Streit um die Oberhand, ein. Sie erkannte gutes Benehmen an
und ließ sich von störendem Verhalten nicht sichtlich verär-
gern. Das Kind hatte jemanden gefunden, der ebenso stark war
wie es selbst. Immer, wenn es sich positiv verhielt, wurde es ermutigt.

Paul, fünf Jahre, war in der Kindergarten-Spielstunde fortwährend in
Streit verwickelt. Jedesmal versuchte er, die Hilfe des Lehrers zu gewinnen, indem er sich über die anderen Kinder und deren Verhalten
ihm gegenüber beschwerte. Ich sagte ihm, die Streitereien seien sein
eigenes Problem, und weigerte mich, den Schiedsrichter zu spielen.
Eines Tages brachte er Spielzeug mit, das seinen Mitschülern sehr
gefiel. Diesmal mischte ich mich ein und zeigte ihm, wie mehrere
Kinder damit spielen konnten. Paul war von seinem neuen Prestige
beeindruckt und fand die neue Rolle bald befriedigender als seine
frühere Einstellung.

Der Lehrer nutzte einen günstigen Augenblick, um Pauls gesundes Gemeinschaftsgefühl zu wecken und machte die Situation damit zu einem vollen Erfolg. Ein erfahrener Lehrer wartet
günstige Gelegenheiten ab, um mit seiner Zustimmung eine
positive Situation auszubauen. Pauls Integration in die Gruppe
war sicherlich ein wichtiger Schritt in seiner Entwicklung.

Förderung der Integration

Auch das soziale Verhalten eines Kindes sollte unter die Verantwortung der Schule fallen. Anschluß zu finden ist ein Grundbedürfnis. Ein Pädagoge, der um dieses Grundbedürfnis weiß,
kann manches Verhalten seiner Gruppe besser deuten. Bis jetzt

Entwicklung kindlicher Grundhaltungen

haben wir immer wieder darauf hingewiesen, wie wichtig es ist, daß Lehrer die Verschiedenheit ihrer Schüler in Betracht ziehen und sich mit den Problemen des Individuums auseinandersetzen. An dieser Stelle muß jedoch wieder daran erinnert werden, wie wichtig es für den Pädagogen ist, sich mit seinen Schülern als Gruppe zu befassen, denn die Gruppe spielt eine bedeutende Rolle für den einzelnen, und der Status in der Gruppe und die Bildung guter Beziehungen sind für das Kind lebenswichtig. Ein Zurschaustellen von Unbeteiligtsein kann ein Symptom für Störungen der geistigen Gesundheit eines Kindes sein.

Das Kind sollte sich von der Abhängigkeit zur Unabhängigkeit hin entwickeln. Letzteres bedeutet: weniger Ansprüche an die Eltern und andere Erwachsene. Gleichzeitig aber muß der Lehrer darum bemüht sein, das Kind die Bedeutung der zwischenmenschlichen Beziehungen und der gegenseitigen Abhängigkeit erkennen zu lassen. Das Klassenzimmer bietet viele Möglichkeiten, die Vorteile der Zusammenarbeit zu betonen. Zusammenarbeit und Gemeinschaftsgefühl sind grundlegend für die Entwicklung einer guten Gruppenatmosphäre.

Kindliche Beziehungen auf sozialem und emotionalem Gebiet können einen wesentlichen Einfluß auf späteren Erfolg im praktischen Leben sowie im zwischenmenschlichen Bereich haben.

Daß das kindliche Verhalten von der Gruppenatmosphäre beeinflußt wird, haben amerikanische Studien eindeutig erwiesen. Bei der Anwendung drei verschiedener interaktiver Methoden, die als »autoritär«, »demokratisch« und »laissez-faire« bezeichnet wurden, stellte sich heraus, daß in der »demokratischen Gruppe« mehr freundschaftliche Beziehungen und weniger Unzufriedenheit zu verzeichnen waren.

Die Atmosphäre und allgemeine Führung im Klassenzimmer können nicht nur zu besserer Arbeit führen, sie fördern auch die Integration.

Ein Ausgangspunkt für die Bemühungen des Lehrers ist die allgemeine Organisation seiner Gruppe. Im folgenden werden Maßnahmen gezeigt, die durchaus hilfreich sein können:

Es kann dienlich sein, wenn Schüler Funktionen innerhalb der Klassengemeinschaft übernehmen. Dazu zählen neben dem Klassensprecher sein Stellvertreter, Tafeldienst, Klassenkassenwart und Streitschlichter. Kein Kind darf einen Posten zweimal innehaben, bis jeder in der Klasse einmal an der Reihe gewesen ist. Wenn die Klasse aus 28 Schülern besteht und einmal im Monat Wahlen gehalten werden, steht nach 7 Monaten für alle Kinder eine Wiederwahl an.

Dies ist eine einfache und direkte Methode, um die Kinder zum Mitmachen und Zusammenarbeiten anzuregen und ihnen gleichzeitig durch die Wahrnehmung unterschiedlicher Aufgaben zu einem gewissen Status zu verhelfen. Organisation macht eine Gruppe harmonischer und befriedigt das Bedürfnis, Anschluß zu finden.

VI. Die Förderung sozialer Fähigkeiten durch Ermutigung

Wir haben die Anwendung von Ermutigung zur Förderung der Entwicklung auf verschiedenen pädagogischen Gebieten diskutiert. Ermutigung kann jedoch auch zur persönlich-sozialen Entwicklung des Kindes beitragen.

Entwicklung der Selbsteinschätzung

Als »Selbsteinschätzung« bezeichnen wir hier die persönlichen Anschauungen eines Menschen, seine Ansichten über das Leben und über sich selbst. Andere mögen seine Überzeugungen für falsch halten, doch für ihn haben sie einen Sinn, und er handelt danach.

Unsere Reaktionen werden von Erfahrungen aus der Vergangenheit und Erwartungen für die Zukunft beeinflußt. Sie sind auf ein Ziel hin ausgerichtet. Wir wählen diese Lebensauffassungen und Überzeugungen und behalten sie bei. Dieses Verständnis der Wirklichkeit wird für die Entwicklung insofern bestimmend, als es sich durch eine Reihe von Erfahrungen ausbildet.

Ein wesentlicher Faktor in der Entwicklung der Selbsteinschätzung ist das Bedürfnis, dazuzugehören, denn ein Großteil der Sorgen und Ängste, die unsere persönliche Integration beeinflussen, entstehen, wenn wir fürchten, keinen entsprechenden Platz in der Gesellschaft zu haben. Dies kann zu Minderwertigkeitsgefühlen führen.

Eine der Hauptaufgaben bei der persönlich-sozialen Integration ist der Schritt von der Abhängigkeit zur Unabhängigkeit. Indem man das Kind dazu anhält, für seine Handlungen verantwortlich zu sein, und ihm für seine Beiträge Anerkennung zollt, fördert man seine Auffassung vom eigenen Ich. Seine Selbsteinschätzung kann sich zum Beispiel wie folgt ändern von:»Ich bin zu nichts nutz. Niemand hat mich gern. Ich schaffe es nicht« zu:»Ich bin recht gut. Ich werde es schon schaffen. Ich versuch's«, oder zu:»In manchen Dingen bin ich recht gut, in anderen Dingen wieder nicht.«

Diese neuen Auffassungen sind das Resultat seiner Erfahrungen und seiner eigenen Deutung dieser Erfahrungen. Lehrer können sichtbare Veränderungen in der persönlich-sozialen Integration eines Kindes herbeiführen, wenn sie das richtige Verhältnis zu ihm aufbauen. Wenn sie es ermutigen, helfen sie bei der Re-Formulierung seiner falschen Auffassungen und Wertbegriffe.

Jacob war ein Zweitkläßler, der seiner Schularbeit ziemlich passiv gegenüberstand. Er hatte die Gewohnheit, plötzlich den Unterricht durch Albernheiten zu stören. Eines Tages, als die Lehrerin im Begriff war, das Klassenzimmer für kurze Zeit wegen einer Besorgung im Zusammenhang mit dem Unterricht zu verlassen, störte Jacob wieder durch alberne Zwischenrufe und Bewegungen, die sie in der Glastür widergespiegelt bemerkte. Sie drehte sich um, kam zurück und fragte, ob jemand schon mit der Aufgabe fertig sei und ihr bei zwei Telefongesprächen helfen könne. Eine Mitschülerin schlug Jacob vor. Er schien überrascht, ging aber mit der Lehrerin und suchte eine Nummer im Telefonbuch, während sie den ersten Anruf machte. Da der zweite Anruf dieselbe Angelegenheit betraf und nachdem Jacob gehört hatte, worum es ging, bat ihn die Lehrerin, für sie anzurufen, damit sie zur Klasse zurückgehen könne.

Als Jacob zurückkam und begann, der Lehrerin zu berichten, unterbrach sie ihn und schlug vor, er solle der Klasse erzählen, was er herausgefunden hatte. Er berichtete:»Die Frau hat ein junges Schaf und ein paar Kätzchen, die zahm genug sind, um sie einen Tag mit in die Schule zu bringen.« Die Kinder wählten Jacob als »Projektvorsit-

Die Förderung sozialer Fähigkeiten 119

zenden«, und er wählte sein »Organisationskomitee«, das für den Besuch des Schäfchens alles vorbereiten sollte. Er brachte Draht von zu Hause mit und improvisierte einen Stall, andere Kinder brachten Heu. Das Schäfchen wurde abgeholt, und alles ging gut. Die Klasse begann, gemeinsam eine Geschichte über den vierbeinigen Gast zu schreiben, die allerdings ins Stocken geriet, als man dem Schäfchen einen Namen geben wollte und nicht wußte, ob es männlich oder weiblich war. Jacob rief freiwillig an, um diese wichtige Information herauszufinden. Als das Tier am Ende der Stunde zurückgebracht wurde, blieb Jacob da, um das Klassenzimmer aufzuräumen. Er meinte: »Heute war ein kurzer Schultag. Ich wußte gar nicht, daß es schon Zeit ist, nach Hause zu gehen.«

Dieses Kind versuchte offensichtlich, durch Stören des Unterrichts und mangelhafte Leistungen Aufmerksamkeit zu erlangen. Es ist zu bemerken, daß die Lehrerin nicht zurückkam, um sich um den Störenfried zu kümmern (was er erwartete). Sie nahm außerdem den Vorschlag an, Jacob helfen zu lassen. Weil sie die Angelegenheit nicht für eine Moralpredigt nutzte, brachte sie seine Auffassung von sich selbst ins Wanken. Man spürt in diesem Beispiel das wachsende Gemeinschaftsgefühl dieses Kindes und seine Bereitwilligkeit zur Mitarbeit, herbeigeführt durch die Haltung der Lehrerin und seine veränderte Stellung in der Gruppe. Jacob hatte seinen Status verbessert, also fiel es ihm leicht, sein unangepaßtes Verhalten aufzugeben.

Nick, ein Junge, der bereits vorher in der Nachbarschaft gewohnt hatte und umgezogen war, kam Ende Oktober wieder zurück in unseren Bezirk und wurde meiner Klasse zugeteilt. Eines seiner Probleme war, daß er stahl, wie mir Lehrer und Schüler mitteilten. Nach zwei oder drei Tagen fehlte einem der Kinder etwas Geld, und es rief gleich: »Nick hat mein Geld gestohlen!« Darauf rief ein anderes Kind mit Nachdruck: »Unmöglich! In unserer Klasse wird nie etwas gestohlen. Wahrscheinlich ist es nur verlegt.« Dieser zweite Ausbruch war so heftig, daß Nick schockiert war. Er verteidigte sich nicht einmal, sondern saß wie betäubt und ungläubig da. Ich sagte kein Wort und versuchte, meine Ruhe zu bewahren, während der Unterricht weiterlief. Eine Weile später wurde das Geld gefunden, und der Zwischenfall kam zu einem unauffälligen Ende. Ich hatte den Eindruck, daß Nick durch das Vertrauen der Klasse einen beachtlichen Aufschwung erfuhr. Soviel Respekt hatte er in dieser Schule nie zuvor erfahren. Von da an war er ein angesehener Mitschüler.

Nick war offensichtlich in einen Ruf geraten, der seine Meinung von sich selbst und die der anderen beeinflußte. Der Lehrer hatte eine Klassenzimmeratmosphäre geschaffen, die nicht alle Mitschüler veranlaßte, Nick zu verdächtigen. Das Zeichen von Respekt aus den Reihen seiner Mitschüler gab ihm einen Platz, den er nie zuvor erreicht hatte. Eine »therapeutische Klassenzimmeratmosphäre« zu schaffen ist also ein weiteres Hilfsmittel zur persönlich-sozialen Anpassung.

Während des Entwicklungsprozesses der kindlichen Persönlichkeit werden bestimmte Lebensanschauungen, die das Kind über sich selbst, seine eigenen Ziele und Werte wie auch über andere und deren Einstellung zu ihm hat, sichtbar. Diese Anschauungen bilden die Basis für seine Handlungen, gleichgültig, wie wirklichkeitsnah oder -fern sie sind. Deshalb ist es wichtiger zu wissen, wie ein Kind eine bestimmte Situation beurteilt, als objektive Beweise über die Situation zu haben. Die Überzeugungen und Grundziele des Kindes können wir nur dadurch erfassen, daß wir uns auf *seine* Deutung der Realität konzentrieren. Fühlt ein Kind, daß es nicht dazugehört oder daß ein Dazugehören nur durch passives Verhalten oder destruktive Handlungen erreicht wird, so wird es naturgemäß so handeln, als wäre dies tatsächlich der Fall, obwohl andere die Situation ganz anders sehen.

Mikka war ein sehr intelligenter Junge in meiner 5. Klasse, den die Fehler seiner Mitschüler sehr amüsierten. Er lachte sie aus und zeigte offen seine Geringschätzung. Manchmal war er in Streitereien auf

Die Förderung sozialer Fähigkeiten 121

dem Schulhof verwickelt. Als ich ihn einmal einen Aufsatz über sich selbst schreiben ließ, verweilte er lange bei dem Gedanken, er sei ein böser Junge, der immer in Schwierigkeiten gerate, auch wenn er versuchte, sich herauszuhalten. Ich sagte ihm, daß ich überhaupt nicht mit ihm übereinstimmte, weder er noch sonst einer in der Klasse sei »böse«, und daß ich ihm gerne helfen wolle, sich aus Streitereien herauszuhalten, wenn es ihm wirklich Ernst damit sei. Ich sagte ihm, man dürfe jemanden nicht auslachen, wenn er Fehler mache, weil er dadurch so in Verlegenheit gerate, daß er nicht mehr klar denken könne. Ich erinnerte ihn daran, daß manche Mitschüler recht nett zu ihm seien, und versicherte ihm, daß auch ich ihn sehr gerne in meiner Klasse hätte, auch wenn ich ihn manchmal aus dem Zimmer schicken müßte, weil er boshafte Bemerkungen mache.

Ein anderer Junge dieser Klasse hatte Leseschwierigkeiten und kam mit seinem Sozialkundebuch überhaupt nicht zurecht. Ich fragte Mikka, ob er gewillt sei, ihm zu helfen, indem er ihm beim Lautlesen zuhöre und den Stoff mit ihm durchginge.

Mikka nahm diese Aufgabe bereitwillig an und war seinem Mitschüler eine Hilfe für den Rest des Jahres. Er war freundlich und geduldig mit Richard, und sie wurden gute Freunde. Obwohl Mikka seinen grausamen Spott nie ganz aufgab, war er doch wesentlich friedfertiger. Auch sich selbst gegenüber war er nicht mehr so kritisch.

Das Kind im obigen Beispiel war überzeugt, daß es schlecht und zur Rolle des Unruhestifters bestimmt sei. Kinder nehmen häufig eine derartige Haltung an, und die Reaktion der Erwachsenen auf ihr Verhalten scheint sie noch *zu* bestärken. So erzeugt das Kind in andern die Reaktion, die es erwartet, und wird mehr und mehr davon überzeugt, daß es zu nichts nütze sei. Mikkas Verhalten verursachte zweifellos eine Störung der Klassenatmosphäre, was die Lehrerin sehr verärgerte. Es wäre deshalb nur verständlich gewesen, wenn sie Mikkas Auffassung von sich selbst zugestimmt hätte. Doch sie weigerte sich, nach seinen Erwartungen zu handeln, obwohl sie ihn ermahnte. Sie ließ ihn vielmehr wissen, daß sie ihn gern hatte, unabhängig von dem störenden Verhalten, das seinem Vorurteil über sich selbst entsprang. Ja, selbst wenn sie ihn manchmal aus der Klasse weisen mußte, mochte sie ihn doch. Außerdem fand sie eine neue Rolle für Mikka innerhalb der Klasse. Wir stellen ausdrücklich fest, daß sie zuerst fragte, ob er gewillt sei, die Aufgabe zu übernehmen. Als er sie annahm, übergab sie ihm die Aufgabe und verließ sich darauf, daß er sie auch gut ausführen würde. Wie bereits erwähnt, können wir nicht immer eine vollkommene Änderung erwarten, ohne weitere therapeutische Hilfe zu geben. Mikka jedoch schlug die gewünschte Richtung ein, und seine neuen Erfahrungen verhalfen ihm sicherlich zu einer Reihe neuer Beziehungen zu seinen Kameraden.

Derrek begann seine Schulzeit in meiner 1. Klasse. Zu Beginn des Schuljahres schien er sehr unruhig, streitlustig und unbekümmert um seine Schularbeit. Eines Tages im Schreibunterricht schmierte er noch mehr als gewöhnlich, und ich sagte zu ihm: »Aber Derrek, ich weiß genau, daß du besser schreiben kannst!« »Nein«, sagte er mit Überzeugung, »ich kann überhaupt nichts richtig und gut machen.« Ich fragte: »Wie kommst du denn darauf?« Er antwortete: »Meine Geschwister sagen auch immer, daß ich überhaupt nichts richtig mache. Ich mache dauernd und in allem Fehler. Ich mache alles wie ein Baby.« Derrek war morgens immer einer der ersten im Klassenzimmer. Eines Morgens sagte ich zu ihm: »Derrek, ich brauche jemanden, der mir hilft. Ich bin so vergeßlich, daß ich nie den Kalender umstelle, er zeigt einfach nie das richtige Datum. Ich brauche jemanden, auf den ich mich verlassen kann, und ich glaube, du wärst der Richtige. Würdest du mir den Kalender jeden Morgen einstellen?« Er antwortete sofort: »Aber sicher!« Dann überlegte er ein Weilchen und fügte hinzu: »Aber vielleicht vergesse ich es auch?« Ich sagte: »So vergeßlich wie ich bist du bestimmt nicht. Und wenn du es manchmal vergißt, ist es auch nicht so schlimm.« Von da an war er mein »Kalender-Helfer« und erlaubte sich keinen Fehler. Ich ließ ihn meine

Die Förderung sozialer Fähigkeiten 123

Anerkennung spüren, und er freute sich sehr darüber. Da ich seine Zuverlässigkeit so klar hervorhob, beteiligten die anderen Kinder ihn immer häufiger an der Klassenzimmerordnung, was ihm noch mehr Lob einbrachte. Ich hatte verschiedene Unterredungen mit seiner Mutter, die schließlich zu Hause dafür sorgte, daß auch die Familie ihn ermutigte. Jeden Tag hörten sie ihm zu, wenn er von der Schule erzählen wollte. Sie nahmen sich die Zeit, ihn anzuhören, und keinem der Geschwister war es erlaubt, seine Arbeiten mit dem Urteil »wie ein Baby« zu belegen. Seine Mutter sagte mir, er sei besonders stolz auf seinen Job als Kalender-Helfer, denn er mache es »besser als seine Lehrerin«. Seine Streitsucht hatte von einem Tag zum andern aufgehört. Langsam verbesserten sich auch seine schulischen Leistungen. Vor allem aber verbesserte sich seine Einstellung und er wurde tatsächlich einer meiner besten Schüler.

Dieses Kind hatte die Erfahrung gemacht, daß es in der Familie nicht anerkannt wurde. Deshalb kam es mit einer streitlustigen Einstellung in die Schule. Es wäre eine völlig natürliche Reaktion der Lehrerin gewesen, Derrek zu zeigen, wer in der Schule etwas zu sagen hatte. Statt dessen entschloß sie sich, ihm zu zeigen, wie er sich nützlich machen konnte. Dieses Beispiel zeigt wieder einmal, wie klug es ist, den Kindern Sonderaufgaben und Verantwortung zu übertragen, die sie brauchen, und nicht den Kindern, die sie »verdienen«. Die »guten« Kinder muß man nicht andauernd belohnen, aber die entmutigten Kinder brauchen die Chance, sich verdient zu machen. Als Derrek seine Unsicherheit gegenüber seiner neuen Aufgabe zum Ausdruck brachte, versicherte ihm die Lehrerin, er brauche keine Bedenken zu haben. Dann unternahm sie einen weiteren Schritt: Die Unterhaltung mit Derreks Mutter half, seine Stellung in der Familie zu verbessern. Natürlich ist dem Kind enorm geholfen, wenn seine Familie zur Mitarbeit angeleitet werden kann.

Horizontale kontra vertikale Bewegung

Viele Anpassungsschwierigkeiten des Individuums und der Menschen untereinander hängen mit der falschen Auffassung von Fortschritt und Entwicklung zusammen. Manche neigen zu der Annahme, Fortschritt sei die Bewegung von einer untergeordneten zu einer übergeordneten Position. Diese Einstellung legt das Hauptgewicht auf die Bewegung auf vertikaler Ebene. Die Tendenz ist, »oben« zu sein, »mehr« als andere zu sein. Dies wird oft dadurch erreicht, daß man andere von ihrer übergeordneten Position herunterzwingt.

Bewegung auf horizontaler Ebene ist förderlich. Ein Individuum kann sein Gemeinschaftsgefühl durch seine Mitarbeit am allgemeinen Fortschritt und für allgemeine Ziele zeigen; es muß dabei nicht *über* anderen stehen. Die Leistungen des einzelnen werden von seinem Ausgangspunkt aus gemessen. Also kann man Fortschritt aus der Warte der eigenen Ausgangsstellung sehen, was nicht unbedingt von der über- oder untergeordneten Position eines Individuums in der Gruppe abhängt. Selbsterfüllung findet man am besten durch Mitarbeit. Die Entwicklung sozialer Interessen und sozialer Gleichwertigkeit bringt Befriedigung.

All diese Auslegungen stehen offensichtlich in enger Beziehung zu den Einstellungen, die im Familienkreis und in der Schule entwickelt werden. Wenn Erwachsene einmal die Vorteile einer konkurrenzlosen Atmosphäre erkannt haben, können sie diese Atmosphäre auch für das Kind schaffen.

Ian, elf Jahre alt, hatte sich einen Ruf als größter Unruhestifter der ganzen Schule geschaffen. Wenn man ihn dazu bringen wollte, den Anweisungen der Lehrer Folge zu leisten, rebellierte er; er gab unverschämte Antworten oder schmollte und antwortete überhaupt nicht; er blieb dem Unterricht fern und machte seine Aufgaben nicht, die meist ohnehin unter dem Durchschnitt lagen. Beim Spielen im Schulhof war er häufig in Prügeleien verwickelt, aus denen Ian im-

Die Förderung sozialer Fähigkeiten 125

mer als Sieger hervorging. Sein schlechtes Verhalten brachte ihn dauernd in Schwierigkeiten. Kein Schultag verging, ohne daß Ian ermahnt, gescholten, zum Büro des Schulleiters geschickt wurde oder nachsitzen mußte. Nachdem ihn der Schulleiter für drei Tage aus dem Unterricht ausgeschlossen hatte, kam er zu dem Schluß, der Junge sei einfach nicht ansprechbar. Einige Monate lang beobachtete ich den Jungen sorgfältig, ohne direkten Kontakt mit ihm zu haben. Eines Tages bat ich Ians Klassenlehrer, ihn zu mir zu schicken. Er kam in mein Zimmer in Erwartung einer Bestrafung für irgendeine Missetat. Auf meine erste Frage: »Warum, glaubst du, ließ ich dich rufen?«, erwiderte er: »Wahrscheinlich habe ich etwas angestellt.« (Kein Lehrer hatte ihn je aus irgendeinem anderen Grund rufen lassen.)

»Nein, Ian«, begann ich, »ich suche einen Fahnenjungen. Du bist größer und stärker als die meisten Jungen hier an der Schule, deshalb möchte ich, daß du beim nächsten Elternabend am Dienstag die Flagge in den Vortragssaal trägst.« Ian schien aufrichtig erfreut über diese Aufgabe und nahm sie ernst. Bei allen Veranstaltungen war er pünktlich, ordentlich gekleidet und gekämmt (ein ziemlicher Unterschied zu seinem sonst üblichen Aussehen), und seine Einstellung zum Unterricht besserte sich ebenfalls.

Gegen Ende des Schuljahres, bevor die Kinder die Schule verlassen, stelle ich immer die besten Schülerlotsen zur Anleitung des Nachwuchses auf. Wieder bat ich Ian zu mir, um ihn als einen der Lotsen-Junioren aufstellen zu lassen, obwohl sein Klassenlehrer ihn nicht zu den zuverlässigen Schülern zählte. Ich erklärte Ian, daß kleinere Kinder oft, wenn sie warten müssen, bis die Straße frei ist, auf der Straße Streit anfangen und daß er ihre Streitereien schlichten solle. Ich könne mich doch sicher auf ihn verlassen, denn er sei ja alt genug, um zu wissen, wie sich ein Lotse im Dienst benimmt. Ian strahlte bei dieser Bemerkung. Es war fast, als hätte man einen Weihnachtsbaum für ihn alleine angezündet. Später hörte ich von den Lotsendienst-Veteranen, daß er die Kinder gut behandelte und anleitete und sich nichts zuschulden kommen ließ.

Ian spielte die Rolle des Rebellen, des Feindseligen. Er bewegte sich auf der vertikalen Ebene, indem er versuchte, andere durch destruktive Methoden zu übertrumpfen.

Der Schulleiter hatte Ian vom Unterricht ausgeschlossen. Nachdem der Junge ohnehin nur widerwillig am Unterricht teilnahm, fragen wir uns, was diese Maßnahme überhaupt am Verhalten des Jungen geändert hätte.

Der erste Schritt des Lehrers war, Ian zu zeigen, daß er sich nützlich machen konnte. Dann wurden seine Vorzüge erwähnt, und er erhielt die Gelegenheit, positive Leistungen zu erbringen. Man kann die Veränderung in Ians Einstellung beobachten, als ihm die Möglichkeit zum Erfolg durch Fortschritt auf der horizontalen Ebene gegeben wurde. Durch das offenkundige Vertrauen des Lehrers erlangte Ian ein anderes Bild von sich selbst.

Geschwister erziehen sich gegenseitig

Um die persönliche und soziale Einstellung eines Kindes zu verstehen, sollte man seine psychologische Position im Verhältnis zu den Geschwistern in Betracht ziehen. Jedes Kind hat in der Familie seine besondere Position und sieht deshalb das Leben von seiner persönlichen Warte aus. Es ist daher wichtig, die Ordinalposition und die damit verbundenen klassischen Merkmale in Betracht zu ziehen. Außerdem ist das Alter jedes Kindes von Bedeutung, wie auch die totale Altersspanne und die Altersunterschiede zwischen den Kindern sowie die Anzahl von Mädchen und Jungen. Die Position des Kindes innerhalb der Familienkonstellation beeinflußt das sich entwickelnde Selbstbild und den Lebensstil. Alle Handlungen und Beziehungen innerhalb des Geschwisterverhältnisses bilden die Basis für die Entwicklung der Charaktereigenschaften.

Geschwister sind sich ihrer relativen Positionen bewußt. Der sich zwischen ihnen entwickelnde Konkurrenzkampf fördert gewisse Unterschiede in ihren Persönlichkeiten. Gleiche

Die Förderung sozialer Fähigkeiten　　　　　　　　127

Wesenszüge und Interessen unter Geschwistern beruhen zumeist auf dem gemeinsamen familiären Umfeld und entwickeln sich vor allem dann, wenn in der Familie kein Konkurrenzkampf herrscht. Wir dürfen nicht vergessen, daß hier vom totalen Einfluß des Geschwisterverhältnisses auf ein Kind die Rede ist, nicht von einzelnen, objektiven Begebenheiten. Das reale Geschehen oder die realen Verhältnisse sind ohnehin weniger bedeutsam als die subjektive Sichtweise des einzelnen Kindes.

In meiner Klasse hatte ich die Zwillinge Jill und Joan. Jill gehörte von Anfang an zu den Anführern der Klasse und war ziemlich lebhaft. Joan war die Stille. Obwohl auch sie redegewandt und nicht schüchtern war, ließ sie Jill immer den Vortritt. Eines Tages fragte ich Joan, ob sie die Leitung einer Sozialkunde-Arbeitsgruppe übernehmen wolle. Sie meinte, Jill wäre dafür wohl besser geeignet, doch ich entgegnete, daß ihr Zeichentalent allein schon ein Vorteil sei und daß sie als Leiterin den andern sicher gut helfen könne. Sie nahm die Aufgabe an, und Jill war in ihrer Gruppe. Es wurde eine sehr gute Gemeinschaftsarbeit, und Joan lernte führen, während ihre Schwester folgen lernte.

Joan hielt offensichtlich nichts von ihrem Führertalent. Die Art, wie sie auf die Konkurrenz reagierte, hing mit dem Persönlichkeitsunterschied zusammen. Joan fehlte der Mut, den ihre Schwester so offen zur Schau stellte. Die Lehrerin nutzte eines von Joans Talenten, um ihre Stellung innerhalb der Gruppe und im Verhältnis zu Jill zu verändern. Dies war ein besonders erfolgreicher Schritt, bei dem beiden Kindern die Gelegenheit zur persönlichen und sozialen Weiterentwicklung gegeben wurde.

William, neun Jahre alt, hatte einen älteren Bruder (12), der für seine Streitsucht und Aggressivität gegenüber Mitschülern und Lehrern bekannt war. Außerdem stahl er, leistete schlechte Arbeit und kam häufig nicht zur Schule. Der Ruf seines Bruders hatte auf William abgefärbt, obwohl sein Verhalten in keiner Weise negativ-aggressiv war; er war ein gleichgültiger Schüler, zeigte aber Begabung im Rechnen. Er hatte die Gewohnheit, seine Füße aufs Pult zu legen. Seine Frisur erinnerte an einen Staubwedel, und er bohrte in der Nase. Er war nur selten aufmerksam und meistens damit beschäftigt, seinen Radiergummi in kleine Stücke zu brechen und seine Mitschüler damit zu bewerfen. Auch Kugeln aus gekautem Papier dienten ihm als Wurfgeschosse. Wenn ich seinen Namen rief, hörte er sofort auf. Ich zog den Schluß, daß er durch sein Stören die Aufmerksamkeit seiner Klassenkameraden auf sich ziehen wollte. Auf dem Spielplatz vernachlässigte man ihn.

Als wir im Physikunterricht zum Thema Elektrizität kamen, las William ausnahmsweise den Text. Sein Vater war gelernter Maschinenbauer, und ich fragte mich, ob Williams Interessen vielleicht auf diesem Gebiet lagen. Ich ging zurück an sein Pult. Als er mich kommen sah, setzte er sich gerade auf seine Bank und hörte auf, seine Papierkugel zu kauen. »Versuch doch, hier nach den Angaben im Text ein bißchen zu experimentieren«, sagte ich, »vielleicht kann Jim auch mithelfen. Sagt mir, wenn ihr etwas braucht.« Williams Augen leuchteten, und auch Jim zeigte Interesse. Kurze Zeit später legten sie mir eine Liste des benötigten Materials (Draht, Batterien, Türklingel, etc.) auf mein Pult. Ich zeigte ihnen, wo sie alles finden konnten und schlug vor, der Klasse das Experiment zu erklären.

William leistete gute Arbeit, schnell und gründlich. Alle Mitschüler hörten seinen Erklärungen zu und freuten sich, als die Klingel funktionierte. Am nächsten Morgen kam er mit gewaschenem Gesicht und gekämmten Haaren zur Schule. »Kann ich weiter experimentieren, wenn ich meine Aufgaben gemacht habe?« fragte er. Ich erlaubte es ihm. Seine Einstellung zur Schule hatte sich quasi über Nacht und auf Dauer gebessert.

William erfuhr die Folgen seiner falschen Lebenseinstellung, die er sich aufgrund seiner Erziehung im Rahmen des Geschwisterverhältnisses gebildet hatte. Für Kinder, die so tief

Die Förderung sozialer Fähigkeiten   129

entmutigt sind und kein Selbstvertrauen haben, sollte der Ermutigungsvorgang sorgfältig geplant werden. Dieser Lehrer
beschloß, das negative Verhalten zu übersehen. Er nutzte die
Gelegenheit, als William Interesse an etwas zeigte und seinen
Text las, und schuf eine Situation, in der er sein Können zeigen
konnte. Gleichzeitig forderte der Lehrer einen Mitschüler zur
Mithilfe auf, da William keine Freunde zu haben schien, und
um den Erfolg des Experiments zu gewährleisten, half er bei
der Suche des Materials. Wichtig an dieser Handlung war, daß
William ein Vertrauensbeweis zuteil wurde, der ihm Selbstvertrauen schenkte. Wenn es uns gelingt, das Selbstvertrauen
eines Kindes zu wecken, geben wir ihm die Möglichkeit, seine
Ziele, Auffassungen und Wertbegriffe zu ändern.

Lehrerschaft

Ein Kind eignet sich einen Großteil seiner persönlichen und sozialen Einstellung durch Beobachtung an. Daher ist es wichtig,
daß der Klassenlehrer und die gesamte Lehrerschaft einer
Schule einen »demokratischen Geist« in der Zusammenarbeit
zeigen. Das Verhältnis der Lehrkräfte untereinander kann den
Ton für die ganze Schulhausatmosphäre bestimmen.

Die Transaktionen zwischen Lehrern und Schülern sind bedeutsam für die Entwicklung von interpersonellen, d.h. zwischenmenschlichen Beziehungen. Ebenso bedeutsam ist es,
daß den Kindern das Verhältnis Erwachsener untereinander in
einer gegebenen Atmosphäre immer als Beispiel dient, denn
diese Beziehungen können die geistige Gesundheit aller Beteiligten beeinflussen.

Wenn alle Lehrkräfte an der persönlichen und sozialen Anpassung und Entwicklung ihrer Schüler arbeiten, werden sie
feststellen, daß sich die positive Wirkung von einem Klassenzimmer aufs andere überträgt. Bemüht sich ein Lehrer um das
Wohlergehen jedes einzelnen Schülers, so kann er meist mit
der Hilfe der ganzen Klasse rechnen. Die Lehrerschaft sollte

130   *Die Förderung sozialer Fähigkeiten*

nicht nur imstande sein, die Verhaltensschwankungen in den
Schülerkreisen zu erkennen, sie muß sie auch tolerieren. Wir
müssen die Kinder so akzeptieren, wie sie sind, bevor wir sie
ändern können.

Ein Lehrer, dem die persönliche und soziale Entwicklung
seiner Schüler am Herzen liegt, wird seine positiven Erfahrungen an die anderen Lehrer weitergeben. Anhand dieser Schülerinformation sollte sich der nachfolgende Lehrer ein klares
Bild von den Fähigkeiten eines Kindes machen können. Es
sollte auch daraus hervorgehen – vielleicht durch Beispiele
kurz belegt –, wie mit dem Kind am wirksamsten gearbeitet
werden kann. Dabei sollten auch die Ziele und Wertbegriffe
des Kindes in Betracht gezogen werden.

Als ich als Junglehrerin meine erste Biologieklasse in den Unterstufen
einer höheren Schule übernahm, war Joe einer der ersten Schüler, die
mein Vorgänger erwähnte. Mit Joe »war einfach nichts los«. Joe
hatte aufgehört mitzumachen. Da er nach dem Gesetz bis zu seinem sechzehnten Lebensjahr die Schule besuchen *mußte*, hatte
er beschlossen, die letzten drei Monate bis zu seinem sechzehnten
Geburtstag untätig abzusitzen. Er antwortete auf keine Frage, lernte
nicht, machte keine Aufgaben und beteiligte sich an keinem der
Klassentests.

Joe war groß und wirkte inmitten seiner jüngeren, kleineren Mitschüler unbeholfen. Ich hatte achtunddreißig Schüler, die in unserem
kleinen Klassenzimmer Schulter an Schulter saßen. Während der
ersten drei Tage beobachtete ich Joe, dann setzte ich Sandy, eine
hübsche Mitschülerin mit tadellosem Verhalten neben ihn. Ich hatte
bemerkt, daß Joe sie in unbeachteten Augenblicken bewundernd an-
sah. Der nächste Schritt war, eine Gelegenheit zu finden, bei der Joe
etwas leisten konnte. Ich hatte das Gefühl, daß das Spiel halb gewonnen sei, wenn ich ihn nur einmal mit einbeziehen könnte. Da
Joe mit 1,82 m bei weitem der Größte der Klasse war, bat ich ihn,
mir eine Landkarte von einem hohen Regal herunterzuholen. Als er
zögerte, glaubte ich das Spiel verloren, doch dann erhob er sich und

holte sie herunter. Kurz darauf erfuhr ich durch Sandy von Joes Interesse an Pelztieren. Ich zeigte ihm, wie man ein kleines Pelztier abhäutet, und gab ihm die Aufgabe, Mäuse zu fangen und ihre Fellarten zu vergleichen. Außerdem interessierte er sich für Insekten, die seiner »Pelzsammlung« Schaden zufügen konnten, und er lernte alles über ihre Lebensgewohnheiten. So führte ein Gebiet zum andern. Joe holte seinen Stoff nach, durchlief das College und begann Medizin zu studieren. Ich weiß nicht, ob er sein Studium abgeschlossen hat und wie es ihm weiter erging. Ich konnte nur feststellen, daß es gelungen war, seine Einstellung zur Schule zu ändern.

Die Information, die die neue Lehrerin über Joe erhielt, war natürlich keine Hilfe. Also nutzte sie ihre eigenen Erfahrungen mit der Klasse und mit Joe, um eine Wandlung herbeizuführen. Joes Rolle als Außenseiter war bereits festgelegt. Sie mußte ihn einbeziehen und tat dies, indem sie indirekt um seine Hilfe bat. Dann benutzte sie Joes Interessen, um ihn weiter in den Unterricht zu verwickeln. Joe war wahrscheinlich seit Jahren der typische »hoffnungslose Fall« und hatte sich inzwischen an seine Rolle gewöhnt. Wenn Lehrer lernen, besser zu kommunizieren, besser zu beobachten und die Ziele ihrer Schüler zu verstehen, werden sie mit der Zeit weniger »hoffnungslose Fälle« dieser Art in ihren Klassen haben. Wir müssen Vertrauen in das Kind haben und dieses Vertrauen zeigen. Unser Glaube an seine Fähigkeiten ermöglicht es ihm, an sich selbst zu glauben. Wir sollten auch nicht zögern, die Gruppe einzuschalten, wenn es darauf ankommt, dem einzelnen Schüler in seiner Entwicklung zu helfen.

Veränderungen auf persönlich-sozialem Gebiet bringen tüchtigere, ausgeglichenere Schüler hervor, denn mit ihrem Lernwillen entfaltet sich gleichzeitig auch ihre Lernfähigkeit.

VII. Altersgemäße Ermutigungsmethoden

Ermutigung bedeutet die Anerkennung eines Individuums, so wie es ist. Diese ist vorhanden, wenn wir die Dinge mit den Augen des Kindes sehen und seine schöpferische Kraft der Deutung berücksichtigen.

Es ist wichtig, gewisse entwicklungsbedingte Unterschiede in Kindern zu erkennen, die das Resultat von Erbanlagen, Milieueinflüssen und der daraus erfolgenden Lebensauffassung des Kindes sind. Obwohl die allgemeinen Ermutigungsprinzipien auf alle Altersstufen angewandt werden können, ist es notwendig, das Kind im Kontext seines entwicklungsbedingten Reifegrades zu sehen. Es ist offensichtlich, daß ein sehr kleines Kind auf bestimmten Gebieten noch nicht so viel leisten kann wie ein größeres, weil es weder physisch dazu in der Lage ist noch die Erfahrung dafür mitbringt. Das Kleinkind ist noch weitgehend damit beschäftigt, seinen Platz in der Welt und sich selbst kennenzulernen. Sein Lebensstil entwickelt sich erst langsam, seine Stellung zu den Aufgaben des Lebens formt sich noch aus.

Wenn ein Kind heranwächst, gerät es naturgemäß in Konflikte mit den Erziehenden. Seinen Eltern und Lehrern gelingt es immer weniger, sein Verhalten zu lenken, und sie sehen ein, daß es wirksamerer Erziehungsmethoden bedarf.

Wichtig ist vor allem, gleich zu Beginn ein gutes Verhältnis zum Kind aufzubauen. Ob wir mit unseren Anstrengungen Erfolg haben, hängt von seiner Anerkennung unserer Person und unserer Werturteile ab.

Der Lebensstil beginnt sich bereits sehr früh im Leben herauszubilden. Es ist verhältnismäßig leicht, grundlegende Auffassungen und Überzeugungen zu ändern, während diese sich noch ausbilden. Die Persönlichkeit später im Leben noch zu verändern ist bedeutend schwieriger. Mit anderen Worten, Erziehende, die sich mit kleineren Kindern befassen, haben ein viel leichter formbares Arbeitsmaterial, denn nach der Pubertät ist der Lebensstil bereits weitgehend festgelegt.

Was die Änderung der Lebensziele betrifft, muß gesagt werden, daß ein jüngeres Kind seine Ziele leichter erkennt und ein bestimmtes Verhalten leichter aufgibt. Mit der Entwicklung der Intelligenz und der Fähigkeit, logisch zu denken, wird die Erkenntnis der Ziele und die Änderung des Verhaltens immer schwieriger. Wir wollen hier nicht versuchen, spezifische Charakteristiken der kindlichen Entwicklungsphasen darzustellen, doch ist es immer von Vorteil, das Kind im Rahmen der entwicklungsbedingten Lernvorgänge zu betrachten. In Anlehnung an den Entwicklungspsychologen Havighurst definieren wir die Entwicklungsaufgaben wie folgt:

»Eine Entwicklungsaufgabe ist eine Aufgabe, die während einer bestimmten Periode unseres Lebens auf uns zukommt. Wenn wir sie erfolgreich lösen, führt dies zu Zufriedenheit und weiterem Erfolg bei späteren Aufgaben. Wenn wir hingegen versagen, werden wir unzufrieden, erregen das Mißfallen der Gesellschaft und haben Schwierigkeiten mit späteren Aufgaben.«

Diese Auffassung kann uns weiterhelfen, weil sie uns den Entwicklungsverlauf verdeutlicht und uns hilft, unsere pädagogischen Bemühungen zeitlich richtig einzustufen. Die Kenntnis der Entwicklungsaufgaben führt uns zur Erkennung von Zielen und Zwecken, die innerhalb der verschiedenen Entwicklungsstufen in Erscheinung treten. Havighurst führt folgende Entwicklungsaufgaben für zwei Lebensphasen an:

Altersgemäße Ermutigungsmethoden 135

A) Entwicklungsaufgaben des Säuglings und Kleinkindes

1. Es lernt laufen.
2. Es lernt, feste Nahrung zu sich zu nehmen.
3. Es lernt sprechen.
4. Es lernt, Körperausscheidungen zu kontrollieren.
5. Es erlernt den Unterschied zwischen den Geschlechtern und Schamgefühl.
6. Es erreicht physiologische Stabilität.
7. Es formt Grundauffassungen über soziale und physische Gegebenheiten.
8. Es lernt, Gefühlsbeziehungen zu Eltern, Geschwistern und anderen Menschen aufzubauen.
9. Es lernt, Recht von Unrecht zu unterscheiden und entwikkelt ein Gewissen.

B) Entwicklungsaufgaben des mittleren Kindesalters

1. Es lernt die für einfache Spiele notwendige Körperbeherrschung.
2. Es erwirbt eine gesunde Einstellung zu sich selbst als wachsendem Organismus.
3. Es lernt, mit Altersgenossen auszukommen.
4. Es lernt, eine ihm entsprechende gesellschaftliche Rolle zu übernehmen.
5. Es lernt die Grundbegriffe des Lesens, Schreibens und Rechnens.
6. Es formt die für das tägliche Leben notwendigen Begriffe.
7. Es entwickelt ein Gewissen, moralische Grundsätze und eine Skala von Wertbegriffen.
8. Es erreicht persönliche Unabhängigkeit.
9. Es formt eine persönliche Einstellung gegenüber sozialen Einrichtungen und Gruppen.

136   *Altersgemäße Ermutigungsmethoden*

Wenn wir uns diese Aufgaben vor Augen führen, erhalten wir ein klareres Bild von einem sich langsam ausbildenden kindlichen Verhalten. Unser Verständnis für diese Aufgaben ermöglicht uns, positiv auf ihre Entwicklung einzuwirken.

In der Grundschule

Grundschulkinder sind noch damit beschäftigt, ihre Auffassungen von Schule, Schulleistungen und Schulordnung zu formen. Ermutigung auf dieser Stufe ist besonders wichtig, da sie eine extrem wichtige Rolle bei der Korrektur vorausgegangener Falschauffassungen, die die Entwicklung des Lebensstils beeinflussen, spielt. In dieser Zeit entwickelt das Kind vor allem die Fähigkeit zur Beurteilung und Interpretation, welche für das Leben und die Arbeit in der Schule ungemein wichtig ist.

Entmutigung bei Kindern im Grundschulalter kann zu Minderwertigkeits- und Unzulänglichkeitsgefühlen führen; Fortschritt in der Schule hingegen basiert auf Selbstvertrauen. Grundschullehrer sollten daher besonders darauf achten, ihren Lehrstoff in einer Weise zu präsentieren und zu dosieren, die der physiologischen Reife und psychologischen Bedürfnisse der Kinder Rechnung trägt.

Till war kleiner als seine Mitschüler und geistig und körperlich unterentwickelt. Bis zu seinem vierten Lebensjahr hatte er unter epileptischen Anfällen gelitten. Er fühlte sich in unserer 1. Klasse sehr wohl und wäre am liebsten auch am Wochenende zur Schule gekommen. Er bemühte sich, die ihm gestellten Aufgaben zu meistern, benötigte jedoch oft Hilfe, denn es mangelte ihm an Fähigkeiten. Eines Tages suchte sich Till in der Bücherei ein Buch aus und fragte, ob er es mit nach Hause nehmen dürfe. Es war nicht etwa eines der Bücher, die wir Kindern gewöhnlich mit nach Hause geben, und für Till hätte ich es sicherlich auch nicht als Lektüre ausgewählt. Ich erlaubte ihm trotzdem, es mit nach Hause zu nehmen. Nach einigen Tagen

Altersgemäße Ermutigungsmethoden 137

brachte er das Buch zurück, las mir etwas daraus vor und war mit seinem Fortschritt sichtlich zufrieden. Dies half, Tills Selbstvertrauen zu stärken, und seine Leistungen zu verbessern.

Till war geistig zurückgeblieben und körperbehindert. Der Lehrer hätte also allen Grund gehabt, keine allzu große Hoffnung auf seine Fortschritte zu setzen. Doch Till glaubte an sich selbst; das Vertrauen des Lehrers verhalf ihm zum Erfolg. Hier zeigt sich die Wirksamkeit der Eigeninitiative und die richtige Anwendung der einfachen Ermutigung, die darin liegt, nicht zu entscheiden, daß das Kind zu etwas *nicht* fähig ist, sondern ihm einen Versuch zu erlauben.

Ermutigung erfolgt oft auf sehr subtile Weise. Der Pädagoge sollte erkennen, daß er in dauernder wechselseitiger Beziehung mit dem Kind steht, manchmal entmutigend, manchmal ermutigend. Er sollte versuchen, so viele Ermutigungsgelegenheiten wie nur irgend möglich zu schaffen und zu entwickeln. Das folgende Beispiel zeigt, wie der Lehrer durch eine völlig natürliche Vorgehensweise Entmutigung ausgelöst hätte, statt dessen jedoch einen Teil der Reaktion als richtig erkannte und darauf seine Ermutigung aufbaute. Wir sollten bei der Bewertung der kindlichen Reaktionen auch auf die vielen Details achten, die richtig und wesentlich sind und diese ausbauen. Statt auf Fehler aufmerksam zu machen, zu kritisieren oder zu ermahnen, regte der Lehrer im folgenden Beispiel das Positive im Schüler an:

Eine 1. Klasse hatte die Aufgabe, Wörter zu finden, die mit »S« beginnen, und sie dem Lehrer zuzurufen, der sie an die Tafel schrieb. Carol nannte versehentlich das Wort »city«, das mit einem S-Laut beginnt, aber mit einem C geschrieben wird. Der Lehrer dachte einen Augenblick nach und erklärte dann die C-S-Verwechslung. Er wandte sich an Carol und sagte, sie habe »vorausgedacht«, dazu käme die Klasse erst später. Er fragte, ob sie eine Liste aller Wörter, die mit einem S-Laut beginnen, aber mit C geschrieben werden, aufstellen und

138 · *Altersgemäße Ermutigungsmethoden*

dann der Klasse vorlegen könne. Das förderte das Interesse des Kindes am Buchstabieren; Carol wurde Klassenbeste und später Schulbeste im Rechtschreiben.

Manchmal fühlen sich Kinder unfähig, den Erwartungen der Erwachsenen zu entsprechen; die Aufgaben scheinen ihnen über den Kopf zu wachsen. Dann sollten wir ihre Bereitwilligkeit unterstützen, indem wir vorhandene Fertigkeiten und starke Seiten ausbauen.

Die Geschichte von Robert zeigt uns einen Lehrer, der ein Kind aus einer Minus- in eine Plus-Situation brachte, indem er eine Fähigkeit heraushob und darauf seine Ermutigung aufbaute.

Robert war kleiner als seine Altersgenossen in der 3. Klasse und hatte Schwierigkeiten beim Schreiben, obwohl seine Druckschrift ausgezeichnet war. Die Fortschritte seiner Mitschüler entmutigten ihn so sehr, daß er seine Aufgaben weiterhin in Druckschrift machte. Indem ich Roberts ausgezeichnete Druckschrift lobte und ihm versicherte, daß seine Schreibschrift genauso gut sein könnte, wenn er sie nur genauso lange üben würde wie seine Druckschrift, ermutigte ich ihn dazu, mit einer positiveren Einstellung an das Schreiben heranzugehen. Seine Schreibschrift verbesserte sich wesentlich, und ich ermutigte ihn weiterhin, indem ich seine Arbeiten in der Klasse ausstellte und ihn an die Tafel schreiben ließ.

Oft ist es wichtig, die Aufmerksamkeit der Klasse auf ein Kind zu richten, um es zu motivieren. Die Ermutigung beginnt, wenn man die Talente oder Interessen des Kindes sucht und es zuerst auf dieser Ebene zum Mitmachen bewegt. Manchmal arbeiten Kinder auf einem Gebiet nur deshalb nicht mit, weil ihnen der Mut zum ersten Schritt fehlt.

Philip kam erst spät im Schuljahr in meine 1. Klasse. Er war sehr gut im Lesen und in anderen Fächern, aber er war schüchtern und unbe-

Altersgemäße Ermutigungsmethoden 139

holfen in seinen Bewegungen, nahm nicht gerne an Laufspielen in der Turnhalle teil und konnte keinen Ball richtig werfen. In der freien Spielstunde kam er meist zum Klassen- oder Sportlehrer, um sich zu unterhalten. Eines Tages verteilte der Sportlehrer Seidentücher an die Kinder, die sie für freie Bewegungsübungen zur Musik verwenden durften. Dies entsprach dem künstlerischen Empfinden des scheuen Jungen. Er improvisierte eine interessante Bewegungsabfolge, bei der er einen Schmetterling imitierte. Der Lehrer stoppte die Musik und bat alle Schüler, im Kreis zu sitzen. Dann kommentierte er die interessanten Tänze, die die Klasse mit den Tüchern vollführte, und hob Philip dabei besonders hervor. Daraufhin bat er die Klasse, es noch einmal zu versuchen. Natürlich waren jetzt viele Augenpaare auf Philip gerichtet. Trotzdem hatte er nicht das Gefühl, eine Einzeldarbietung geben zu müssen, und man sah ihm die Freude an seiner Leistung an. Nachdem die Tücher eingesammelt waren, sagte der Lehrer: »Philip hatte heute so gute Ideen. Wir sollten ihn das nächste Spiel auswählen und anführen lassen.« Philip strahlte und wählte das »Eisenbahnspiel«, bei dem er Ausrufer war. Am Ende der Stunde kam er zum Lehrer und sagte: »Heute hat mir der Sportunterricht richtig Spaß gemacht.«

Hier nahm der Lehrer die Gelegenheit wahr, etwas Lobenswertes zu finden und seine Ermutigung darauf aufzubauen. Einstellungen und Wertbegriffe können leicht geändert werden, wenn man die Stellung des Kindes in der Gruppe ändert.

Leonard störte häufig den Unterricht durch Gespräche mit seinen Nachbarn und durch Witzeleien. Im Zeichenunterricht sah er sich zuerst die Arbeiten der andern an, bevor er begann. Oft machte er eine gute Zeichnung, verunstaltete sie jedoch zum Schluß, indem er die Gesichter mit langen Zigarren oder Sommersprossen vollmalte, um seine Mitschüler zum Lachen zu bringen. Eines Tages, nachdem wir einen Film über Land und Wasser als Anregung für unseren Zeichenunterricht gesehen hatten, malte er ein sehr gutes Bild: ein Segelboot auf einem See, mit schneebedeckten Bergen im Hintergrund. Ich sprach ihm mein Lob dafür aus und fragte, ob er es an die Wand heften wolle. Leonard strahlte. In den folgenden Stunden versuchte er sich an verschiedenen Zeichentechniken für Bilder mit Segelbooten und schneebedeckten Bergen.

Leonard hatte sich in der Gruppe einen Platz als Klassenclown gesucht. Der Lehrer mußte einen konstruktiven Impuls für ihn herbeiführen. Die Gelegenheit dazu ergab sich bei einer gut ausgeführten Zeichnung; der Lehrer ließ Leonard Erfolg verspüren. In gewissem Sinne kann ein Lehrer Erfolg *herbeiführen,* wie in diesem Beispiel, wo es sich um »Manipulation« zum Wohle des Kindes handelte. Der nächste Schritt wäre nun, den Erfolg auch auf andere seiner Ideen auszudehnen.

In der Mittelstufe

Wenn das Kind die Mittelstufe durchläuft, befindet es sich meist in einer raschen Wachstumsperiode. Sein Verlangen nach Selbstorientierung ist zu dieser Zeit besonders ausgeprägt.

Der Lehrer dieser Stufe kann Ermutigung als wirksames Hilfsmittel einsetzen, um das erwünschte Verhalten zu erzielen und die Persönlichkeitsentwicklung zu lenken. Ja, Ermutigung kann hier sogar das Lernklima einer ganzen Klasse verbessern.

Im folgenden soll ein weiteres Beispiel zeigen, wie ein Lehrer dem Kind ein Gefühl von Selbstwert, Sicherheit und Selbstvertrauen schenken kann.

Yannicks Schulleistungen waren unzureichend. Es gab nur wenige Dinge, die er gut machte. Während seiner krankheitsbedingten Abwesenheit wählte man ihn in eine Arbeitsgruppe, die Schaukästen gestalten sollte. Sobald er davon erfuhr, kam er zu mir und sagte: »Ich glaube nicht, daß ich das kann, Herr B.« Ich fragte: »Was sind die drei wichtigsten Punkte für einen guten Schaukasten?« Er antwortete: »Interesse, gute Ideen und eine Arbeitsgruppe.« Wir besprachen diese drei Punkte, und ich versicherte ihm, daß ich über-

Altersgemäße Ermutigungsmethoden 141

zeugt sei, er könne die Aufgabe übernehmen. Er wählte ein Thema, dekorierte den Schaukasten mit Plakaten und dem Thema entsprechenden Büchern und war mit Recht stolz auf seine Leistung. Sogar bei seinen kritischen Mitschülern schnitt er gut ab. Am bemerkenswertesten aber war seine Freude, als Klassenkameraden die ausgestellten Bücher durchblätterten und bei ihm weitere Informationen einholten.

Yannick glaubte nicht an sich selbst und seine Fähigkeit, etwas leisten zu können. Der Lehrer besprach kurz mit ihm, was zu tun war und drückte dann sein absolutes Vertrauen in Yannicks Fähigkeiten aus. Durch diesen Vertrauensbeweis wurde seine Stellung in der Klasse aufgewertet. Das Beispiel zeigt, daß Ermutigung ein sehr einfacher Vorgang sein kann, der aber oft eine entscheidende Wende in der Entwicklung eines Kindes auslöst.

Jenny war sehr schüchtern und hatte nicht den Mut, vor der Klasse zu sprechen. Zu Hause wurde sie nicht ernst genommen und durfte nie ihre Meinung äußern, ohne von der Familie kritisiert oder verspottet zu werden. Ihre Lehrerin begann, sie jedesmal zu loben, wenn sie ein paar Worte sprach, und bald stärkte sich ihr Selbstvertrauen. Sie kam sich nicht mehr ganz so unbedeutend vor und wurde sich langsam ihres eigenen Wertes bewußt. Sie brauchte viel Aufmerksamkeit und Verständnis, und als sie beides erhielt, ging sie mehr und mehr aus sich heraus.

Ein Lehrer wird immer wieder feststellen, daß Kinder das Produkt vieler Einflüsse – seitens der Familie, der Gesellschaft usw. – sind, bevor er sie im Klassenzimmer kennenlernt. Jennys Lehrerin bemerkte die Minderwertigkeitsgefühle des Kindes und ging von dem wenigen aus, das dieses Mädchen sich zutraute. Diese Herangehensweise veränderte Jennys »Selbst«- und Welt-Verständnis.

Um ermutigen zu können, muß der Lehrer negative Informationen über die Vergangenheit eines Schülers übersehen

142   *Altersgemäße Ermutigungsmethoden*

können. Oft kommen Kinder, mit negativem Ruf belastet, in eine neue Klasse. Manche von ihnen sind daran gewöhnt, sich gerade durch Unfähigkeit eine besondere Stellung beim Lehrer zu sichern. Denn wenn ein Kind der Mittelstufe seinen Lehrer überzeugt hat, daß es nicht lesen kann, wird es oft von verschiedenen Aufgaben entbunden. Dies gibt ihm dann genügend Zeit, sich Störendes für den Unterricht auszudenken. Den Jungen im folgenden Beispiel würden viele Lehrer als »hoffnungslosen Fall« ansehen:

Ich hatte die Hoffnung aufgegeben. Als Alex in meine 5. Klasse kam, konnte er nicht lesen, und es schien, als würde er es bei mir auch nicht lernen. Eines Tages, als die Kinder ihre Physikaufgaben besprachen, wollte ein Schüler zeigen, wie eine elektrische Türklingel funktioniert, brachte aber trotz all der nötigen Materialien kein Klingeln zustande. Alex sagte: »Frau J., ich möchte es probieren!« Ich antwortete: »Versuch's nur, Alex. Hier sind die Anleitungen im Buch« und gab ihm das Buch, obwohl ich wußte, daß ihm das Lesen nicht gelingen würde. Es war kaum zu glauben, aber er brachte die Anlage nach einigen Minuten zum Klingeln. Ich bat ihn, der Klasse zu erklären, wie er es gemacht habe, und er strahlte über das ganze Gesicht.

Ich hätte Alex sagen können: »Du kannst es nicht versuchen, denn du kannst ja nicht einmal die Anleitungen in deinem Buch lesen.« Statt dessen gab ich ihm das Buch, als erwarte ich, er könne etwas damit anfangen. Er gab das Buch einem Mitschüler und ließ sich die Anleitungen vorlesen. Ich übersah das und lobte ihn für das, was er tatsächlich geleistet hatte. Am nächsten Tag bat ich Alex, nach dem Unterricht dazubleiben, und fragte, ob er sich einige Bücher über Elektrizitätslehre ansehen wolle, die ich aus der Bücherei geholt hatte, um zu sehen, ob er sich für das eine oder andere Experiment interessiere. Er wählte ein Buch aus, und ich erlaubte ihm, es mit nach Hause zu nehmen, damit er herausfinden könne, was wir zu den Experimenten benötigten und ob wir die notwendigen Utensilien da hätten. Am nächsten Tag fragte ich: »Na, Alex, wie hat's geklappt?« Er sah mich ziemlich einfältig an und sagte: »Ich weiß eben

Altersgemäße Ermutigungsmethoden 143

manche Wörter nicht.« Die einfachen Wörter wußte er, einige sagte ich ihm, und andere lasen wir gemeinsam. Zum erstenmal hatte ich das Gefühl, daß etwas Gedrucktes für Alex Bedeutung hatte.

Diese Lehrerin tat am Anfang dasselbe wie viele ihrer Kollegen vorher. Alex kam in ihre Klasse als Versager im Lesen und hatte auch sie überzeugt, daß Lesen über seinen Verstand ging. Ein beschäftigter Lehrer befaßt sich oft lieber mit Kindern, die von seinen Bemühungen zu profitieren scheinen. Alex schien aber jenseits aller Bemühungen zu stehen. Die Rollen von Lehrer und Schüler waren schon so fest eingespielt, daß keiner mehr viel vom anderen erwartete. Interessant ist, wie Frau J. die Gelegenheit, positiv einzugreifen, beim Schopf nahm. Als Alex darum bat, einen Versuch machen zu dürfen, schlug sie ihm die Bitte nicht etwa aus, weil es Zeitverschwendung gewesen wäre, sondern wollte ihm diese Chance geben. Zugegeben, sie war über das Ergebnis erstaunt. So erstaunlich war es aber gar nicht, denn man findet häufig Kinder, deren praktische Leistungen ihre verbalen Kenntnisse übersteigen. Leider bietet der Unterricht nicht immer Gelegenheit zu derartigen Demonstrationen.

Nun ließ die Lehrerin aber diesen Zwischenfall nicht als zufälligen Erfolg gelten. Sie nahm sich die Zeit, dem Jungen eine weitere Erfolgschance zu »bauen«, und obwohl er ein zu kompliziertes Buch wählte, war der Anfang doch gemacht.

In ähnlichen Fällen kann auch folgende Methode angewandt werden: Das Kind darf ein Ereignis in seinen Worten beschreiben und dem Lehrer als Geschichte diktieren. Es wurde wiederholt festgestellt, daß das Lernen langer, komplizierter Wörter für den Aufbau eines Wortschatzes anfangs nicht von Bedeutung ist. Kinder sind fähig, ihre eigenen Geschichten zu lesen und sehr gut zu erfassen.

Das obige Beispiel zeigte uns eine Situation, in der die Veränderung schnell und deutlich erfolgte. Nicht in allen Fällen sind die Faktoren, die eine Veränderung bewirken, so deutlich erkennbar.

144 *Altersgemäße Ermutigungsmethoden*

Steve hatte bis zur 5. Klasse nicht allzuviel geleistet. Seine Eltern waren am Ende ihrer Weisheit angelangt. Er war an nichts interessiert. Wenn er von der Schule nach Hause kam, zog er sofort seinen Schlafanzug an und ging zu Bett.

Steves neuer Lehrer kannte seine Geschichte, doch er erwartete von ihm, daß er seine Arbeiten rechtzeitig erledigte, und behandelte ihn wie alle anderen Schüler. Er handelte, als erwarte er ganz selbstverständlich eine Leistung von ihm. Da begann Steve zu arbeiten, gewann Freunde und wurde von der Klasse anerkannt. Er machte große Fortschritte.

Dieser Lehrer war unvoreingenommen, was Steves Vergangenheit betraf und glaubte daran, daß er etwas leisten würde, wenn man Leistungen von ihm erwartete. Der Lehrer weigerte sich, Steve seine gewohnte Sonderrolle einzuräumen, und bald nahm dieser die neue Rolle an.

Diese Methode zeigt nicht bei allen Kindern Erfolg. Der besondere, ausschlaggebende Faktor in diesem Fall war das Grundklima, die allgemeine Einstellung des Lehrers. Dieser Lehrer ist bemüht, seine Schüler eingehend kennenzulernen. Wenn er überzeugt ist, daß kein organischer Grund für die schlechten Leistungen vorliegt, handelt er so, als wäre er von der Leistungsfähigkeit und den Leistungen eines Schülers überzeugt.

Der schöpferische Lehrer läßt sich von traditionellen Methoden für Kinder mit Lernproblemen nicht einengen. Er ist auch nicht um seinen Status besorgt, vielmehr ehrlich darum bemüht, einen Weg zu finden.

Peter, das Kind einer zweisprachigen Familie, hatte ein Sprachproblem. Er lernte nur sehr langsam lesen. Als er eines Tages nach der Schule dablieb, um mir zu helfen, fragte ich ihn, ob er mir etwas Spanisch beibringen wolle. Er war begeistert. Zu Hause erzählte er seinen Eltern davon. Ich hatte bereits einige Spanischkenntnisse, und wir begannen, uns die Sprachen gegenseitig beizubringen. Er lehrte mich eine Sprache, ich half ihm beim Lesen der anderen.

Altersgemäße Ermutigungsmethoden 145

Diese Lehrerin fand Peters Vorzug heraus: seine Spanischkenntnisse. Sie zeigte ehrliches Interesse daran, von dem Kind etwas zu lernen, und entwickelte dadurch ein gegenseitiges Verhältnis der Hilfsbereitschaft. Peter sah dabei außerdem, daß auch Lehrer Lernschwierigkeiten haben können. Natürlich änderte dies seine Auffassung von Prestige gegenüber dem Lehrer.

Eine der wichtigsten Funktionen des Pädagogen ist es, sich mit den besonderen Talenten und Vorzügen jedes einzelnen Kindes vertraut zu machen. Es ist aber bezeichnend, daß viele Pädagogen viel eher in der Lage sind, die Schwächen ihrer Schüler zu erkennen. Nur wenn wir die starken Seiten eines Kindes beachten, können wir ein neues, besseres Verhältnis aufbauen. Die folgende Geschichte von Bennet zeigt, wie ein Lehrer fast »aus Versehen« Erfolg hatte. Wenn man sich etwas Zeit nimmt, um die Interessen der Schüler zu erfahren und sich kurz mit jedem Kind einzeln zu unterhalten, sind Beispiele wie das folgende eher typisch als außergewöhnlich.

Bennet war viel größer als seine Mitschüler in der 4. Klasse. Er hatte die Angewohnheit, seine Kameraden anzustoßen und zu belästigen, und war deshalb unbeliebt. Man hatte ihn verschiedentlich getestet, wobei ein recht hoher Intelligenzquotient festgestellt worden war. Außerdem war er sehr musikalisch. Obwohl er die Fähigkeit zu sehr guten Schulleistungen hatte, waren alle seine Arbeiten nachlässig ausgeführt und lagen unter dem Durchschnitt.

Zu Beginn des Schuljahres begann sich die Klasse für die verschiedenen Länder unserer Erde zu interessieren. Bennet meldete sich freiwillig und wollte Material über die Musik jedes Landes sammeln. Sein Interesse reichte so weit, daß er durchaus interessantes Material mit in den Unterricht brachte, welches auch anderen Klassen zur Verfügung gestellt werden sollte. Bevor das Material vorgelegt werden konnte, mußte es natürlich noch in eine präsentable Form gebracht werden. Dies erforderte Zeit. Bald legte Bennet seine Beiträge von Anfang an in annehmbarer Form vor, damit ihm mehr Zeit für weitere Nachforschungen blieb.

146   *Altersgemäße Ermutigungsmethoden*

Bennet hatte, wie so viele Kinder, seinen Platz noch nicht gefunden. Daher konnten sich seine allgemeinen Talente nicht
entfalten. Nachdem er nun einmal Gelegenheit hatte, sich der
Klasse von seiner positiven Seite zu zeigen, konnte er auch auf
anderen Gebieten etwas leisten. Obwohl es nicht immer möglich ist, die Interessen eines Kindes in den Unterricht einzubeziehen, sollten wir doch nicht vergessen, daß ein Kind viel
leichter lernt, wenn der Stoff, in den es sich vertiefen kann, persönliche Bedeutung hat.

Cathy kommt aus einer intellektuell verarmten Familie. Sie hat sechs
Geschwister. Ihr Vater ist unbekannt. Sie war neun Jahre, als sie in
meine 4. Klasse kam. Ihre geistigen Fähigkeiten waren als durchschnittlich angegeben.

Von allen Fächern war Rechnen das einzige Fach, in dem sie sich
ganz hilflos fühlte. Ihr Lehrer aus dem Vorjahr hatte von Cathys
»Hemmung« auf diesem Gebiet gesprochen und ihr häufiges
Schmollen über die ihr gestellten Rechenaufgaben erwähnt.

Eines Tages nach dem Unterricht bat ich Cathy, noch ein Weilchen dazubleiben und an der Tafel zu »experimentieren«. Es schien
ihr Spaß zu machen, und mein Lob für ihre Genauigkeit freute sie
ganz besonders. Da ihr Anerkennung so wichtig war, beobachtete
ich von da an täglich ihre Arbeit und erwähnte bei jeder Gelegenheit
ihre Genauigkeit und ihre Fortschritte. Sie freute sich besonders,
wenn ich sie beauftragte, einer Mitschülerin, die auch noch etwas
Übung brauchte, zu helfen. Langsam wurde Cathy sicher und nahm
für den Rest des Jahres alle Aufgaben im Rechnen ohne Zögern in
Angriff. Bald war ihre Leistung auf diesem Gebiet genauso gut wie in
den übrigen Fächern.

Manchmal bringt ein bißchen Zeit, die man einem Kind allein
widmet, den Erfolg, der durch Klassenunterricht nicht erzielt
werden kann. Cathy nahm das ehrliche Lob gut auf. Doch der
Lehrer erkannte, daß er konsequent sein und ihre Arbeiten täglich überprüfen mußte. Als Cathy so weit fortgeschritten war,

Altersgemäße Ermutigungsmethoden 147

daß ihre Leistungen Anerkennung verdienten, bekam sie den Auftrag, einer anderen Schülerin zu helfen. Dadurch wurde Cathys Selbstwertgefühl gesteigert und gleichzeitig der anderen Schülerin geholfen.

Mit Kindern im Pubertätsalter ist oft besonders schwer auszukommen. Ihr Verhalten, manchmal ausgelassen, manchmal feindlich, kann Erwachsene wirklich aus der Fassung bringen. Diese Phase ist für das Kind eine Zwischenstufe. Es ist »kein kleines Kind mehr«, aber ebensowenig kann es schon als erwachsen gelten.

Der Konflikt zwischen Einflüssen aus den Kreisen Gleichaltriger und dem der Erwachsenen wird immer größer, und es ist schwierig, das Gleichgewicht zwischen beiden Parteien zu halten. Die Beziehung des Kindes zur Gruppe wird nun viel wichtiger als zuvor. Oft wird der Rat Erwachsener zurückgewiesen. Und dieses Verhalten, das meist zu Anfang oder am Ende einer Entwicklungsstufe auftritt, ist, wie wir wissen, meist abwegiger als das Verhalten in der Zeit schneller Entwicklung. Das Kind strebt nun größere Freiheit an und betont sein Bedürfnis nach Unabhängigkeit oft übermäßig. Es ist mehr als je darauf bedacht, bei Familienentscheidungen und -problemen mitzureden.

Die geschlechtliche Rolle der Kinder untereinander muß während dieser Zeit in Betracht gezogen werden. Die Jungen bemühen sich, nach den Regeln ihres Freundeskreises zu leben; die Mädchen suchen die Anerkennung ihrer Freundinnen. Die Jugendlichen reifen, wenn sie einen Kameraden finden, der für sie genauso viel bedeutet wie sie selbst oder sogar noch mehr.

Im folgenden Beispiel sehen wir, wie ein Besuch im Büro des Schulleiters Gelegenheit zur Korrektur der Falscheinstellung eines Kindes gibt. Statt den Jungen Ermahnungen und Bestrafungen auszusetzen, wird er von seinem eigenen Wert überzeugt.

148   *Altersgemäße Ermutigungsmethoden*

Roger, ein großer Siebtkläßler, der im Lesen auf der Stufe der
3. Klasse stand, wurde zum Schulleiter geschickt, weil er im naturwissenschaftlichen Unterricht laute Bemerkungen machte. Das Gespräch verlief folgendermaßen: *Frau R.:* Ich dachte, du hättest Spaß
an den naturwissenschaftlichen Fächern? *Roger:* Es hat auch Spaß
gemacht, als wir die Elektrizität besprachen; aber bei dem Zeug, das
wir jetzt durchnehmen, kann ich ja nicht einmal die Wörter lesen.

Frau R.: Du könntest aber zuhören und etwas über deinen eigenen
Körper lernen.
Roger: Es ist Frau G., die kann mich nicht leiden. Wenn sie irgendein
Geräusch hört, schmeißt sie immer *mich* raus.
Frau R.: Willst du damit sagen, daß du ruhig bist und Frau G. dich
rauswirft, wenn *andere* stören?
Roger: Eigentlich nicht; nicht immer. Ich bin eben nicht besonders
gut. Lehrer hassen Jungs, die nie etwas zustande bringen.
Frau R.: Wer hat denn die Glühbirne in Herr B.s Projektor ausge-
wechselt, nachdem andere es vergeblich versucht hatten?
Roger: Das war einfach.
Frau R.: Wer hat denn das lose Kabel an der Lautsprecheranlage gefunden, als die ganze 8. Klasse nicht wußte, wo der Schaden lag?
Roger: Da hatte ich Glück. Ich hab' ein bißchen dran herumgezogen,
und da kam der Ton.
Frau R.: Diese Art von Glück brauchen wir hier, und du scheinst es zu
haben. Es ist auch nicht nur Glück, Roger, es ist mechanische Begabung, und die wird in der ganzen Welt gebraucht. Nun zeig mir einmal, was ihr in dieser Stunde durchnehmt, und ich werde dir zeigen,
wie du Frau G. am Ende der Stunde mit einer Zeichnung dazu überraschen kannst.

Roger machte eine Zeichnung des Blutgefäßsystems, für die ihn
Frau G. am Ende der Stunde lobte. Von da an verbesserten sich Rogers Leistungen in Frau G.s Unterricht laufend, weil sich sowohl die
Lehrerin als auch der Schüler auf Vorzüge statt auf Nachteile konzen-
trierten.

Altersgemäße Ermutigungsmethoden 149

Roger hatte Minderwertigkeitsgefühle, und sein Verhalten im Unterricht führte nur zu Schwierigkeiten. Er gab der Lehrerin die Schuld daran und widersetzte sich ihr. Es ist bemerkenswert, daß der Schulleiter nicht auf den Angriff einging, sondern Roger reden ließ. Dadurch bildete er eine Atmosphäre gegenseitigen Respekts. Dann nahm er sich die Zeit, einige von Rogers guten Leistungen zu erwähnen; er gab ein Werturteil über ihn ab. Obwohl Roger so entmutigt war, daß er seine Leistungen selbst nicht lobenswert fand, zeigte der Lehrer ihm seinen Wert anhand einiger Beispiele guter Leistungen auf. Schließlich nutzte er Rogers Fähigkeiten, um ihm in der gegebenen Situation Erfolg zu verschaffen. Wir können Kinder ändern, wenn wir Erfolg durch Ermutigung anstreben.

Nico, 13 Jahre alt, in der 8. Klasse, sah allen Gemeinschaftsarbeiten in Sozialkunde mit Schrecken entgegen, weil er Schwierigkeiten beim Lesen der für diese Klasse bestimmten Texte hatte. Als die Klasse mit der Lektüre eines Abschnitts über die Vereinten Nationen begann, bat er, von der Arbeitsgruppe freigestellt zu werden, da ihm die Situation peinlich sei und er nichts zur gemeinsamen Arbeit beitragen könne.

Ich wußte jedoch, daß Nico an Kunst, insbesondere an architektonischen Skizzen interessiert war, die wir bereits im Zusammenhang mit den Arbeiten der UNESCO, UNICEF usw. erwähnt hatten. Ich suchte verschiedene Bücher der 5. und 6. Lesestufe aus, die die Arbeit von Kindern verschiedener Länder im Rahmen dieser Organisationen beschrieben, ließ ihn mit dem Zeichnen von Panoramen beginnen und gab außerdem meiner Zuversicht Ausdruck, daß er damit einen nützlichen Beitrag zur Klassenarbeit leisten würde, denn ich wisse ja, wie gut er diese Arbeit ausführen könne.

Nicos Erfolg bei dieser Arbeit stellte nicht nur sein Selbstvertrauen wieder her und verschaffte ihm die Anerkennung der Klasse, sondern stärkte auch sein Vertrauen in seine Fähigkeit, sich im Lesen verbessern zu können.

150   *Altersgemäße Ermutigungsmethoden*

Nicos Fähigkeit, sich mit seiner Gruppe zu identifizieren, wurde durch das Fehlen einer grundlegenden Fertigkeit – dem Lesenkönnen – behindert. Er glaubte, daß er nichts zu Gemeinschaftsarbeiten beitragen könne und deshalb auch nicht zur Gemeinschaft gehöre. Hier tat der Lehrer wieder den ersten Schritt, indem er seine starken Seiten, Talente und Interessen hervorhob. Dann gab er ihm Material, das seinen Fähigkeiten entsprach, ihm Erfolg brachte, und verwickelte ihn in ein Projekt, das erfolgorientiert war. Er zögerte nicht, seinen Glauben an Nicos Fähigkeiten zum Ausdruck zu bringen. Wir konnten sehen, wie sich aus diesem geplanten Erfolg heraus eine Verbesserung seiner Leseschwierigkeiten wie auch seiner Position in der Gruppe einstellte. Nico fühlte sich nun frei zu handeln und an sich zu glauben.

Daniel, dreizehn Jahre alt, brauchte besondere Hilfe, um das Prozentrechnen verstehen und anwenden zu können. Meine erste Sondersitzung mit ihm war nicht besonders angenehm, weil er so unkooperativ war. Einige Tage später stellte er mir einige Fragen über die Anwendung von Fluggeschwindigkeits- und Höhenunterschiedscomputern. Er wollte gerne ein Flugzeug steuern lernen und las technische Bücher darüber. Dieses Interesse Daniels brachte mich auf eine Idee. Da seine Schwierigkeiten bei Prozentrechnungen größer waren, wenn es um Textaufgaben ging, schrieb ich einige der Aufgaben um, indem ich Luftgeschwindigkeiten, Höhenunterschiede und einige Grundbegriffe der Computerarbeit einbaute. Während unserer zweiten Sitzung zeigte er mehr Interesse, und wir arbeiteten viel länger zusammen, als ich erwartet hatte. Er leistete gute Arbeit, und ich lobte ihn. Obwohl die praktische Anwendungsmöglichkeit meiner Textaufgaben nicht so groß war wie die der Rechenbuchtexte, machten wir trotzdem Fortschritte im Prozentrechnen.

Dieses Beispiel lehrt uns die richtigen Hilfsmethoden. Natürlich war Daniel anfangs unwillig; er war überzeugt, daß dies seine Rolle, sein Platz war. Auch dieser Lehrer versuchte, die

Altersgemäße Ermutigungsmethoden 151

Interessengebiete des Kindes herauszufinden, und stellte sein Ermutigungsverfahren dann darauf ein. Es hat uns überrascht, daß der Lehrer seine Methode trotz ihres offensichtlich großen Erfolgs mit der eines Schulbuches verglich. Auch dem Lehrer aus diesem Beispiel würde etwas Ermutigung guttun; er hätte dann vielleicht etwas mehr Vertrauen in seine Umgangsmethoden mit Kindern.

Im Geographieunterricht waren wir zu einer Lektion gekommen, die unter anderem das Auswendiglernen der Staaten von Amerika und ihrer Hauptstädte erforderte. Am Ende der Lektion machte ich einen entsprechenden Test. Colin, dessen Interesse an diesem Fach recht gering war, bestand den Test nicht. Als er sein Blatt abgab, machte er die Bemerkung: »Ich finde, das ist sowieso alles dummes Zeug.« Ich ließ diese Bemerkung unbeantwortet. Einige Tage später, im Zeichenunterricht, schlug ich der Klasse vor, eine Landkarte mit allen Staaten zu zeichnen, und stellte fest, daß Colin, während er zeichnete, sein Geographiebuch zu Hilfe nahm. Als seine Landkarte fertig war, brachte er sie an mein Pult. »Wie gut du das gemacht hast, Colin«, sagte ich, »ich sehe, daß du dir viel Mühe gegeben hast.« Zwei Tage später sprach er mich nach dem Unterricht an: »Es hat mir richtig Spaß gemacht, die Landkarte zu zeichnen. Nennen Sie irgendeinen Staat, und ich kann Ihnen die Hauptstadt sagen.« Er wußte sie alle!

Colin zeigte offenen Widerstand gegen diese Art von Auswendiglernen. Er forderte den Lehrer bewußt heraus. Interessant ist, daß der Lehrer nicht darauf einging und Colin nicht zum Lernen zwang. Statt dessen erlaubte er ihm, nach seiner eigenen Methode zu lernen. Es war Colins Problem, nicht das des Lehrers. Als Colin sich anstrengte, zeigte er Anerkennung und schuf ein neues Vertrauensverhältnis. Durch Zwang und Druck hätte er diesen Erfolg bestimmt nicht erzielt.

VIII. Ermutigung in der Gruppe

Bis jetzt haben wir unser Hauptaugenmerk auf das individuelle Verhältnis zwischen Erwachsenen und Kind gerichtet. Dabei haben wir immer wieder darauf hingewiesen, wie wichtig die Stellung des einzelnen in der Gruppe ist.

Verhalten vom sozialen Standpunkt aus gesehen, Verhaltensdeutung im Zusammenhang mit dem Umfeld und die fundamentale Notwendigkeit des »Dazugehörens« führen uns weiter zur Betrachtung der Rolle, die die Gruppe bei der Ermutigung und Motivierung spielt.

Die Rolle der Gruppe im Ermutigungsprozeß

Kinder leben, wachsen und entwickeln sich in der Gruppe; sie integrieren sich in die Gruppe. Dieser Prozeß beginnt bereits innerhalb der Familienkonstellation. Hier entwickelt das Kind viele seiner Grundhaltungen und experimentiert damit. Hier lernt es, seine persönliche Rolle innerhalb der Familie zu spielen und übt sich im Umgang mit Mitmenschen.

Obwohl die Familie und ihre Konstellation schon immer eine große Rolle in der Entwicklung eines Kindes gespielt haben, ist in unserer modernen Gesellschaft der Einfluß Gleichaltriger viel größer als früher. Es genügt, ein Kind beim freien Spiel zu beobachten, um zu sehen, wie sehr es von der Anerkennung Gleichaltriger abhängt, die ihm meist wichtiger als die Meinung des Lehrers ist. Es folgt lieber den Wünschen oder Vorschlägen seiner Kameraden als den Gesetzen der Erwachsenen.

Die Sorge um seine Stellung in der Gruppe veranlaßt das Kind häufig, sich zurückzuhalten oder einzusetzen. Es läßt

154   *Ermutigung in der Gruppe*

sich daher von seinesgleichen eher leiten als von Erwachsenen.
Dieser Druck der Gruppe in der kindlichen Gesellschaftsordnung besteht ohne Zweifel. Ein engagierter Lehrer wird versuchen, diesen Einfluß zum Wohle der Kinder zu mobilisieren.

Eine der wichtigsten Fähigkeiten eines Pädagogen sollte die
Stimulation gesunder Werturteile sein. Werte werden bereitwilliger anerkannt, wenn sie von einer Gruppe getragen werden, zu der man gehören möchte. Die Gruppe kann somit als
Werkzeug für Veränderungen und für Mitarbeit eingesetzt
werden. Jede Gruppe hat ihre eigene Identität. Der Gruppengeist drückt sich unter anderem darin aus, daß die Gruppe entweder für oder gegen den Lehrer eingestellt ist, daß sie widerspenstig oder freundlich, wissensdurstig oder lernfaul, in
Cliquen aufgeteilt oder integriert ist.

Der Lehrer kann Einfluß nehmen, indem er versucht, durch
gezielte Planung zu erreichen, daß die soziale Integration eines
Kindes durch die Gruppe positiv stimuliert wird. Wir sind
uns des bedeutenden Einflusses der Gruppe auf die Entwicklung eines Kindes völlig sicher. Es liegt in der Hand des Lehrers, diesen Einfluß in eine positive Richtung zu lenken oder
aber die jeweilige Richtung der Willkür des Gruppengeistes zu
überlassen.

Gruppenziele

Die Ziele einer Gruppe können konstruktiv oder destruktiv
sein. Viele der schwierigsten Schüler sind nur deshalb so
schwierig, weil sie zerstörerische Ziele haben. Sie fallen durch
unangenehmes Verhalten auf, sind an Gleichaltrigen wenig interessiert oder identifizieren sich in erster Linie mit anderen
Kindern, die auch in Opposition stehen.

Wer sich einer Gruppe mit antisozialen Grundzielen gegen-
übersieht, muß in der Lage sein, die Gruppenziele zu erkennen, um den Zweck des Gruppenverhaltens bestimmen zu
können.

Ermutigung in der Gruppe 155

Gruppenziele dienen der Entwicklung des Gemeinschaftsgefühls. Erfahrene Lehrer haben ein Gefühl dafür, wie wichtig es für jedes Kind ist, einen entsprechenden Platz innerhalb der Klassengemeinschaft zu haben. Sie machen von diesem Bestreben Gebrauch, indem sie den Kindern Aufgaben erteilen, um sie am Tagesablauf im Klassenzimmer teilhaben zu lassen.

Interesse an anderen kann ebenfalls in der Klassengemeinschaft zur Entwicklung kommen. Es gibt dort viele Gelegenheiten für jeden, sich um andere zu kümmern und am Geben und Nehmen im menschlichen Miteinander teilzuhaben. Jeder, der sich den Zusammenhang von Gemeinschaftsgefühl und geistiger Gesundheit vergegenwärtigt, wird sich um die Entwicklung desselben bemühen.

In jeder Gruppe finden wir eine Vielzahl zwischenmenschlicher Beziehungen. Viele unserer Studien zeigen, daß die Unfähigkeit, sich in eine Gruppe zu integrieren, ein Hauptgrund für spätere Mißerfolge im Berufsleben sein kann und nicht etwa der Mangel an beruflichen Fähigkeiten. Soziale Integration lehrt und lernt man am besten durch Gemeinschaftsaktivitäten.

Die Gruppe kann auch zum Verständnis des eigenen Ich beitragen, denn unsere Selbsteinschätzung entwickelt sich zum Teil aus den Reaktionen unserer Mitmenschen.

Jede Gruppe sollte danach streben, gemeinsame Aufgaben zu lösen. Diese Aufgaben sollten von der Gruppe gewählt werden und jedem Kind ausreichend Möglichkeit bieten, Verantwortungsgefühl zu entwickeln. Wir sollten also darauf achten, daß die Lehrer bei der Gruppenorganisation ermutigt werden, bestimmte Gruppenziele zu setzen. Angesichts der Entwicklung des Menschen als Individuum wie auch als Mitglied der Gesellschaft wird jeder Pädagoge die Notwendigkeit klarer, positiver Gruppenziele erkennen.

Wie der Lehrer seine Klasse lenkt

Ein wesentlicher Teil der Lehrerausbildung ist auf die Beurteilung der individuellen Fähigkeiten der einzelnen Schüler gerichtet. Der Lehrer berücksichtigt daher manchmal nicht, daß er nicht nur einer bestimmten Anzahl von Individuen, sondern auch einer Gruppe gegenüber steht. Wenn ein Lehrer die Gruppe aber nicht für seine Zwecke miteinbezieht, wird sich das sehr bald als Hindernis für den Fortschritt der Klasse herausstellen. Es ist normal, daß Kinder anfangs eine stärkere Bindung zu Klassenkameraden als zum Lehrer haben. Aber nur wenn diese Bindung auch erkannt wird, kann sie genutzt werden.

Das heißt, der Lehrer muß sich mit den Kräften, die innerhalb der Klassengemeinschaft wirken, gut vertraut machen; er sollte versuchen, die Dynamik jedes einzelnen Kindes zu verstehen, jedoch immer in Verbindung und im Hinblick auf die Gruppendynamik. Der Lehrer muß wissen, wie die Klasse aufgrund ihrer Struktur auf interne und externe Einflüsse reagiert und sich verändert. Dies wiederum erfordert, daß man die vielen Untergruppen kennt, die es innerhalb einer Klasse gibt. Handlungen, die der Lehrer als störend empfindet, versteht er oft besser, wenn er sie von der Warte der Beziehungen der Gruppen untereinander aus betrachtet. Manche Kinder stören den Unterricht, weil sie dadurch die Aufmerksamkeit der ganzen Klasse oder zumindest der Gruppe, der sie sich zugehörig fühlen, erregen. Andere Kinder sind vollkommen entmutigt, weil sie sich keiner Gruppe zugehörig fühlen und keine Gelegenheit sehen, sich in der Reihe ihrer Kameraden einen Platz zu erobern.

Ein Lehrer, der die bestehenden Zwischengruppenbeziehungen nicht kennt, kann die Klassengemeinschaft auch falsch beeinflussen. Manchmal wird er aus diesem Grunde bestimmte Probleme unbeabsichtigt sogar noch verstärken. Die Kenntnis der Gruppenstruktur dagegen hilft ihm, gewisse Umordnungen zu arrangieren, um seinen Einfluß auf einzelne Schüler wie

Ermutigung in der Gruppe 157

auch auf die Klasse geltend zu machen. Hat der Lehrer die Interaktion der Klasse erst einmal erkannt, so kann ihm die Klasse als Gruppe eine große Hilfe bei der Erreichung seines Unterrichtszieles sein. Ohne dieses Wissen wirkt sich die Gruppenstruktur möglicherweise als Hindernis aus.

Ein Lehrer, der glaubt, es sich leisten zu können, Gruppenbeziehungen bei der Erziehung zu negieren, erlaubt dadurch Störenfrieden, dem Lehrer die Klasse abspenstig zu machen. Fälle, in denen eine Klasse gegen den Lehrer arbeitet, sind keine Seltenheit. Einfühlungsvermögen in die Triebkräfte einer bestimmten Gruppe kann jedoch verhindern, daß dies nicht allzu häufig geschieht.

Im Rahmen einer gesunden Gemeinschaftsatmosphäre können sich die Kinder innerhalb einer Klasse auch oft gegenseitig helfen. Ohne diese Atmosphäre hingegen treten die negativen Auswirkungen des Konkurrenzkampfes voll zutage. Immer wieder hört man, daß bei Lehrkräften, die aus dem Schuldienst entlassen werden oder um Beurlaubung bitten, als Hauptgrund die Kapitulation vor der Disziplinlosigkeit der Schüler und Schülerinnen vorliegt. Dies ist oft ein deutliches Zeichen dafür, daß die Gruppe nicht richtig angepackt wurde.

Der Lehrer sollte betonen, daß die Klassenzimmerprobleme alle gemeinsam angehen. Zeigt man den Schülern die Vorteile intakter interpersoneller Beziehungen auf, so werden sie selbst stärker daran interessiert sein, zusammenzuarbeiten. Wenn die Klassenzimmer-Organisation tatsächlich funktionieren soll, müssen auch alle Probleme so angepackt werden, daß die Klassengemeinschaft *gemeinsam* an ihrer Lösung arbeiten kann. Das Problemlösen erlaubt den Kindern, sich auf etwas zu konzentrieren, was sie alle gleichermaßen angeht; gleichzeitig wird ihr Bedürfnis »dazuzugehören« befriedigt.

Gruppenarbeit erfordert eine Lehrerpersönlichkeit, die fähig ist, der Gruppe klarzumachen, was in ihr eigentlich vorgeht. Nur so erhält man eine Reaktion. Verhält sich ein Schüler in einer Weise, die den allgemeinen Fortschritt der Gruppe hemmt, dann sollte man ihn darauf aufmerksam machen, auf den Zweck seines Verhaltens hinweisen und bessere Lösungsmöglichkeiten anbieten.

Erfolgreiche Gruppenarbeit mit der Klasse ist eine anregende Aufgabe: Der Lehrer kann dabei sowohl der Gruppe als auch dem einzelnen Ermutigung zuteil werden lassen. Seine Ermutigung wirkt sich wiederum fördernd auf die Gruppe als ganze aus, d.h., sie trägt zur besseren Verständigung bei. Sobald sich eine Verständigungsbasis entwickelt hat, kann der Lehrer den Kindern Aufgaben zuweisen, die von allgemeinem Interesse sind und der Klasse dienen.

In der Regel findet man in jeder Klasse einige Schüler und Schülerinnen, die den allgemeinen Klassenzielen entgegenarbeiten. Wenn sich die Verständigung unter den Gruppenmitgliedern gut entwickelt, hat dies meist auch für die Störenfriede eine Bindung an das Gruppenziel zur Folge. Die Lehrer ihrerseits sollten erkennen, daß sie mit neuen Methoden experimentieren müssen, wenn sie das Klassenziel, das die Meinung der *ganzen* Klassengemeinschaft repräsentiert, erreichen wollen.

Die Entwicklung der Gruppenbindung verläuft anfangs nie reibungslos. Um so wichtiger ist es, sich darauf zu konzentrieren, daß *alle* Kinder in eine kohäsive Klassengemeinschaft integriert werden. Gelingt dies nicht, dann werden sich die negativen Gegenströmungen ausweiten. Schüler und Schülerinnen, die dem Lernprozeß entgegenarbeiten, werden dann eine starke Fraktion bilden, zumal dann, wenn sie bessere »Führungseigenschaften« besitzen als so mancher Lehrer.

Der Lehrer ist daher geradezu verpflichtet, die Gruppe zur Unterstützung der Entwicklung aller Schüler zu nützen. Viele pädagogischen Mängel sind in Wirklichkeit nichts anderes als das Resultat der Unfähigkeit, mit der Gruppe Schritt zu halten, und falscher Wege, sich in der Gruppe einen Platz zu suchen. Wenn Lehrer die Beziehungen und Querverbindungen innerhalb der Gruppe erkannt haben, können sie diese zum Wohle aller ausnutzen.

Ermutigung in der Gruppe 159

Susie, eine Siebenjährige in meiner 2. Klasse, war eine von mehreren farbigen Schülern unserer integrierten Schule. Sie hatte Sinn für Humor und war überdurchschnittlich intelligent, was sich vor allem in guten Leistungen im Lesen ausdrückte. Allerdings kam sie aus einer Familie mit sehr niedrigem Einkommen, und ihr Aussehen, besonders ihre Kleidung, brachten ihr dauernden Spott von zwei weißen Schülerinnen ein. Es ging so weit, daß sich Susie schließlich überhaupt nicht mehr an Gemeinschaftsaktivitäten beteiligte.

Mir war klar, daß auch die weißen Kinder ein Problem hatten, doch galt meine Sorge vor allem Susie. Da ergab sich die Gelegenheit, dem Mädchen zu sagen, wie sehr einige ihrer Mitschüler ihren Humor und ihre Bemerkungen in der Klasse vermißten; um ihren Platz in der Gruppe zurückzugewinnen, ernannte ich sie für einige Tage zur Vorleserin für Geschichten aus Büchern, die ihre Mitschüler von zu Hause mitgebracht hatten. Nun merkte die Klasse tatsächlich, wie sehr ihnen Susie gefehlt hatte, und alle schienen sich bewußt anzustrengen, um Susie wieder in die Gemeinschaft miteinzubeziehen. Susies Selbstvertrauen kehrte zurück, und bald war sie wieder so aufgeweckt und fröhlich wie zuvor.

Einer aufmerksamen Lehrkraft entgeht ein gespanntes Verhältnis innerhalb der Klassengemeinschaft selten. Diese Lehrerin hatte bemerkt, daß sich ein Kind ganz aus der Gruppe zurückzog. Sie erriet die Ursache der Isolierung und hob einen seiner Vorzüge hervor, um es wieder in die Gruppe zu integrieren. Jetzt erkannten auch die Mitschüler Susies Beitrag zur Gemeinschaft. So konnte ein einfacher Hilfsgriff Susies Stellung in der Gruppe wiederherstellen.

Eric, ein Drittkläßler, war ein schlechter Leser. Er konnte sich nur schwer auf einzelne Wörter konzentrieren und kam daher nur mühsam voran. Ich wußte, daß seine Langsamkeit nur auf einem Mangel an Konzentration beruhte. Deshalb bat ich Eric eines Tages, eine Gruppe von Schülern, die Leseprobleme hatten, etwas zu beaufsichtigen, ihnen zuzuhören und zu helfen. Ich stellte fest, daß diese Aufgabe Eric dazu brachte, sich auf die Wörter und den Sinn des Gelesenen zu konzentrieren. Als er mit etwas Ermutigung die Rolle des führenden Helfers übernommen hatte, machte er immer mehr Fortschritte.

Dieser Lehrer tat etwas, was ein Pädagoge »normalerweise« sonst nicht tut: Er gab einem Schüler mit schlechten Leistungen einen verantwortungsvollen Posten. Indem er Eric beauftragte, andern zu helfen, zeigte er sein Vertrauen in ihn. Auch hier wurde die Gruppe dazu genutzt, um in einem Kind eine Veränderung zu bewirken. Allzuoft erwarten wir von einem Kind eine Leistung, bevor wir ihm *erlauben,* etwas zu vollbringen. Dieser Lehrer hat die Methode umgekehrt – zum großen Nutzen für seinen Schüler!

Ray hatte die 1. Klasse wiederholen müssen und war seither allen Lehrern bekannt. Als er schließlich in meine 5. Klasse kam, war ihm sein Ruf bereits vorausgeeilt. Sein Intelligenzquotient war mit 75 angegeben. Während der 3. Klasse war er wegen epileptischer Anfälle behandelt worden. Seine Lehrer hatten es bereits aufgegeben, ihm das Lesen oder die Grundbegriffe des Rechnens beizubringen. Nun hatte sich sein Gesundheitszustand zwar gebessert und er mußte keine Medikamente mehr einnehmen, war jedoch grenzenlos entmutigt und reagierte auf alle Enttäuschungen und Verweise mit Weinen.

Da Ray einfache Subtraktionsaufgaben lösen konnte, ließ ich ihn jeden Tag an der Tafel subtrahieren. Dies machte ihm zwar Spaß, aber er versuchte nie, etwas dazuzulernen. Ich zeigte ihm im Rechenbuch einige Stellen mit einfachen Additions-, Subtraktions-, Divisions- und Multiplikationsaufgaben ohne Lösungen und half ihm, sie Reihe um Reihe durchzugehen, bis er alle Aufgaben vorwärts, rückwärts und durcheinander lösen konnte. Bald konnte er alle Additionsaufgaben in 4 Minuten ohne Fehler lösen, wie es für die 5. Klasse verlangt wurde. Ray freute sich, und die ganze Klasse war stolz auf ihn. Bald konnte er sogar anderen Schülern helfen. Und nach fleißigem Üben hatte er auch die drei anderen Grundbegriffe des Rechnens gemeistert. Am Jahresende dividierte er mit zweistelligen Divisoren, multiplizierte mit dreistelligen Multiplikatoren und addierte mit Obertrag. All das vollbrachte er nicht nur durch meine Ermutigung, sondern auch durch die Hilfe der Klassenkameraden.

Ray fand einen neuen Platz in der Gruppe, als er etwas leistete. Manchmal finden Kinder ihren Platz aber gerade dadurch, daß sie nichts leisten. Wenn sich erst einmal die Rolle des Hilflosen eingespielt hat, stützt sich ihr ganzes Verhalten auf die niederen Erwartungen der Lehrkräfte und Mitschüler. Nur weil dieser Lehrer nicht an Rays Unfähigkeit glaubte, erhielt er die Chance einer neuen, erfolgreichen Rolle. Die Gruppe ermutigte ihn, durchzuhalten.

Soziometrie

Wir haben festgestellt, daß der Lehrer eine wichtige Rolle spielen kann, indem er die Beziehungen innerhalb der Gruppe dirigiert. Um darin Erfolg zu haben, bedarf es jedoch genauer Informationen über Gruppenbeziehungen. J. L. Moreno entwickelte die Soziometrie, die dem Lehrer ein deutliches Bild von einer spezifischen Gruppenstruktur ermöglicht. Es ist zwar auch möglich, Beziehungen der Schüler untereinander zu »erfühlen«, doch gibt uns die Soziometrie ein genaueres Bild von der Position eines bestimmten Kindes in seinem Verhältnis zu den Mitschülern. Sie verschafft uns Einblick in die Charakteristika der Gruppenmitglieder und in alle Rollen, die sie in ihren Beziehungen zueinander spielen.

Soziometrische Daten erhält man, indem man jedes einzelne Kind Partner für bestimmte Tätigkeiten wählen läßt. Diese vorgeschlagenen Tätigkeiten sollten aus dem Klassenzimmer-Alltag hervorgehen. So kann man zum Beispiel jedes Kind wählen lassen, neben wem es sitzen, mit wem es spielen oder arbeiten möchte. Diese Methode bringt natürlich den größten Erfolg, wenn die Klassenzimmeratmosphäre ohnehin eine freie Wahl gestattet.

Nach dem Soziometrie-Test sollte man den Kindern erlauben, ihre Wahl auch durchzuführen. Die Testergebnisse werden nicht bekanntgegeben, sondern vom Lehrer in seiner Arbeit mit einzelnen oder mit der Gruppe unauffällig angewandt. Der Lehrer erfährt durch diesen Test, welche Kinder bevorzugt und welche von der Gruppe oder etwa bestehenden Untergruppen ausgestoßen sind.

Die Anwendung soziometrischer Daten hilft dem Lehrer bei der Diagnose der Gruppenstruktur und der eventuell erforderlichen Korrektur von Gruppen- oder Untergruppenbildungen. Oft kommen bei solchen Tests die negativen Tendenzen in der Klasse ans Licht, und der Lehrer kann die Anführer einer dem Klassenziel entgegenarbeitenden Gruppe von dieser absondern. Natürlich werden auch die positiven Elemente der Klasse aufgedeckt, und außerdem kann die Gelegenheit, Außenseiter einzugliedern, genutzt werden.

Weiß ein Lehrer, welche Kinder ausgestoßen sind, und weiß er gleichzeitig, welchen ihrer Mitschüler sie sich anschließen würden, so kann er ihnen leichter zu einem Platz in der Gruppe verhelfen. Besondere Fertigkeiten oder Vorzüge eines Außenseiters können hervorgehoben werden, um ihm sozialen Status in der Klasse zu verschaffen. Forscher haben festgestellt, daß Lehrer, denen soziometrische Daten nicht zur Verfügung stehen, die Beziehungen in der Gruppe nicht erkennen und daher die Entwicklung positiver sozialer Beziehungen unbewußt sogar hemmen können.

Die Stellung eines Kindes in der Gruppe ist also von größter Bedeutung für seine Leistungsfähigkeit. Wenn ein Kind nicht »dazugehört«, können die daraus resultierenden Minderwertigkeitsgefühle die Entwicklung des Gemeinschaftsgefühls und des Willens zur Zusammenarbeit verhindern. Lehrer, die Gruppenbeziehungen nutzen, tragen daher nicht nur zur Entwicklung ihrer Schüler bei, sondern schaffen auch eine

Ermutigung in der Gruppe 163

vorteilhaftere Grundlage für das Erreichen ihrer eigenen
Ziele.

Obwohl es scheinbar leicht ist, Beziehungen innerhalb einer
Gruppe zu deuten, kann die Forschung diese Annahme nicht
bestätigen. Forschungsergebnisse bestätigen, daß Lehrer den
soziometrischen Status und die Beliebtheit ihrer eigenen Lieb-
lingsschüler überbewerten und die von ihnen weniger ge-
schätzten Schüler unterbewerten. Obwohl mancher Lehrer ein
fast intuitives Gefühl für Gruppenbeziehungen hat, sollten wir
dennoch nicht ohne weiteres annehmen, daß es sich um eine
uns angeborene Fähigkeit handelt. Ein Lehrer wird feststellen,
daß soziometrische Daten ihm genau die Informationen liefern, die er zur Organisation einer Gruppe benötigt.

Klassenatmosphäre

Der Erfolg eines Lehrers hängt weitgehend von seiner Fähigkeit
ab, die Klasse in der Verfolgung eines gemeinsamen Zieles zu
vereinigen. Die Fähigkeit, eine Bindung an die Klassengemeinschaft zu entwickeln, bestimmt oft das Lernklima der ganzen
Klasse. Wenn Schüler ein gemeinsames Ziel verfolgen, wenn
sich gemeinsame Sorgen, Interessen und Notwendigkeiten entwickelt haben, wird der Unterricht ohne große Störung verlau-
fen. Es hängt also nur davon ab, ob der Lehrer erkennt, inwieweit Gruppengeist und Gruppenbewußtsein existieren. Er darf
sich nicht nur auf die Talentierten und die Störenfriede konzentrieren, sondern muß die Beziehungen aller Kinder zueinander
sehen. Vor allem sollte er verhindern, daß sich feindschaftliche
Untergruppen innerhalb der Klasse bilden. Ebenfalls zu vermeiden ist, Meinungsverschiedenheiten der Gruppen zu fördern, um sich selbst einen besseren Halt zu verschaffen. Dies
fördert einen schlechten Klassengeist. Diesbezügliche Forschungsergebnisse bekräftigen immer wieder die Bedeutung
einer homogenen, sozialen Klassenatmosphäre für gute Schulleistungen.

Die Gruppenatmosphäre ist entscheidend sowohl bei der Entwicklung von Plänen wie bei der Ausführung der Arbeit. Divergenzen in der Gruppe unterbrechen die Arbeit, verwirren Diskussionen und hemmen den Fortschritt. Forscher haben festgestellt, daß harmonische Gruppen mit Schwierigkeiten viel leichter fertig werden als gespaltene. Der Lehrer wird sich also bemühen, der Klasse gemeinsame Ziele und Werte zu vermitteln. Positiver Gruppengeist hemmt den Widerstand gegen derartige Bemühungen des Lehrers. Der Gruppengeist kann im allgemeinen durch Diskussionen verbessert werden. Diese haben in verschiedener Hinsicht erzieherischen Wert: Man vermittelt Wissen und fördert gleichzeitig die zwischenmenschlichen Beziehungen. Der Lehrer muß sich ganz bewußt darum bemühen, diesen kooperativen Gruppengeist ständig aufrechtzuerhalten, damit kein Konkurrenzkampf entsteht, bei dem jeder versucht, sich ohne Rücksicht auf die anderen seinen Platz zu schaffen und zu sichern. Man sollte Kinder die Vorteile des »Mitmachens« entdecken lassen. Wenn sie die wechselseitige Abhängigkeit erkannt haben, werden sie feststellen, daß auch ein Beitrag zur Gruppe zu persönlicher Bedeutung führen kann. Denn ein Beitrag zur Gruppe dient nicht nur der Entwicklung der Gruppe, sondern auch der des Individuums. Die Entwicklung eines Gefühls für wechselseitige Verantwortlichkeit ist daher eine wichtige Aufgabe für jeden Lehrer. Wir können wiederholt feststellen, daß störendes Verhalten eines Kindes auf falschen Annahmen oder Fehleinstellungen zur Gruppe beruhen!

Ich hatte ein noch sehr kleines Kind in meiner Kindergartenklasse, das absolut unfähig war, still zu sitzen. Der Junge störte und reagierte heftig auf jeden meiner Versuche, ihm zu helfen oder ihn unter Kontrolle zu halten. Ich hatte versucht, ihn von der Gruppe abzusondern, ihm erlaubt, sich anzuschließen, ihn aufgefordert, an Spielen teilzunehmen und ihn ernsthaft gebeten, ruhig zu sein und nicht zu unterbrechen. Eines Tages, als seine übliche Betriebsamkeit einen Höhepunkt erreicht hatte, ließ ich ihn in der Frühstückspause das Ge-

Ermutigung in der Gruppe 165

bäck verteilen, ein Vorrecht, das bisher nur Kindern mit guter Führung zuteil geworden war. Offensichtlich erfreut, stand der Junge ruhig auf seinem Platz und gab das Gebäck seinen vorbeimarschierenden Spielgefährten. Der Erfolg war von Dauer. Das Kind war ruhig und willig und beteiligte sich an den Gruppenspielen.

Dieses Beispiel zeigt deutlich, wie dringend wir ein neues Denken und eine neue Praxis brauchen. Diese Lehrerin hatte, fast systematisch, so scheint es, alle falschen Methoden angewandt, bis sie beinahe unbeabsichtigt das Richtige tat. Dieses Beispiel sollte denjenigen Lehrern Mut geben, die zu dem Schluß gekommen sind, daß nichts hilft. Als dem Kind erlaubt wurde, eine neue Rolle in der Gruppe zu spielen, änderte es sein Verhalten. Auch hier zeigt sich, daß die Gruppe sehr wohl eine Veränderung herbeiführen kann.

Vincent war in keinem Fach so gut wie seine Mitschüler und deshalb unsicher. In der Schule versuchte er, die Anerkennung der Klasse durch Possenreißen zu erlangen; er störte laufend den Unterricht. Ich versuchte Vincents Selbstvertrauen zu stärken, indem ich vermied, ihm Aufgaben zu übertragen, denen er nicht gewachsen war, sondern bat ihn um seinem Können entsprechende Hilfeleistungen in der Klasse. Ich lobte ihn, wenn er sie gewissenhaft ausführte. Diese Übertragung von Verantwortung innerhalb seiner Grenzen, verbunden mit Ermutigung, brachte Vincent dazu, etwas für andere zu tun. Er kam seinen Mitschülern zu Hilfe, wenn sie beim Essen in der Schulkantine etwas verschütteten. Er zeigte ihnen, wie man eine Tafel abwischt, ohne Streifen zu hinterlassen. Weitere Ermutigung kam aus den Reihen seiner Mitschüler, als sie ihn in eine wichtige Organisationsgruppe wählten. Der Leiter dieser Gruppe fragte ihn nach seiner Meinung bezüglich Entscheidungen und Vorschriften, seine Ideen wurden ernst genommen; er »zählte« als Mitschüler.

Der Lehrer erkannte den Grund für Vincents Schwierigkeiten und *plante* das Umfeld, in dem er Erfolg haben konnte. Die Kin-

166   *Ermutigung in der Gruppe*

der reagierten auf Vincents Leistungen, indem sie ihm Verantwortung übertrugen. Seine neue Rolle in der Gruppe veränderte die Beziehungen innerhalb der Klasse, die das Positive
an gegenseitiger Verantwortlichkeit verbunden mit dem neu
entwickelten Verantwortungsgefühl Vincents demonstriert
bekam.

Ellen hatte sich einen Ruf als Klassenclown in unserem Chor geschaffen, und sie tat die unmöglichsten Dinge, um ihre Mitschülerinnen zu
amüsieren. Ihr Verhalten in den anderen Unterrichtsstunden ließ
zwar nichts zu wünschen übrig, doch das Musikzimmer mit seiner
etwas gelockerten Atmosphäre war mit Vorliebe Schauplatz ihrer
Späße. Ellen war sehr musikalisch und hatte schon zahlreiche Proben
ihres Könnens geliefert. Eines Freitags meldete sie sich freiwillig, als
der Musiklehrer um eine musikalische Darbietung für die Klasse bat.
Ihre Leistung war sehr gut, doch die Klasse, die an ihre Clownerien
gewöhnt war, begann zu lachen. Ellen brach ab mit der Bemerkung,
sie wolle nicht mehr weiterspielen, wenn keiner ihr zuhöre.
    Die Darbietung einer anderen Schülerin dagegen, obwohl sie
nicht so gut war wie die von Ellen, fand Beachtung. Da Ellen sichtlich
verstört war, wollte der Lehrer ihr helfen, die Reaktion ihrer Mitschüler zu verstehen. Er nahm sie beiseite und fragte, ob ihr klar sei,
warum man bei ihrer Darbietung gelacht habe, und sagte ihr gerade-
heraus: »Wenn du dich immer wie ein Clown aufführst, mußt du
auch damit rechnen, wie ein Clown zu wirken.« Von da an störte Ellen den Musikunterricht nicht wieder.

Ein Pädagoge sollte immer günstige Gelegenheiten wahrnehmen, um eine Verhaltensänderung anzustreben. Dieser Lehrer
hatte die Reaktion der Gruppe zwar nicht geplant, doch als sie
eintrat, nutzte er die Gelegenheit, um Ellen zur Einsicht zu
bringen. Die unerwünschte Reaktion der Klasse führte Ellen
mit ihrem Wunsch nach Anerkennung in eine neue Richtung.

Gruppendiskussionen

Gruppendiskussion ist eine der wichtigsten Methoden, die sich jeder Lehrer zu eigen machen sollte. Dabei kann man die Lösung eines Problems der Klasse als gemeinsame Aufgabe übertragen.

Bei Gruppendiskussionen kann der Lehrer so manches über die einzelnen Schüler und Schülerinnen lernen, was er im Einzelgespräch mit ihnen nicht erfährt. Auf jeden Fall enthüllt eine Diskussion die Beziehungen der Mitschüler untereinander. Gruppendiskussion ist somit wohl der beste Weg, die Einstellung sowohl der einzelnen Schüler als auch die der Gruppe zu erfahren. Die Diskussionsmethode fördert die Entwicklung der Selbstkritik und damit das Reifen der Persönlichkeit. Gruppendiskussion sollte ein regelmäßiger und geplanter Bestandteil des Unterrichts sein. Um ein gutes Klassenverhältnis stabil zu erhalten, ist eine Diskussion pro Woche als Minimum anzusetzen. Es entwickeln sich auch viele ungeplante Situationen im Schulalltag, die man am besten zur Diskussion umfunktioniert. Grundsätzlich sollten Diskussionen immer dann stattfinden, wenn es zum Nutzen der Klasse ratsam erscheint. Dabei kommen dann meist die anstehenden Gruppenprobleme ans Licht. Der Lehrer lernt die Motive der Gruppe kennen und kann Lösungen für ihre Probleme vorschlagen. Bei richtiger Diskussion entwickelt sich gegenseitiges Verständnis. Echte Gruppendiskussionen machen Spaß und können Halt geben!

Die Erfahrung lehrt, daß die Gruppenaussprache das Verhalten eines Kindes oft wirksamer beeinflußt als ein Gespräch unter vier Augen. Davon abgesehen ist Interaktion innerhalb der Gruppe natürlich auch für die Meinungsbildung äußerst förderlich.

Ein Lehrer erreicht in einer absolut aufgeschlossenen Klassenzimmeratmosphäre am meisten, denn Kinder fühlen den Unterschied zwischen dem, was nur Pose ist, und dem ehrlichen Bemühen, den Menschen in entscheidenden Fragen bei der Lösung ihrer Probleme zu helfen. Der Lehrer sollte zwar für alle Bemerkungen der Diskussionsteilnehmer – seien sie positiv oder negativ – aufnahmebereit sein, andererseits aber sollte er der Aussprache nicht einfach freien Lauf lassen, sondern die Diskussion so steuern, daß ein Problem von Grund auf deutlich und eine Lösung dafür gefunden wird. Dies erfordert vom Lehrer Spontaneität und die innere Freiheit, die nötig ist, um unterschiedliche Meinungen tolerieren zu können.

IX. Probleme im Ermutigungsprozeß

Wir sind uns darüber einig, daß Ermutigung notwendig ist. Die meisten Erziehenden, seien es nun Lehrer oder Eltern, werden versuchen, ihren Kindern die so wichtige Ermutigung zuteil werden zu lassen. Doch ganz gleich, wie groß ihre Bemühungen sind, manchmal versagen sie trotzdem, oft ohne es zu erkennen. Meist erkennen sie nicht einmal die großen Hindernisse, die in ihnen selbst ebenso wie in ihrer Einstellung zum Kind liegen und die ihre besten Absichten vereiteln. Oft wissen sie nicht, *wie* man ermutigt; auch wenn sie es gelernt und eine klare Vorstellung vom Ermutigungsvorgang als solchem haben, fällt die Anwendung der Ermutigung dennoch schwer. Ein »Handbuch für Ermutigung« muß sich deshalb unbedingt mit den in fast jedem von uns schlummernden hemmenden Kräften befassen, die einer Ermutigung entgegenwirken.

Die autoritäre Haltung

Wie schon erwähnt, stützen sich unsere Umgangsmethoden mit Kindern auf eine Tradition, und unsere Tradition ist autoritär geprägt. Traditionsgemäß sah man jeden Mangel, jedes Versagen als eine Zuwiderhandlung gegen Gesetzesansprüche und -Verpflichtungen an, die von den Gründern dieser Gesetze nicht geduldet wurden. Ermutigung wurde nur solchen Kindern zuteil, die ihren guten Willen zeigten, indem sie ihre natürlichen, auf Mangel an Erfahrung zurückzuführenden Unzulänglichkeiten zu verbessern suchten. Ein entmutigtes Kind, das aufgab, galt als widerwillig und widerspenstig. Es verdiente Strafe, keine Ermutigung. Unsere Bereitwilligkeit, die Fehler anderer zu entdecken, zu erniedrigen, zu vergelten, zu beschämen, zu mahnen, ist das Resultat dieser Tradition; doch wenn es auf Ermutigung ankommt, versagen wir.

Diese autoritäre Haltung ist es, die sogar fortschrittlich und auf Basis der Gleichstellung Erziehende daran hindert, einzusehen, daß die Methode der Belohnung und Bestrafung überholt ist, obwohl dies schon vor über hundert Jahren von Herbert Spencer und nach ihm von vielen anderen erkannt wurde. Viele glauben noch immer, man müsse Gewalt anwenden, um Kinder zu erziehen. Unartigen Kindern »muß man es zeigen«, man muß ihnen »eine Lehre erteilen«, man muß »erklären« und »beraten«. Auf keinen Fall dürfen sie ohne Bestrafung »davonkommen«. Man muß es ihnen »heimzahlen«. Viele sind tatsächlich vom erzieherischen Wert solcher Methoden überzeugt, ja, sie halten sie für eine der wesentlichen Grundlagen der Kindererziehung.

Unser soziales Klima

In unserer modernen Leistungsgesellschaft mit ihren Konkurrenzbestrebungen tritt der Hang, andere zu degradieren und zu erniedrigen, nach wie vor zutage. Steht in diesem Konkurrenzkampf Mann gegen Mann oder Frau gegen Frau, so ist der Kampf um so härter, je enger das Verhältnis ist. Einer fühlt sich vom anderen bedroht, und sobald wir unser Prestige gefährdet sehen, reagieren wir mit einem Demütigungsversuch. Tatsache ist, daß wir uns sehr häufig unsicher und bedroht fühlen und deshalb ständig in Verteidigungsbereitschaft stehen. Da wir uns des eigenen Wertes nie ganz bewußt sind, erhöhen wir unsere eigene Person dadurch, daß wir die Fehler von anderen hervorheben. Wir suchen die Defizite unserer Mitmenschen, ohne uns einzugestehen, daß dieses Bestreben weniger unserem Willen zu helfen, sondern unserem Bemühen, besser als der andere zu sein, entspringt.

Diese Einstellung herrscht leider auch in vielen Familien. Obwohl sich alle Familienmitglieder aufrichtig lieben, versu-

Probleme im Ermutigungsprozeß 171

chen sie ihre Würde und ihren Selbstrespekt auf Kosten der anderen zu erhalten, indem sie versuchen, andere Familienmitglieder zu dominieren. Es ist einfach eine Frage des Gewinnens oder Verlierens. »Entweder: Du bist mir überlegen, was für mich unerträglich ist, oder: Ich bin dir überlegen und muß es dir zeigen.« Dies zeigt sich im Verhältnis zwischen Vater und Mutter, Bruder und Schwester, und vor allem zwischen Eltern und Kindern. So scheint es nur natürlich, daß jeder versucht, sich den Anschein der Überlegenheit zu geben, indem er irgend etwas vollbringt. Sobald er jedoch den Weg zur Überlegenheit und zu höherer Leistung versperrt sieht, zögert er nicht, sich auf die »nutzlose Seite« zu schlagen und durch Trotz und Versagen Bedeutung und Macht zu gewinnen.

Das Verhältnis zwischen Lehrern und ihren Schülern ist oft ähnlich. Solange es ihnen gelingt, mit ihrer Klasse eine Atmosphäre der Zusammenarbeit aufrechtzuerhalten, kommt der Kampf um Macht und Überlegenheit nicht zum Ausbruch. Doch es gibt wenige Lehrer, die nicht zumindest einen Teil der Klasse gegen sich haben. Oft ist das Verhältnis so, daß über die Hälfte der Klasse seine Überlegenheit, seine Macht und seine Autoritätsstellung nicht anerkennt. Lehrer sehen oft auf ihre Schüler herunter und umgekehrt; sie bekämpfen sich gegenseitig und versuchen mit allen verfügbaren Mitteln zu bestrafen. Der Kampf zwischen den Generationen herrscht fast in allen Familien und in vielen Klassenzimmern.

Muß man sich da wundern, daß wir nicht gerade gerne bereit sind, den Mängeln, die unsere Kinder gegen uns ins Feld führen, wohlwollend zu begegnen? Eltern und Lehrer erkennen nur selten, daß sich ihre Kinder durch ihr Verhalten und Unvermögen gegen sie wenden, daß sie mit ihren negativen Handlungen oft einen Zweck verfolgen, nämlich den des Protests. Die Erwachsenen spüren den Widerstand und sehen es – weit davon entfernt zu ermutigen – als ihre Pflicht an, die »Widersacher« zu unterdrücken. Das Motto »Auge um Auge, Zahn um Zahn!« wird in unserer Gesellschaftsordnung groß geschrieben, und kaum einer ist in der Lage, seinen Mitmenschen als Bruder zu sehen, der Hilfe und Unterstützung braucht. Im Wettrennen um den Platz an der Sonne kämpft jeder gegen jeden, und diejenigen, die sich eigentlich am nächsten stehen sollten, sind durch Abneigung und Feindschaft getrennt. Wie können wir ermutigen, wenn wir einander immer noch beherrschen wollen! Wie können wir helfen, wenn wir im Innersten darauf bedacht sind, die Fehler unserer »Widersacher« zu Hause und in der Schule ja nicht in Vergessenheit geraten zu lassen!

Mut als Voraussetzung

Es ist klar, daß, sobald unser eigener Status bedroht wird, unsere Fähigkeit zu ermutigen begrenzt – wenn überhaupt vorhanden – ist. Das heißt, wir können nur ermutigen, wenn wir von unserem eigenen Wert, von unserer Position überzeugt sind, wenn wir Vertrauen in unsere Fähigkeiten haben. Je mutloser wir selber sind, desto weniger können wir ermutigen. Diese Aussage trifft allerdings nicht generell zu, sondern ist nur auf gewissen Gebieten anwendbar. Ein Lehrer, der in seinem Privatleben mutlos ist und resigniert hat, kann seinen Schülern sehr wohl ein Freund sein und gut mit ihnen auskommen. Unter ihnen ist er sich seines Platzes sicher und braucht sich seine Überlegenheit nicht zu bestätigen. Andererseits ist oft ein erfolgreicher Erwachsener, den man ohne weiteres als fähig und mutig bezeichnen kann, im Umgang mit Kindern hilflos. Sei es, daß sie seine Überlegenheit nicht anerkennen, daß sie seinem Selbstbewußtsein einen Schlag versetzen, daß sie ihn »von seinem Podest herunterholen« – er versucht weiterhin tapfer, seine »Erwachsenenwürde« zu verteidigen, indem er die Kinder herabsetzt. Mit anderen Worten, der Mut, auf den es hier ankommt, hängt von der Selbsteinschätzung des Erwachsenen bei seinem Umgang mit Kindern ab. Ohne Selbstvertrauen kann man weder ihr Vertrauen gewinnen noch sie ermutigen, bzw. Pessimismus ist ein absolutes Hemmnis bei jeglichem Ermutigungsversuch.

Eine pessimistische Lebenshaltung

Ermutigen bedeutet, das Kind seine eigenen Fähigkeiten und seinen Wert erkennen zu lassen. Dies kann nur dann geschehen, wenn man seine starken Seiten kennt, und zwar die tatsächlich vorhandenen, nicht die potentiellen. Der Glaube an die guten Kräfte im Kinde schließt eine pessimistische Lebenshaltung einfach aus. Ein pessimistischer Pädagoge, der von vornherein von der Erfolglosigkeit seiner Bemühungen überzeugt ist, ist zu einer realistischen Bewertung des Kindes überhaupt nicht fähig. Er erwartet von seinen Bemühungen auch keinen Erfolg. Es ist unser Verhängnis, daß wir uns mehr von unseren Erwartungen als von unseren bewußten oder unbewußten Absichten leiten lassen. Ein Pessimist handelt zwangsläufig so, daß seine pessimistischen Erwartungen eintreffen. Anstatt dem Kind zu helfen, provoziert er es, und es wird noch widerspenstiger und lernt nicht dazu.

Der allgemeine, weitverbreitete Pessimismus der Erwachsenen entsteht aus den Niederlagen, die ihnen ihre Kinder bereiten. Die entmutigenden Praktiken, mit denen sie erziehen, sind eine Folge davon, d.h., ihre korrektiven Bemühungen mit unzulänglichen Kindern verstärken das Fehlverhalten, statt es zu verbessern.

Dies lenkt unsere Aufmerksamkeit auf die schwierigste Hürde im Ermutigungsvorgang in Familie und Schule. Ehe Eltern und Lehrer einen ermutigenden Einfluß ausüben können, ist es unumgänglich, daß sie ihren eigenen tiefverwurzelten Pessimismus überwinden, den sie – meist unbewußt – zeigen. Man muß aber zunächst seinen Pessimismus *erkennen,* ehe man ihn überwinden kann.

Viele Erwachsene konzentrieren sich zu sehr auf die Fehler des Kindes; sie nehmen sie zu wichtig und verschwenden zu

174   *Probleme im Ermutigungsprozeß*

viel Energie darauf, sie zu verhüten und zu korrigieren. Es ist viel wirksamer, eine ganz neue Richtung einzuschlagen, indem man die positiven Seiten des Kindes betont und seine Unzulänglichkeiten, zumindest für den Anfang, als gegeben hinnimmt. Wer aber die Fehler und Unzulänglichkeiten eines Kindes als persönliche Beleidigung oder als sichere Anzeichen eines bevorstehenden Verhängnisses betrachtet, kann nicht ermutigen, sondern erreicht genau das Gegenteil.

Lob und Ermutigung: zwei unterschiedliche Dinge

Leider versagt der aufrichtig um Ermutigung bemühte Erwachsene oft, wenn er versucht, seine Anerkennung durch Lob auszudrücken. Zweifellos kann Lob auch ermutigen. Aber nicht immer sieht das Kind das Lob als berechtigt an, sondern es behält vielmehr seine negative Selbsteinschätzung bei. Lob kann auf lange Sicht sogar entmutigend wirken, wenn das Kind sich daran gewöhnt und davon abhängig wird, ohne sich je ganz sicher zu sein, ob es wieder ein besonderes Zeichen der Anerkennung verdient – und es bekommt.

Lob hat zuviel mit Belohnung gemeinsam. Verschiedene wissenschaftliche Studien haben ergeben, daß die Auswirkungen von Belohnung nicht voraussehbar sind und daß Belohnung oft nachteilige Folgen hat. Da das Lob aber die einfachste Art der Ermutigung ist, sollte man es nicht ganz außer acht lassen. Aber man sollte es nicht als einziges Ermutigungsmittel benützen, da es leicht zu einem wirklichen Hindernis auf dem Weg zu dauerhafter Ermutigung werden kann, deren Ziel es ja ist, das Selbstvertrauen des Kindes zu stärken. Wir haben erwähnt, daß die Anerkennung innerhalb einer Gruppe viel wirksamer ist. Wer die Gruppe als »Ermutigungsfeld« negiert, bringt sich um eine weitere Möglichkeit wirksamer Ermutigung. Indem man einem Kind individuelles Lob erteilt, verstärkt man oft in der Tat seine feindliche Sonderstellung in der Gruppe und wirkt dadurch dem an sich guten Effekt des Lobes entgegen.

Unaufrichtigkeit

Echte Ermutigung hängt nicht von einer Reihe bestimmter Handlungen ab, obwohl die richtige Art zu handeln wichtig ist und auch erlernt werden kann, sondern von der dahinterstehenden Aufrichtigkeit, eine Eigenschaft also, für die Kinder besonders dankbar sind und die Lehrern wie Eltern leider so oft fehlt. Das Kind hat ein sicheres Gefühl dafür, ob wir wirklich an es glauben oder es nur vorgeben, ob wir ihm auf die Schulter klopfen, weil wir glauben, daß es sich so gehört, oder aus einem aufrichtigen Mitgefühl heraus. Ein Kind fühlt, ob wir seine Entmutigung und Verzweiflung mit ihm fühlen und ehrlich bemüht sind, ihm herauszuhelfen. Heute wird viel über den »echten Ton« Erwachsener geredet. Wir sprechen von Liebe und Zuneigung – beides Gefühle, die nicht immer nötig oder möglich sind und die sogar, wenn sie tatsächlich vorhanden sind, durchaus keine Garantie für einen ermutigenden Einfluß darstellen. Die Grundlage der Ermutigung ist das ehrliche Verlangen, helfen zu wollen, und zwar weniger als Gefühlsbewegung als vielmehr als klarer Ausdruck einer Absicht. Seltsamerweise akzeptieren Kinder ohne weiteres, wenn man sie hart anfaßt oder aufbraust, solange sie hinter dem offen gezeigten Zorn aufrichtige Hilfsbereitschaft spüren. Wir sind so sehr um Anstand, gute Manieren und Schicklichkeit bemüht, daß wir oft darüber vergessen, wie notwendig Menschlichkeit ist. Wagen wir doch oft nicht, uns so zu geben, wie wir wirklich sind, und in allem, was wir tun, ehrlich zu sein und alle Vortäuschungen guter Absichten fallenzulassen, weil wir fürchten, dem Kind Schaden zuzufügen.

Der Unterschied zwischen einer destruktiven Gegnerschaft und einem konstruktiven Zornausbruch liegt in den Zielen, die sie verfolgen. Wenn der Erwachsene versucht, sein verwundbares Prestige zu retten, ist es ohne Bedeutung, ob er seine Revanche für die Widerspenstigkeit des Kindes in feindseligen Handlungen, in beherrschter Kälte, in Sarkasmus und Spott oder in einem zornigen Temperamentsausbruch ausdrückt. Denn nicht der Wutausbruch richtet den Schaden an, sondern der damit verfolgte Zweck. Ein Lehrer, der redlich versucht, einem Kind zu helfen, und zornig wird, wenn das Kind seine guten Absichten bezweifelt, überzeugt es oft gerade dadurch, daß er wirklich interessiert und von ehrlichen Gefühlen erfüllt ist. Aus diesem Grunde erleben wir bei Kindern oft fast unglaublich positive Reaktionen auf stürmische Gefühlsaufwallungen eines Lehrers. Kinder und auch Erwachsene können oft harte Worte hinnehmen, ohne sich verletzt zu fühlen, wenn sie ehrliche Sorge und das Verlangen zu helfen ausdrücken.

Manchmal ist der Pädagoge so sehr auf die Verbesserung des augenblicklichen Leistungsstandes seiner Klasse und auf die Erreichung des Klassenziels fixiert, daß er lediglich um seines eigenen Rufes willen Druck ausübt, der bis zur Bestechung gehen kann. In unseren Familien und Klassenzimmern herrscht ein Ränkeschmieden, bei dem die Kinder meist die Erwachsenen bei weitem schlagen. Statt uns zusammenzutun, das Problem gemeinsam anzupacken und unseren wirklichen Gefühlen Ausdruck zu geben, leben wir in einer Scheinatmosphäre »guter« Absichten, die eben leider gar nicht gut sind, sondern in Wirklichkeit Schuldgefühle ausdrücken. Dagegen kann bei einem ehrlichen Verhältnis zwischen Lehrer und Schülern jede Handlung und jede Entscheidung ermutigend sein, denn beide Seiten stehen hier dem gleichen Problem als Partner gegenüber, beide sind um die Möglichkeiten einer Lösung bemüht und respektieren sich gegenseitig in einer Freundschaft, in der Gut und Böse, Überlegenheit und Unterlegenheit, Erfolg und Versagen ihre Bedeutung als »Waffe« verlieren. Das größte Hindernis zu ehrlicher und dauerhafter Ermutigung liegt im Unvermögen der Eltern und Lehrer, sich mit ihren Kindern als gleichwertige Partner zu treffen und ihre gemeinsamen Probleme, Schwierigkeiten, ihre gegenseitigen Feindseligkeiten und Enttäuschungen offen zu besprechen. Ist dieser Schritt einmal getan, lernt das Kind seine Fähigkeiten richtig einzuschätzen, es vermag seinen Einfluß auf andere zu erkennen und seine Verantwortlichkeit zu akzeptieren. Dies zu erreichen ist die tiefste Form von Ermutigung für Kinder und für Erwachsene.

Wie ist der Ermutigungprozeß durchsetzbar?

Erwiesen ist, daß kulturelle Umstände, traditionelle Auffassungen und individuelle Neigungen eine vollständige Anwendung des Ermutigungsprozesses im Rahmen unserer erzieherischen Praktiken unwahrscheinlich, wenn nicht gar unmöglich, machen. Statt uns als Konsequenz aus diesen Grenzen einfach mit Schuldgefühlen zu begnügen, sollten wir die Probleme, unter denen wir bei der Erfüllung unserer erzieherischen Pflichten alle leiden, erkennen und akzeptieren. Einigen fällt es leicht zu ermutigen; andere werden zugeben, daß sie Schwierigkeiten haben. Vielleicht versagen sie auch ganz. Wichtig ist, daß jeder gewillt ist, die Dinge real zu sehen, statt sich Wunschträumen über seine Fähigkeiten und besonders über seine guten Absichten hinzugeben. (Übrigens wären sich die Menschen ihrer wirklichen Absichten mehr bewußt, wenn ihnen die Funktion von Schuldgefühlen geläufig wäre. Schuldgefühle, wie wir sie verstehen, sind ein Ausdruck der guten Absichten, die wir *nicht* haben. Deshalb haben wir allen Grund, unsere wirklichen Absichten immer dann skeptisch zu betrachten, wenn wir dabei »Gewissensbisse« verspüren.)

Daß die Anwendung von Ermutigung immer mehr an Raum gewinne, ist deshalb ein Ziel, auf das wir alle zustreben sollten, auch wenn es unter den heute gegebenen Voraussetzungen die meisten von uns nur teilweise erreichen werden. Statt uns aber von dieser Tatsache entmutigen zu lassen, vor allem dann, wenn wir Zeuge unseres eigenen Versagens bei einem Ermutigungsversuch sind, wäre es klüger, diese unvermeidliche Konsequenz unseres kulturellen Handicaps zu akzeptieren. Der *Mut zur Unvollkommenheit* ist die Voraussetzung für Wachstum; wenn wir versuchen, mehr zu leisten, als wir eigentlich können, und nicht gewillt sind, unsere Fehlschläge und Mängel ohne Murren zu akzeptieren, sind Pessimismus und Demoralisation unvermeidlich. Doch wenn uns eine Verbesserung, und sei sie auch noch so klein, freut, wenn wir einen kleinen Fortschritt genießen können, dann werden wir menschlich wachsen und immer mehr erreichen. Statt aufs Geratewohl anzunehmen, daß wir unsere Kinder »selbstverständlich« ermutigen, was oft völlig aus der Luft gegriffen ist, sollten wir einsehen lernen, wie weit unsere Erziehungsmethoden von wirklicher Ermutigung entfernt sind. Wenn wir das erkannt haben, können wir die Tür zu neuen Erfahrungen für uns und unsere Schützlinge öffnen. Das aber würde eine Veränderung unserer gesamten pädagogischen Atmosphäre bedeuten.

Dies bringt uns zum entscheidenden Punkt. Wir sind Teile einer allgemeinen kulturellen und pädagogischen Ordnung, der wir nicht entweichen können, aber wir sind nicht verpflichtet, die vorgegebenen Umstände nicht zu hinterfragen oder zu ändern. Indem wir unsere eigene Einstellung ändern, werden wir nicht nur bessere Erziehende; indem wir unsere Arbeitsmethode verbessern, verbessern wir auch die Gesellschaft um uns herum. Jeder von uns steht an der Grenzmarke für eine neue Gesellschaftsordnung und bereitet den Boden für ein neues Verhältnis zwischen Erwachsenen und Kindern. Mit anderen Worten, indem wir lernen, unsere Kinder ermutigend zu beeinflussen und ihnen dadurch bei ihren Schwierigkeiten zu helfen, bewirken wir gleichzeitig noch viel mehr: Wir verändern die Klassenzimmeratmosphäre, damit »Lernenmüssen« ein »Lernendürfen« wird. An unserer eigenen Entwicklung zu arbeiten ist deshalb der beste Beitrag, den wir für unsere Zeit und unsere ganze Gesellschaft leisten können.

Wir als Erziehende, Eltern wie Lehrer, tragen die Verantwortung für das wertvollste Gut unserer Gesellschaft: die nächste Generation. Heute sehen wir uns um so mehr der drin-

Probleme im Ermutigungsprozeß

genden Frage gegenüber, ob es uns gelingen wird, sie zu fähigen und verantwortungsbewußten Menschen zu machen, oder ob wir warten müssen, bis die Jugend selbst ihr Recht auf Führung und Erziehung einfordert. Unserer Meinung nach wird diese Frage davon abhängen, inwieweit es uns gelingt, die strafenden und fehlerhaften Erziehungsmethoden auf ermutigende Praktiken umzustellen, die für all jene von Nutzen sein werden, die bisher auf ihrer Suche danach erfolglos blieben.

X. Fallstudien

Die komplizierte Natur des Ermutigungsvorgangs wird deutlich, wenn Lehrer einzelne Begebenheiten zur Analyse vortragen. Kaum ein Lehrer wird bestreiten, daß Ermutigung stets notwendig ist, und jeder wird bemüht sein, seinen Schülern diese Ermutigung zu geben. Wenn man die Lehrer aber dann nach Beispielen ihres ermutigenden Einflusses fragt, wird die Schwierigkeit offensichtlich: Viele, die die Ermutigung anwenden, können keinen Erfolg verzeichnen. Nur wenige der gegebenen Beispiele zeigen wirkliche Ermutigung; die meisten sind bestenfalls unter dem Gesichtspunkt des guten Willens zu werten.

Die Beispiele aus diesem Kapitel wurden von Teilnehmern unseres Lehrgangs geliefert. Einige wenige sind hervorragend, die meisten lediglich relevant, einige gingen total daneben. Die Schwierigkeit, die sich bei der praktischen Anwendung der Ermutigung herausgestellt hat, ist einer der Gründe für unseren Vorschlag, regelmäßiges »Ermutigungs-Training« in den Lehrplan der Lehrerbildungsstätten aufzunehmen. Jeder Teilnehmer sollte den Kursmitgliedern eine Serie von Beispielen zur sorgfältigen Bewertung vorlegen. Wenn die Beispiele jedes einzelnen gründlich studiert worden sind, wird jeder Teilnehmer ein besseres Bild von den Möglichkeiten der Ermutigung haben und klarer erkennen, was er selbst tun kann.

Wir beginnen mit einigen weniger relevanten Beispielen und kommen dann zu den wirksameren Beispielen für Ermutigung. Die Vorgänge in den letzten sechs Beispielen haben wir nicht besprochen und analysiert. Der Leser wird also Gelegenheit haben, diese Beispiele selbst zu bewerten. Die Bedeutung einiger Vorgänge ist deutlich erkennbar. Verschiedene Bei-

182   *Fallstudien*

spiele sind sehr simpel, mit unkomplizierten Ermutigungsvor-
gängen, während andere etwas raffinierter sind und Verständnis für die psychologischen Hintergründe erfordern. Unsere
Kommentare zu vielen Beispielen werden nicht mit dem Eindruck des Lesers übereinstimmen. Wir haben lediglich versucht, auf Erwägungen hinzuweisen, die aufschlußreich und
von Belang sind. Unsere Bewertung dieser Beispiele ist keinesfalls als die einzig mögliche anzusehen. Wichtiger für uns war,
den Leser durch diese Beispiele zum Nachdenken anzuregen,
die Entwicklungsmöglichkeiten der Ermutigung zu erforschen
und etwaige »Fallen« zu erkennen.

Beispiel 1: Etwa einen Monat nach Schulbeginn kam Nelly in mein
Büro. Sie war unglücklich und unzufrieden. Während unserer Unterhaltung stellte sich heraus, daß sie in ihrer Grundschulklasse die Beste
gewesen war, während sie in der ersten Klasse der weiterbildenden
Schule jetzt nur mittelmäßig war und auch keinen Versuch unternahm, sich zu verbessern.

Ich half ihr zu verstehen, daß der Wettkampf nun stärker war.
Schließlich traf sie mit den besten Schülern vieler Schulen zusammen,
während sie vorher nur innerhalb ihrer eigenen Gruppe konkurrierte.
Ich besprach ihre Position als »mittlere« Schülerin unter vielen her-
vorragenden, verglichen mit der »besten« unter einigen wenigen.

Ich glaube, daß ich Nelly durch unsere Besprechung dazu ermutigte, zu arbeiten und auf ihre sogenannten Mittelleistungen stolz zu
sein, statt aufzugeben und damit gar nichts zu erreichen.

Eine seltsame Art der Ermutigung. Die Lehrerin versuchte, das
Kind zu überzeugen, daß es stolz sein könne, obwohl gar kein
Grund dazu vorhanden war, statt zu versuchen, das Bedürfnis,
stolz zu sein, ganz und gar auszuschalten. Sie wollte das Kind
überzeugen, es könne mit seiner Stellung zufrieden sein. Aber
eine neue Art von Stolz zu übernehmen macht die Situation
nicht besser. Man muß den Wert dieser Unterhaltung für die
Verbesserung der Einstellung des Mädchens sehr anzweifeln.

Fallstudien 183

Beispiel 2: Die meisten Fußballtrainer sind sich heute darüber einig, daß etwa 70 Prozent des Spiels aus Verteidigung besteht. Trotzdem geben die meisten Trainer ihren Mannschaften den Eindruck, die Angreifer stünden an erster, die Verteidiger an zweiter Stelle. Dies trifft vor allem auch auf die Reportagen der Presse zu. Unserer Schulmannschaft gelang es nur durch ihre Überlegenheit in der Defensive, die beiden ersten Spiele zu gewinnen; doch die Presse ließ lediglich den Angreifern ihr Lob zuteil werden. Darauf wurde unsere Verteidigung zusehends schwächer, und das »Unentschieden« im folgenden Spiel war reine Glückssache.

Es gelang mir, die Presse dazu zu bewegen, unserer Verteidigung mehr Platz einzuräumen und eine Statistik der Defensive zu drukken. Das Resultat war eine deutliche Verbesserung unserer Verteidigungsmannschaft; wir verloren während der ganzen Saison nur ein Spiel.

Hier wird sehr deutlich, wie schwer es ist, Ermutigung in ihrer wesentlichen Bedeutung zu erkennen, und wie wichtig, nicht jede Verbesserung auf Ermutigung zurückzuführen. Man könnte einfach sagen, das Verteidigerteam wurde durch die Pressenotiz ermutigt. Aber war das wirklich Ermutigung? Zwar zeigten die Verteidiger bessere Leistungen und trugen dadurch zum Sieg der Mannschaft bei. Aber welcher Preis wurde dafür bezahlt! Der Trainer versäumte eine ausgezeichnete Gelegenheit, seinen Spielern die ausschlaggebende Einschätzung ihrer Leistungen und einen gesunden Mannschaftsgeist zu lehren. Er bestärkte im Gegenteil die falsche Einschätzung und machte seine Sportler dadurch nur anfälliger. Er erkannte den offensichtlichen Irrtum seiner Haltung nicht, daß nämlich der Spieler einer Mannschaft nur dann sein Bestes gibt, wenn er dafür persönliche Anerkennung erlangt. Es wäre für alle Mannschaftsmitglieder viel ermutigender gewesen, wenn er die Unwilligkeit der Verteidiger dazu benutzt hätte, die Bedeutung von Sportgeist und Zusammenarbeit mit Verzicht auf persönlichen Ruhm zu diskutieren. Statt dessen förderte er nur das fal-

184   *Fallstudien*

sche Motiv im Streben nach guten Leistungen nach dem Motto:
eigenen Ruhm auf Kosten anderer.

Die besondere Anerkennung der Verteidiger in der Presse
erhöhte ihr Selbstvertrauen oder ihr Wertgefühl in keiner
Weise. Es wurde lediglich ihre Eitelkeit befriedigt. Das Ganze
hatte nichts mit Ermutigung zu tun. Dieses Beispiel zeigt vielmehr deutlich den Unterschied zwischen Ermutigung und
Lob, zwischen wahrem Sportsgeist und Erfolgshascherei.

Beispiel 3: Douglas war sechseinhalb Jahre alt, als man ihn von der
1. Klasse zurück in den Kindergarten schickte, weil er in der Schule
nicht mitkam. Gleich nach dieser Versetzung begann er, jeden, der
ihm in den Weg kam, zu schlagen. Er kündigte an, daß er nicht mit
»Kindergarten-Babys« spielen würde. Die kleineren Kinder verstanden ihn nicht und versuchten, mit ihm zu spielen. Er war viel größer
und stärker als sie. Ich wußte nicht genau, was ich mit ihm anfangen
sollte. Schließlich löste ich das Problem, indem ich Douglas zum
»Leiter« der Spiele im Freien ernannte. Er war sehr geschickt beim
Murmelspiel und Seilhüpfen – beides Spiele, die die meisten der kleineren Jungen nicht besonders gut beherrschten. Ich bat ihn, seinen
Kameraden dabei zu helfen, damit wir den Erstkläßlern zeigen
konnten, wie gut »Kindergarten-Babys« wirklich waren. Douglas
war ein sehr bereitwilliger »Lehrer«; er hatte Geduld und Verständnis für die anderen Jungen und strahlte von einem Ohr zum anderen, als er den Erstkläßlern das Können seiner Gruppe vorführen
konnte. Seitdem hatte ich in der Spielstunde keine Schwierigkeiten
mehr mit ihm.

Die Lehrerin benutzte Douglas' Wunsch nach Überlegenheit
und sein Prahlertum und führte ihn einer nützlichen Betätigung zu. Sie sagt leider nicht, ob der Junge sich auch dann noch
gut verhielt, als er nicht mehr vorn stehen und prahlen konnte.
Dies wäre dann nämlich ein sicheres Zeichen für echte Ermutigung gewesen. Interessant wäre auch zu wissen, ob sie sich
dieser Frage bewußt war, da sie ja selbst stolz war, als Douglas

Fallstudien 185

mit seinen Schützlingen prahlte, und sie ihn offenbar noch
darin unterstützte. Jedenfalls löste sie das Problem der Streite-
rei auf dem Spielplatz. Erreichte sie aber gleichzeitig die Mitarbeit des Jungen auf anderen Gebieten? Es wäre leicht möglich,
obwohl sie nur von der Verbesserung der Spielplatzsituation
berichtet. Hier wird deutlich, daß es großer Sorgfalt bedarf, um
die ermutigende Wirkung einer wirksam scheinenden Maßnahme zu sichern.

Beispiel 4: Joe ist in der 8. Hauptschulklasse, zu groß für sein Alter,
aber trotzdem gut proportioniert. Seine Mitschüler hänselten ihn oft
und machten sich über seine Größe lustig. In der Mittagspause
spielte er nie mit Jungen seines Alters, sondern nur mit Jungen der 5.
und 6. Klasse, die er anführen konnte und die zu ihm aufsahen.

Als ich ein Sport- und Spielprogramm für die Mittagspause auf-
stellte, fragte ich Joe, ob er die Verantwortung für die nötigen Geräte
übernehmen wollte. Ich beauftragte ihn, dafür zu sorgen, daß alles
für die Mannschaften der 7. und 8. Klasse Notwendige vorhanden
und für die Spiele bereit war, und bat ihn, als Schiedsrichter zu fungieren. Er übernahm den Dienst und erledigte alles zur Zufriedenheit.
Der Spott seiner Klassenkameraden legte sich, und Joe verlor sein Interesse am Spiel mit jüngeren Schülern.

Der Lehrer war erfolgreich darum bemüht, dem Jungen einen
Platz unter seinen Altersgenossen zu verschaffen. Allerdings
muß man seine Ziele ebenso wie die Auswirkungen seiner Bemühungen in Frage stellen. Eigentlich hatte er nur dadurch Erfolg, daß er die falsche Annahme des Jungen, eine Sonderstellung einnehmen zu müssen, unterstrich. Man kann auch die
Vermutung des Lehrers, der Junge sei nur wegen seiner Größe
verspottet worden, in Frage stellen. Vielleicht hat seine Größe
nur zu seiner Überzeugung beigetragen, daß er etwas Besonderes sei. Und vielleicht war es eine gewisse Wichtigtuerei, die
seinen Alterskameraden mißfiel und die ihn jüngere Spielka-
meraden wählen ließ. Der Lehrer hat dieser Neigung nicht ent-

186 *Fallstudien*

gegengearbeitet, sondern Joes falsches Ziel selbst in Anspruch genommen. Trotz des Erfolgs – was die Anpassung an seine Altersgenossen betrifft – muß man die Resultate auf längere Sicht bezweifeln. Der Lehrer half Joe nicht, sein Ziel als falsch zu erkennen, sondern unterstützte ihn. Dadurch wurde er vielleicht noch verwundbarer, denn er kann ja nicht immer eine Sonderstellung einnehmen.

Beispiel 5: Als Lucas in meine neunte Klasse für Englisch eintrat, kam er von einem Erziehungsheim, in das er geschickt worden war, weil er einem Lehrer eine Schultasche auf den Kopf geschlagen und Geld gestohlen hatte. Er ignorierte nicht nur alles, was ich sagte, und weigerte sich, Aufgaben zu machen, sondern begann gleich am ersten Tag, den Unterricht zu stören. Er war absichtlich unpünktlich, brachte mindestens zweimal in der Woche Pornohefte mit in den Unterricht, zündete sich einmal eine Pfeife an, zeigte seinen Mitschülern Aktfotos und lieferte während der Bibelstunde eine zweideutige Version einer Geschichte aus dem Alten Testament.

Meine Reaktionen waren gespalten. Jedesmal, wenn Lucas mich besonders empörte, schickte ich ihn ins Büro des Schulleiters. Und wenn ich mich bemühte, mit ihm auszukommen und ihm zu helfen, versuchte ich ihn auf meine Art zu ermutigen. Ich unterhielt mich nach dem Unterricht mit ihm über seine Lieblingsbeschäftigungen und rief ihn während des Unterrichts auf, um mein Vertrauen in ihn zu zeigen. Manchmal bat ich ihn, kleine Besorgungen für mich zu machen. Nichts schien zu helfen; er setzte seine Ungezogenheiten fort. Die Schulverwaltung lehnte es ab, etwas zu unternehmen, was mich noch mehr entmutigte. Was mir als äußerst problematisch erschien, wurde in Lucas' Fall als gar nicht so schlimm angesehen. Die Schulverwaltung besprach sich mit dem Jugendamt, und man teilte mir mit, daß Lucas weder der Schule noch meiner Klasse verwiesen werden würde. Schließlich tröstete ich mich damit, daß jeder Beruf naturgemäß ein paar besonders unangenehme Probleme mit sich bringt und daß Lucas wohl mein Problem war. Als wir im Unterricht gerade Shakespeare behandelten, nahm ich mir vor, ihn so zu neh-

Fallstudien   187

men, wie er war, und ihn einfach zu ertragen. Ich schickte ihn nicht
mehr zum Schulleiter und schalt ihn nicht mehr; er konnte tun, was
er wollte, solange er nur mir, den Mitschülern oder dem Schulge-
bäude keinen Schaden zufügte. Zur selben Zeit begann er etwas
Neues: Er schrieb Obszönitäten auf sein Pult. Ich hielt mich an meinen neuen Grundsatz und sagte kein Wort zu ihm. Ich bat ihn auch
nicht, sein Pult zu säubern, sondern verbrachte selbst jeden Tag
nach Schulschluß 5 bis 10 Minuten damit, seine Schreibtischplatte
zu schrubben. Sein Spind war im Flur gleich bei der Tür, und ich bin
sicher, daß er mich manchmal bei meiner Arbeit an seinem Pult beobachtete. Ich tat es ungefähr eine Woche lang. Da kam Lucas eines
Tages zu mir und sagte, er finde Shakespeare gut und habe zum
erstenmal im Leben den Wunsch, etwas zu lernen. Er wandte sich
Shakespeare zu und beschäftigte sich mit einem Stück so, daß es zu
einer Vier reichte. Er hörte auf, sein Pult zu beschmieren und sein
Verhalten im Klassenzimmer besserte sich zusehends. Ich behandelte ihn weiterhin nach meinem Grundsatz und lobte ihn nicht,
denn er sollte nicht den Eindruck bekommen, sein Verhalten sei
besser als das allgemein Erwartete. Neun Wochen lang konnte Lucas seine Vier halten, und wahrscheinlich hätte er das Schuljahr
erfolgreich beendet, wenn man ihn nicht wegen einer Verletzung
seiner Bewährungsbestimmungen ins Erziehungsheim zurückgeschickt hätte.

Die Maßnahme des Lehrers war offensichtlich wirksam – aber
war es Ermutigung? Er tat zwei verschiedene Dinge: Er hörte
auf, den Jungen weiter zu entmutigen, und er nahm ihm das
Erfolgsgefühl bei seinem Widerstand gegen die Lehrer. Der
Junge sah ein, daß die Obszönitäten auf seinem Pult ihren Sinn
verloren, wenn sie keiner bemerkte. Und die Bereitwilligkeit
des Lehrers, das Pult zu säubern, war ein offenes Zeichen der
Freundschaft – er arbeitete für ihn. Als Gegenleistung begann
er im Unterricht mitzuarbeiten. Der wichtigste Teil der erfolgreichen Bemühung des Lehrers war die Änderung seines Verhaltens dem Schüler gegenüber. Statt die Rolle der strafenden

188   *Fallstudien*

Autoritätsperson weiterzuspielen, wurde er ein Freund. Der
Erfolg setzte ein, als er sich dazu entschloß, den Schüler so zu
nehmen, wie er war.

Beispiel 6: Justin wurde vom Schulleiter meinem Erdkundeunterricht
zugeteilt, obwohl Erdkunde Wahlfach ist. Sein schlechter Ruf ging
weit zurück; er war pflichtvergessen, seine Leistungen waren schlecht,
und er schwänzte den Unterricht.

Eigentlich nahm er nur an Wahlfächern teil, denn seine Leistungen im Lesen und Schreiben wie auch sein Begriffsvermögen waren mangelhaft. Schon am ersten Tag wurde klar, daß er rebellierte und nur widerwillig in meine Stunde kam. Ich wußte, daß es hoffnungslos war, vernünftig mit ihm zu reden; denn das hatte man schon während der letzten neun Schuljahre versucht. Außerdem war er für seine Albernheiten und Witzeleien bekannt, mit denen er viele seiner Lehrer zermürbt hatte. Also beachtete ich ihn gar nicht. Ich setzte ihn in die letzte Reihe, damit er seine Mitschüler nicht so leicht ablenken konnte. Seine Leistungen im Lesen waren so weit unter dem Klassendurchschnitt, daß ich für ihn einen besonderen Maßstab anwenden mußte. Er beendete nie eine Aufgabe, ja, er versuchte es nicht einmal. In der dritten Woche stellte ich mündliche Aufgaben. Justin war natürlich nicht interessiert. Doch als er merkte, daß jeder der Schüler einige Zeit in der Schulbücherei verbringen durfte, um sich vorzubereiten, bat auch er um eine Aufgabe. Ich gab ihm eine Aufgabe, genau wie jedem anderen Schüler, wagte aber nicht, auf ein Resultat zu hoffen. Als die Schüler ihre Berichte vortrugen, nahm Justin an den Klassendiskussionen teil; als ich ihn aufrief, stand er auf und gab seinen Bericht. Das war wohl das erste Mal seit langem, daß er eine Aufgabe zu Ende geführt hatte. Von da an versäumte er nie eine Unterrichtsstunde und lieferte alle Schulaufgaben ab. Obwohl seine Arbeiten schlecht waren, benotete ich sie mit »ausreichend«. Es schien mir, als sei er schon immer in einen Machtkampf mit seinen Lehrern verwickelt gewesen. Als er merkte, daß ich nicht »mitkämpfte«, sondern seine Arbeiten akzeptierte, wurde er ermutigt und arbeitete mit wie alle anderen Schüler.

Fallstudien 189

Der Lehrer hat recht. Justins Gewohnheit, seinen Platz in der Klasse durch Stören und Widerspenstigkeit zu finden, brachte ihm in dieser Klasse und bei diesem Lehrer nichts ein. Auch wenn er nicht mitmachte, erreichte er nichts, weil der Lehrer ihn gar nicht drängte. Also mußte er, nachdem ihm seine Genugtuung auf die bisher übliche Weise nicht zuteil wurde, nach einem neuen Weg suchen, um einen Platz zu finden. Man darf annehmen, daß Justin die Situation abschätzte und wieder versuchte, den Lehrer zu überraschen; diesmal aber nicht mit dem schon von ihm erwarteten schlechten Verhalten, sondern mit lobenswertem. Hier kam eine neue Methode, mit der Schüler und Lehrer sich gegenseitig beeinflussen konnten, zum Einsatz. Während die alte Methode zu wechselseitiger Entmutigung führte, ermutigte man sich nun gegenseitig.

Dieses Beispiel zeigt deutlich, wie ein Lehrer ermutigen kann, indem er einfach von den entmutigenden Methoden seiner Vorgänger abweicht. Dieser Lehrer schalt, drohte und predigte nicht, wie es seine Vorgänger wahrscheinlich getan hatten, und der Junge war ihm dankbar, daß Bedrängung und Strafe nachließen. Vielleicht war sich der Lehrer nicht einmal bewußt, wie positiv er handelte. Man kann annehmen, daß ein Lehrer, der sich den Herausforderungen durch einen Schüler so entziehen kann, auch hin und wieder, vielleicht unbewußt, eine Bemerkung fallenließ, die sein freundliches Interesse an dem Jungen zeigte. Denn sonst hätte der Junge sein Verhalten nicht so leicht geändert.

Beispiel 7: Ungefähr in der Mitte des Schuljahres kam eines Tages kurz vor Schulschluß ein ziemlich verwahrlost aussehender Junge in mein Klassenzimmer geschlittert. (Ich gebe Nachhilfeunterricht im Lesen in einer Hauptschule.) Einen Augenblick lang stand er nur da und sah mich an, ohne ein Wort zu sagen. Ich stand auf und fragte, ob ich etwas für ihn tun könne oder ob er sich vielleicht setzen möchte. Für eine Weile standen wir beide da, dann setzte ich mich an einen Tisch; ein freier Stuhl stand neben mir. Er folgte mir und setzte sich ebenfalls, aber mit seinen Füßen »sprungbereit«. »Könnten wir uns einfach so unterhalten?« waren seine ersten Worte. Ich gab ihm zu verstehen, daß es mir recht sei. Doch er sagte kein Wort, und ich wußte weder, wie er hieß, noch, was er wollte. Schließlich fragte ich, ob er in Herrn M.s Klasse sei, und er nickte zustimmend. Da ich das Gefühl hatte, daß ihn irgendwelche Fragen nach dem Grund seines Besuchs vertreiben würden, schlug ich ihm vor, mir beim Ordnen meiner Kartei zu helfen, womit ich bei seinem Eintreten beschäftigt gewesen war. Wieder nickte er. Ich bat ihn, mir die Karten von meinem Pult zu bringen, und wir arbeiteten schweigend etwa 20 Minuten lang. Dann nannte er mir seinen Namen und fragte, ob er in meine Klasse eintreten könne. Ich erklärte ihm die Bestimmungen für die Zuweisung in meinen Unterricht und sagte ihm, daß er wahrscheinlich nicht für meine Klasse in Frage käme, weil weder sein jetziger Lehrer noch sonst jemand ihn während der letzten beiden Jahre vorgeschlagen habe. Er erwiderte: »Sie haben aber doch schon von mir gehört, oder nicht?« Jeder hatte von ihm gehört – was also konnte ich sagen? Ich bestritt es nicht, sondern schwieg. Da fragte er, was ich über ihn gehört hätte. Ich sagte ihm, der Fachlehrer hätte erwähnt, daß seine technischen Zeichnungen die besten seien, die er bisher von einem Jungen seines Alters gesehen habe. Dies stimmte, und es war wohl das einzig Positive, was man über ihn sagen konnte. Er strahlte und entspannte sich sichtlich – und sagte mir, er habe Schwierigkeiten mit seinen Lehrern und mit seinen Eltern. Er wisse auch, daß er nicht gut (wenn überhaupt!) lesen könne – müßte er nicht eigentlich in meiner Leseklasse sein? Er würde wirklich versuchen, mir keine Scherereien zu machen. Selbstverständlich nahm ich ihn in meinen Unterricht auf, und er arbeitete gut mit und machte beachtliche Fortschritte.

Hier haben wir die Beschreibung einer wirksamen Begegnung zwischen einer Lehrerin und einem schwierigen, entmutigten Schüler. Sie ermutigte ihn, indem sie sein Vertrauen gewann, und behandelte ihn nicht so, wie er es erwartete und gewohnt war. Ihre Voraussicht ließ sie jeden Druck vermeiden. Außerdem fiel ihr noch etwas Gutes über den Jungen ein; als sie es

Fallstudien 191

ihm sagte, wurde er ihr Freund. Dies ist ein sehr gutes Beispiel für eine Lehrkraft mit Einfühlungsvermögen. Es gelang ihr, ein gutes Verhältnis aufzubauen, und es ist anzunehmen, daß dem ersten Schritt weitere kleine Gesten der Ermutigung in ihrer Arbeit mit dem Jungen folgten.

Beispiel 8: Bob, Joe und Mike – seit der 2. Klasse Problemschüler – waren Fünftkläßler, die mir zum Nachhilfeunterricht im Lesen zugeteilt wurden. Nachdem ich in zwei Wochen nicht das geringste erreicht hatte, stellte ich alle Versuche, ihr Interesse am Lesen zu wecken, ein. Statt dessen haben wir uns unterhalten. Ich ließ die Jungen die Themen wählen. Nach ungefähr drei Wochen wurden sie unruhig. Schließlich fragte Bob, wann sie denn mit dem Lesen beginnen würden. Ich erwiderte, wann sie wollten. In der folgenden Woche holten sich die drei Jungen Bücher, die an sich zu schwierig für sie waren, und begannen, sich gegenseitig vorzulesen.

Bei der Bewertung am Jahresende stellten wir fest, daß alle drei Jungen im Lesen mehr als zwei Jahre eingeholt hatten. Noch mehr überraschte uns ein weiterer »Sprung« während der Sommerferien – Bob und Mike hatten je eineinhalb weitere Jahre, Joe ein Jahr eingeholt, wie die Tests zu Beginn des neuen Schuljahres zeigten.

Zweifellos erreichte diese Lehrerin mit den Jungen beachtliche und vielleicht sogar unerwartete Resultate. Aber war die Verbesserung auf Ermutigung zurückzuführen? Es scheint, daß sie dem Machtkampf auf einem Gebiet – in diesem Fall auf dem des Lesens – ein Ende setzte. Sie erwähnt nicht, welche anderen Probleme die Kinder hatten. Aber es ist anzunehmen, daß sie ihren Willen durchsetzten und sich den Anordnungen, die ihnen nicht paßten, widersetzen konnten. Wahrscheinlich waren die Leseschwierigkeiten auf ihre allgemeine Unwilligkeit, zu arbeiten und zu lernen, zurückzuführen. Diese Lehrerin sah ein, daß es nutzlos war, sie zum Lesen zu zwingen. Sie hielt sich aus einem Machtkampf heraus. Sobald die Jungen merkten, daß sie mit ihrem Widerstand nichts erreichten, verlor dieser seinen Sinn. Als nächstes versuchten sie, Ansprüche an den Lehrer zu stellen. Hatte man sie nicht in diese Klasse geschickt, um lesen zu lernen? Nun war ein Anspornen von Seiten der Lehrerin gar nicht mehr nötig. – Die Jungen *wollten* jetzt lesen lernen und fanden plötzlich, daß es eigentlich gar nicht so schwierig war. Vielleicht sahen sie auch ihre Fähigkeiten plötzlich in einem anderen Licht, nachdem der bisher damit verbundene Machtkampf nicht länger nötig und möglich war. Man kann also hier durchaus von »Ermutigung zum Lesen« sprechen, obwohl die Lehrerin das Wort »Lesen« mit keinem Wort erwähnte. Die unerwartete Weiterentwicklung in den Sommerferien, außerhalb des Unterrichts, zeigt, daß das eine Jahr mit dieser Lehrkraft den Jungen eine neue und bessere Vorstellung von ihren Fähigkeiten gegeben hatte.

Beispiel 9: Kim war einer von vier Achtkläßlern in meiner Nachhilfeklasse im Lesen. Seine Leseleistungen entsprachen aber kaum der 4. Klasse (Intelligenzquotient 103). Zwei ältere Brüder von ihm waren in der »Begabten-Klasse«, und Kim selbst schien sich mit der Rolle des Nesthäkchens abgefunden zu haben.

Er war ein liebenswerter, doch am Lesen ganz und gar uninteressierter Junge. Die anderen drei beschäftigte ich mit Aufgaben, die für sie geeignet schienen. Kim fragte mich, was *er* denn tun solle. Ich antwortete, er könne tun, was ihm seiner Meinung nach am meisten helfen würde. Er hatte keine Ahnung, wie er es anpacken sollte, war aber bereit, das zu tun, was ich ihm vorschlug. Also bat ich ihn um Mithilfe bei der Anfertigung von Lesekarten für eine andere Gruppe. Die Lesekarten enthielten größtenteils Wörter, die seiner Lesestufe entsprachen; er konnte also die meisten lesen, jedoch nicht alle. Ich erklärte ihm, wie man die Karten als Spiel benutzen konnte und dabei gleichzeitig lesen lernte. Er fragte, ob ich bei der Ausarbeitung anderer Lesespiele auch seine Hilfe brauchen könne, und ich bejahte es.

Kim kommt diesen Herbst in eine höhere Schule. Seine Leistungen im Lesen sind sehr guter Achtkläßler-Durchschnitt; das Lesen scheint ihm jetzt Spaß zu machen.

Fallstudien 193

Dies ist ein weiterer Fall, der für die erfolgreiche »Umleitung« der Ansprüche eines Schülers spricht, welcher bisher durch schlechte und nun durch gute Leistungen die Aufmerksamkeit auf sich zog. Kim verzögerte seinen Fortschritt im Lesen, damit man sich mit ihm beschäftige. Er wollte Hilfe und Rat, ohne aber selbst dazu beitragen zu wollen. Statt ihn zum Lesen zu zwingen, einem Fach, das ihn bei seinem Eintritt überhaupt nicht interessiert hatte, gelang es der Lehrerin, Kims Interesse auf ihre Arbeit zu lenken. Indem er ihr half, hatte er ihre Aufmerksamkeit; sie beschäftigte sich mit ihm. Nur war es diesmal eine nützliche Beschäftigung, denn sie trieb ihn nicht an, sondern *er* half ihr mit dem Lesespiel. Es machte ihm Spaß, und er lernte unbewußt besser lesen. Jetzt kam sein Überehrgeiz, bedingt durch seine Stellung innerhalb der Familie zum Vorschein. Er tat nicht nur, worum ihn die Lehrerin bat, sondern bot ihr darüber hinaus seine eigenen Ideen für neue Lesespiele an.

Die Lehrerin half dem Jungen, seine Meinung über das Lesen zu ändern. Sie zeigte ihm den Weg zu einem neuen Vergnügen: Lesen machte plötzlich Spaß! Sie baute ihren Ermutigungsvorgang auf dem Verlangen des Jungen nach Beachtung auf. Während man sich vorher mit ihm beschäftigte, um ihn zu fördern, fand er jetzt Beachtung durch seinen eigenen, nützlichen Beitrag zu einer gemeinsamen Arbeit.

Beispiel 10: Ich bin Schulpsychologe. Ein siebzehnjähriger Junge wandte sich mit einem Problem an mich: Er könne keine Entscheidungen treffen. Bevor er sich zu irgend etwas entschlösse, hole er immer den Rat anderer ein und folge dann dem Rat der Mehrzahl. Er war fest davon überzeugt, noch nie eine Entscheidung alleine getroffen zu haben.

Ich wies darauf hin, daß sein Besuch bei mir aus eigenem Entschluß erfolgt war. Er erwiderte, der Berufsberater habe ihm geraten, meine Hilfe zu suchen. Dann erinnerte ich ihn an einige kürzliche Ereignisse. *Er* hatte sich entschlossen, einmal die Schule zu schwänzen, um sein Auto reparieren zu lassen. *Er* hatte entschieden, das Geld für seine Turnschuhe für etwas anderes auszugeben. Und *er* hatte beschlossen, nicht selbst den Entschluß zu fassen, fremde Hilfe in Anspruch zu nehmen. Bei dieser Bemerkung lachte er. Er erkannte plötzlich, daß er jeden Tag Entscheidungen selbst traf. Dies war für ihn der Wendepunkt. Von da an fiel es ihm leichter, Entscheidungen zu treffen und sie auch zu ändern.

Dies war eine wirksame Methode. War es auch Ermutigung? Der Lehrer verhalf dem Jungen zur Einsicht in seine Absichten. Dadurch gab er ihm Verantwortung und die Gelegenheit, sich zu ändern. Ermutigend dabei war wohl die Veränderung seiner Selbsteinschätzung. Er konnte nun nicht mehr behaupten, er sei »unfähig«, eine Entscheidung zu treffen; seine Fähigkeit, selbständig zu handeln, wurde ihm bewußt: eine Folgeerscheinung der Ermutigung.

Beispiel 11: Anne, 14 Jahre alt, wog rund zwei Zentner. Ihre Mitschülerinnen nannten sie »Fettauge«, »Butterfaß«, »Dicke« und ähnliches. Annes Leistungen lagen unter dem Durchschnitt, sie war unordentlich in ihrer Arbeit und äußerlich ungepflegt. Die meiste Zeit saß sie teilnahmslos da. Ich war ihre Musiklehrerin und merkte bald, daß sie eine hervorragende Stimme hatte. Nach den ersten vier Schulwochen stellte ich ein Quartett zusammen: Anne, zusammen mit drei anderen Mädchen der 8. Klasse, die neben ihrer guten Stimme auch sehr attraktiv aussahen und in der Klasse beliebt waren. Es war vermutlich das erstemal, daß Anne Spaß an der Schule hatte, und ihre Leistung war überraschend gut. Während der Proben »mußte« ich ein paarmal das Klassenzimmer verlassen und bat Anne, die Probe zu übernehmen. Sie leitete das Quartett sehr gut. Die vier Mädchen traten von nun an bei Klassenfeiern und anderen Veranstaltungen der Gemeinde auf. Ungefähr in der Mitte des Schuljahres begann Anne sogar, die Ansage bei öffentlichen Auftritten unseres Quartetts zu übernehmen, und es machte ihr viel Spaß. Nun schlossen auch die anderen Achtkläßler Anne in ihre Aktivitäten in und au-

Fallstudien 195

ßerhalb der Schule ein; sie wurde nicht mehr verspottet, sondern spielte in der Klasse eine ganz neue Rolle. Abgesehen von der Musik verbesserten sich auch ihre Leistungen in anderen Fächern, und sie sah jetzt wesentlich gepflegter aus.

Der Lehrerin gelang die Ermutigung durch Hervorhebung der wenigen Vorzüge des Mädchens. Sie nutzte die Gelegenheit, Anne auf ihrem schwächsten Gebiet, der Stellung in ihrer Klasse, zu ermutigen.

Allerdings ist es stets mit einer gewissen Gefahr verbunden, sich nur auf Ermutigung zu verlassen, wenn tiefer liegende Probleme einer fundamentaleren Lösung bedürfen. Es besteht immer die Gefahr, daß die Ermutigung, wenn sie auf falschen Einstellungen und Überzeugungen aufgebaut ist, diese noch bestärkt, auch wenn man, äußerlich betrachtet, Erfolg damit hat. Es ist leicht möglich, daß Anne glaubte, etwas Besonderes sein zu müssen. Die psychologische Bedeutung ihres Übergewichts, ihrer schlechten Leistungen und ihrer Ungepflegtheit sollte nicht unterschätzt werden. Wahrscheinlich wurde ihr gerade ihrer Mängel wegen viel Aufmerksamkeit zuteil. Die Lehrerin gab ihr die Chance, durch positive Leistungen eine Sonderstellung einzunehmen. Mit Kindern, die unbedingt auffallen wollen, sollte man vorsichtig sein; sie erkämpfen sich zumeist um jeden Preis eine Sonderrolle, müssen aber lernen, daß sie auch einen entsprechenden Platz haben können, ohne etwas Besonderes zu sein und ohne Aufmerksamkeit zu erregen. Trotzdem mag Ermutigung nötig sein, um den Schüler überhaupt erst einem konstruktiven Einfluß zugänglich zu machen, bevor dann mit tiefergreifenden Änderungen begonnen werden kann.

Beispiel 12: Helen, 4 Jahre alt, kam am ersten Tag ohne Zögern ins Musikzimmer. Sie setzte sich auf die Bank und steckte ihre Finger in den Mund. Hin und wieder sang sie mit, benutzte aber keine Rhythmusinstrumente. Ich bot ihr ein Instrument an und fragte, ob sie es spielen wolle. Sie nickte, nahm es, legte es neben sich auf die Bank und steckte ihre Finger wieder in den Mund. Während der folgenden Stunden tat sie dasselbe, klopfte jedoch den Takt mit dem Fuß. Nach einigen Wochen deuteten Helens Ausdruck und ihre Bewegungen auf mehr Interesse hin. Als eines Tages das Lieblingsinstrument der Klasse, die Trommel, aus der Reparatur zurückkam, hielt ich sie Helen hin mit den Worten: »Möchtest du ausprobieren, ob die Trommel wieder in Ordnung ist? Jim hat versucht, sie zu reparieren.« Helen nahm die Trommel nur zögernd, griff nach den Trommelstöcken und sah mich an. Ich lächelte ihr zu, sagte aber nichts. Dann begann sie, die Trommel zu schlagen, erst langsam, dann ganz begeistert. Als ein anderes Kind die Trommel bekam, nahm sie ohne Zögern die Glocken und spielte weiterhin mit. Als ich ihr in der folgenden Stunde ein anderes Instrument anbot, zögerte sie zunächst wieder. Ich sah sie freundlich an und sagte nichts; da nahm sie das Instrument und spielte. Von da an spielte sie immer gerne mit.

Helen war ein Kind, das offenbar Ansporn benötigte. Sie wäre wohl noch passiver geworden, wenn die Lehrerin versucht hätte, sie zum Mitmachen zu zwingen. Der wichtigste Punkt in diesem Beispiel ist derjenige, an dem die günstige Gelegenheit genutzt wird, Helen zum Mitmachen zu bewegen. Es genügte nicht, ihr die Trommel, das Lieblingsinstrument der Kinder, anzubieten. Es ist nicht anzunehmen, daß dies allein Helen zum Mitmachen veranlaßt hätte. Die Lehrerin gab ihr gleichzeitig die Aufgabe, die Trommel auszuprobieren. Dies ist ein wichtiger Gesichtspunkt. Allerdings würde solch eine Aufgabe ohne die darauffolgende Bemerkung der Lehrerin, daß die Trommel tatsächlich in Ordnung sei, als List erscheinen. Ob sie es gesagt hat, wissen wir nicht. Das Kind freundlich anzusehen war in diesem Fall Ermutigung.

Beispiel 13: Einer meiner Nachhilfeschüler im Lesen war ein zurückgezogener Junge, der sich immer im Hintergrund hielt. Er war Schüler der 9. Klasse auf der Lesestufe eines Zweitkläßlers. Er besaß die

Fallstudien 197

geistigen Fähigkeiten für die seiner Stufe entsprechenden Leistungs-
vorgaben, aber es schien keinen Weg zu geben, ihn zum Lesenlernen
motivieren zu können. Schließlich fragte ich, ob er mir eine Geschichte diktieren wolle. Ich nahm die Geschichte auf und schrieb sie
dann auf der Schreibmaschine genau so, wie er sie diktiert hatte. Der
Erfolg war erstaunlich. Plötzlich war er daran interessiert, *seine* von
mir geschriebene Geschichte auch zu lesen. Nach einiger Zeit legten
wir einen Ordner für all seine Geschichten an. Er schien erstaunt,
seine Arbeit in solch ordentlicher und akzeptabler Form zu sehen,
und war besonders stolz darauf, seinen Namen unter dem Titel der
Geschichten geschrieben zu finden. Er machte immer mehr Fortschritte.

Hier haben wir ein echtes Beispiel von Ermutigung. Es gelang
dem Lehrer, die Auffassung, die der Junge von Büchern und
Gedrucktem im allgemeinen hatte, zu ändern. Bislang war
Lesen mit unvermeidlichem Versagen verbunden gewesen. Er
hatte eine Abneigung entwickelt und versuchte es wo immer
es ging zu vermeiden. Plötzlich kam er mit dem geschriebenen
Wort in angenehme Berührung, und, was noch mehr bedeutete, es war sein Werk. Statt bedrohend und bedrückend wurde
Geschriebenes und Gedrucktes plötzlich angenehm, ja unter-
haltsam. Es machte ihm Spaß, zuerst seine eigenen »Werke«
und dann auch anderes Material zu lesen. Man kann eine derartige Abneigung gegen Bücher schließlich nicht beibehalten,
wenn man einmal herausgefunden hat, wieviel Spaß Lesen bereiten kann.

Beispiel 14: Louis, der Neuling in meiner 6. Klasse, war dafür bekannt,
daß er den Unterricht in unerträglicher Weise störte. In den vergan-
genen fünf Jahren schien er mehr Zeit außerhalb des Klassenzimmers
als im Unterricht verbracht zu haben. Als er meiner Klasse zugeteilt
wurde, erklärte mir der Schulleiter, wenn es mir gelänge, Louis in der
Klasse zu »ertragen«, statt ihn aufs Rektorat zu schicken, zur Strafe
auf den Flur zu setzen oder Papier und Abfälle im Schulhof auflesen zu

lassen, dann hätte ich meine Pflicht, soweit sie Louis beträfe, erfüllt. Am ersten Schultag fiel mir Louis' Interesse an Schreinerarbeit auf. Eine Stunde später, als ich ihn gebeten hatte, mir beim Aufräumen unseres Zeichen- und Handwerksmaterials zu helfen, merkten wir, daß nicht genügend Platz im Regal vorhanden war, um die verschieden großen Papierbogen unterzubringen. Wir besprachen verschiedene Lösungen und kamen zu dem Entschluß, daß Louis einen Papierhalter entwerfen und bauen müsse. Wir baten den Lehrerkollegen um Hilfe und richteten »Louis' Werkstatt« in einem der Garderobenräume ein. Es war selbstverständlich, daß »Louis' Werkstatt« das ganze Schuljahr hindurch bestehen blieb. Er blieb unter meiner Aufsicht, und ich konnte seine Störversuche im Rahmen des Erträglichen halten.

Ermutigung bedeutet, etwas Positives in einem Kind zu entdecken und zu fördern. Das ist diesem Lehrer gelungen.

Beispiel 15: Ich hatte einen Linkshänder in meiner ersten Klasse, der große Schreibschwierigkeiten hatte. Es war unmöglich, Tommys Schrift zu lesen. Eines Tages hatte ich eine gute Idee. Ich sagte zu ihm: »Schade, daß du nicht einen linkshändigen Lehrer hast, Tommy! Er könnte dir sicher besser helfen, denn er könnte deinen Bleistift genauso halten wie du.« Ich erzählte ihm von einem meiner Freunde, der Linkshänder ist und eine sehr schöne Handschrift hat (das stimmt tatsächlich); und fügte hinzu: »Für ihn ist es wahrscheinlich viel schwieriger, allen rechtshändigen Kindern das Schreiben beizubringen.« Ich lachte, und Tommy lachte auch. Über jeden leserlichen Buchstaben, den er zustande brachte, machte ich eine anerkennende Bemerkung, etwa: »Es wird immer besser, Tommy!« Ich zeigte nur auf die leserlichen und auf der Linie stehenden Buchstaben und beachtete die anderen nicht. Seine Schrift verbesserte sich tatsächlich. Er schrieb zwar nie »schön«, aber seine Schrift war leserlich und einigermaßen sauber.

Diese Lehrerin wandte das Ermutigungsprinzip sehr gut an. Man kann einem Kind den Unterschied zwischen »richtig« und »falsch« zeigen, indem man das Richtige erwähnt und das

Fallstudien 199

Falsche außer acht läßt, aber sie ging noch einen Schritt weiter. Sie erwähnte ihren eigenen Mangel, sich nicht in die Lage der Linkshänder versetzen zu können. Dadurch milderte sie den Tadel von Tommys »Mangelhaftigkeit«. Gleichzeitig wirkte sie der verbreiteten Annahme der Linkshänder entgegen, sie wären im Vergleich zu ihren rechtshändigen Mitschülern »körperbehindert«. Es ist erstaunlich, wieviel Ermutigung ein Lehrer geben kann, indem er einfach seine eigene Unzulänglichkeit zugibt. Dadurch merkt das Kind, daß es nicht erniedrigend ist, Fehler zu haben oder Fehler zu machen.

Beispiel 16: Wegen einer Körperbehinderung konnte Vivian nicht am Sportunterricht teilnehmen. Ihre Eltern hatten ihr demzufolge vorgeschlagen, dem Unterricht ganz fernzubleiben und statt dessen Musikunterricht zu nehmen.

In einer Unterhaltung mit Vivian stellte ich fest, daß sie sich ihrer Behinderung zu schämen schien – sie entschuldigte sich beinahe für ihren »Zustand«. Sie bat jedoch um die Erlaubnis, in der Sporthalle in einer Ecke stehen und zusehen zu dürfen. Vivians Mutter rief mich an und bekundete ihr Erstaunen darüber, daß sich ihre Tochter für den Unterricht interessierte, obwohl ihr die aktive Teilnahme versagt war. In der folgenden Stunde ernannte ich Vivian zur Klassensekretärin. Ihre Aufgabe war es, zu Beginn des Unterrichts die Anwesenheitsliste zu führen, die Entschuldigungsbescheinigungen einzusammeln und schriftliche Mitteilungen zu verteilen. Ich erklärte ihr die nötigsten Arbeiten und ließ sie mir bei meiner schriftlichen Arbeit zusehen. Sie war äußerst überrascht, daß man sie als Mitglied der Gruppe akzeptierte, und gab mehr als einmal ihrem Mangel an Selbstvertrauen Ausdruck. Ich überging ihre Zweifel und ließ sie ihre Aufgaben übernehmen. Als Vivian ihren ersten Fehler machte, wurde eine Abwesenheitsbescheinigung von der Verwaltung an sie zurückgeschickt. Vivian zeigte mir die fehlerhafte Bescheinigung sofort und fing an, sich zu entschuldigen. Meine einzige Bemerkung war: »Steh nicht nur da, tu etwas dagegen.« Ich lachte sie an, sie

200   *Fallstudien*

lachte auch, und ihre prompte Handlungsweise zeigte, daß sie sich
durch einen kleinen Fehler nicht wieder entmutigen lassen würde.
Durch ihre Tüchtigkeit und freundliche Art gewannen sie das Vertrauen der Klasse und wurde bald auch als Schiedsrichterin eingesetzt. Einige Zeit später wurde sie Sekretärin des Sportklubs.

Hier sehen wir die Feinheiten eines Ermutigungsvorgangs.
Aber macht dieser Lehrer nicht den gleichen Fehler wie der in
Beispiel 4? Sind diese beiden Vorgänge sich nicht sehr ähnlich?
Ganz und gar nicht! Der Lehrer im vorliegenden Beispiel gab
dem Mädchen keine Sonderrechte. Sie tat ihre Arbeit für die
Klasse. Erst später wurde sie zum Schiedsrichter gewählt. Außerdem konnte das Mädchen nur durch diese eine Aufgabe
überhaupt an der Stunde teilnehmen, während der Junge in
Beispiel 4 auch ohne Sonderaufgaben hätte teilnehmen können.
Dies ist eine der Feinheiten, die man erkennen muß. Noch
wichtiger ist, daß der Lehrer erkannte, wie schwer es für Vivian
war, Unvollkommenheit zu akzeptieren. Diesen Perfektionis-
mus hatte sie wahrscheinlich mit ihrer Mutter gemeinsam, die
sich auch nicht vorstellen konnte, warum Vivian in einer Klasse
sein wollte, in der sie nicht aktiv mitmachen konnte. Die wirkliche Ermutigung kam nicht nur durch ihren Einsatz trotz der
Behinderung, sondern auch durch die Erkenntnis, daß man
Fehler machen kann, ohne sich dadurch umwerfen zu lassen.
Es scheint, als wäre der Vorfall mit der fehlerhaften Abwesenheitsbescheinigung der Wendepunkt gewesen, wenn auch die
Haltung des Lehrers, Körperbehinderung nicht als Entschuldi-
gung für Fehler gelten zu lassen, bereits den Grundstein gebildet hatte.

Beispiel 17: Livia, eine Schülerin meiner 3. Klasse, von ihrem Eltern-
haus vernachlässigt und von ihren Mitschülern verstoßen, stahl in
der Schule und in den umliegenden Kaufhäusern. Als der Schulleiter
Livia eines Tages wieder einmal aus der Klasse rief, fühlte ich, wie
mutlos dieses Kind war. Auch die Klasse spürte, daß Livia wieder in

Fallstudien 201

Schwierigkeiten war. Während sie draußen war, wandte ich mich an meine Klasse. Ich erklärte ihren Mitschülern, daß das Leben für Livia nicht so leicht sei wie für andere Kinder, um die sich zu Hause ihre Eltern kümmerten. Ich erzählte ihnen vom Besuch einer Lehrerin bei Livias Eltern, die nicht zu Hause gewesen waren, während das Kind sich, über ein altmodisches Waschbrett gebeugt, damit abgemüht hatte, ein Schulkleid zu waschen. Obwohl bisher alle Kinder Livia auf dem Schulhof gemieden hatten und sich während des Unterrichts nur über sie geärgert hatten, schien es mir nun sinnvoll, die Klasse um ihre Mithilfe zu bitten. Ich sagte: »Obwohl auch ich nicht ganz mit Livias Art einverstanden bin, mag ich sie doch irgendwie. Findet ihr sie nicht auch ganz nett?« Meine Klasse antwortete mit einem Ja. Als nächsten Schritt schlug ich vor, Livia zu zeigen, daß wir sie gern haben, »denn vielleicht weiß sie das gar nicht!« Nun zeigte die Klasse beachtliches Interesse und machte Vorschläge, wie man ihr helfen könnte. Einige nahmen sich vor, mit Livia zu spielen. Andere wollten ihr bei den Schularbeiten helfen. Schon am nächsten Schultag stellten wir an Livia eine Veränderung fest. Normalerweise sah sie so verloren, verschüchtert und verschreckt aus. Heute strahlte sie über das ganze Gesicht, als sie nach der Pause Hand in Hand mit einer Mitschülerin ins Klassenzimmer zurückkam. Livias Stehlen hörte auf, und sie hatte mit allen Klassenkameraden bis zum Ende des Schuljahres ein freundschaftliches Verhältnis.

Dies ist ein hervorragendes Beispiel dafür, wie man die Klasse zur Ermutigung einschalten kann.

Beispiel 18: Ich unterrichte Journalismus in der Oberstufe. Jessica kam neu in meine Klasse. Sie war bereits verheiratet und ein Mädchen, das während seiner gesamten Schulzeit wenig Anerkennung erhalten hatte. Sie hatte Schwierigkeiten, Anschluß zu finden, mit Ausnahme einer Klassenkameradin, die sie ganz für sich in Beschlag nehmen wollte. Sie schien wenig Begeisterung für ihre Schularbeit oder für das Leben im allgemeinen aufzubringen. In der ersten Schulwoche arbeitete Jessica so gut wie gar nichts, da ich kein Arbeitspensum vorgeschrieben hatte, sondern mich ganz auf den Einsatz meiner Gruppe für unser Zeitungsprojekt verließ. Ein Beitrag sollte das Thema »Freundschaft« behandeln. Dies erweckte Jessicas Interesse; sie kam zu mir, um zu fragen, was sie darüber schreiben könne. Ich schlug ihr vor, Emersons »Essay on Friendship« zu lesen und in der Bibliothek nach mehr Material Ausschau zu halten. Einige Tage später gab Jessica einen Sonderartikel für unsere Zeitung ab unter dem Titel »Freundschaft«. Ihr Stil war schlecht, aber einige Gedanken waren doch recht gut. Ich machte ihr ein Kompliment für die Gedankentiefe ihres Artikels und las ihn der Klasse vor. Der Klasse gefiel der Artikel, und nach einigen Änderungen in Grammatik und Interpunktion konnten wir ihn in der nächsten Ausgabe unserer Zeitung drucken. Von da an war es nicht mehr notwendig, Jessica Vorschläge zu machen. Sie schrieb eine Vielzahl von Geschichten und Artikeln zu den verschiedensten Themen. Einige waren gut, manche waren schlecht, aber darauf kam es nicht an. Zum Jahresende waren ihre Arbeiten so gut, daß sie sie mir nicht mehr zur Korrektur vorlegte, sondern sie dem Redakteur unserer Zeitung direkt übergab. Ich bin mir nicht sicher, an welchem Punkt meine Ermutigung zu wirken begann, aber ich neige zu der Annahme, daß es gleich am Anfang geschah, als ich die Gedankentiefe von Jessicas Geschichte hervorhob.

Wie man sieht, hat dieser Lehrer die Feinheiten des Ermutigungsvorganges erkannt. Ein weniger einfühlsamer Lehrer mag geglaubt haben, daß der Vorschlag, über »Freundschaft« zu schreiben, und Jessicas Übernahme dieser Aufgabe die Wendepunkte gewesen seien. Das ist hier aber sicherlich nicht der Fall. Hätte der Lehrer den schlechten Stil und die holprige Grammatik erwähnt, so hätte Jessicas Mutlosigkeit über ihre mangelnde Fähigkeit sicher fortbestanden. Der Lehrer hatte recht: Der Wendepunkt in Jessicas Selbsteinschätzung wurde erreicht, als ihre Fehler unbeachtet blieben und ihre Stärke Beachtung fand. Wenn sie in ihrer Klasse selbstsicherer gewesen wäre, hätte sie wahrscheinlich auch nicht so

Fallstudien 203

früh geheiratet. Vielleicht haben die Erfahrungen, die Jessica im Journalismusunterricht gesammelt hat, eine weiterreichende Wirkung, als man aus diesem kurzen Bericht ersehen kann.

Beispiel 19: Terry, ein Neunjähriger, zog in der Mitte des Schuljahres in unseren Schulbezirk und wurde meiner 1. Klasse zugeteilt. Er war zum zweitenmal in einer ersten Klasse, und dies war sein dritter Schulwechsel. Er war sehr ruhig, schüchtern und immer mit sich selbst beschäftigt. Ich versuchte des öfteren, allerdings ohne viel Erfolg, ihn in Gruppenaktionen einzubeziehen. Während einer naturwissenschaftlichen Diskussion meldete er sich, um zu sagen, daß sein Vater Alteisen sammle und verkaufe. Am nächsten Tag brachte er einen großen, rostigen Magnet mit in den Unterricht, der bei seinen Mitschülern großes Interesse weckte. Sie trugen die verschiedensten Metallteile zusammen, um ihn auszuprobieren. Dank Terrys Magnet konnten wir mit einem Kompaß experimentieren und lernten die Himmelsrichtungen. Wir luden den Schulleiter ein, unsere »wissenschaftlichen Entdeckungen« mit uns zu teilen. Von da an beteiligte sich Terry häufig mit interessanten Geschichten und Demonstrationen an unserem naturwissenschaftlichen Kreis. Er wurde ein aktives Mitglied unserer Gruppe und zeigte auch erstaunliche Fortschritte im Lesen.

An diesem Beispiel ist wichtig, daß der Lehrer einen Zufall zu Hilfe nahm. Terry brachte einen Magnet mit und wurde damit für seine Mitschüler interessant. Ein weniger aufmerksamer Lehrer hätte den Zwischenfall ungenutzt verstreichen lassen, aber hier wurde die Gelegenheit, dem Jungen ein Gefühl des Dazugehörens zu vermitteln, das er noch nie zuvor in seinem Schulleben gekannt hatte, voll ausgenutzt. Terry wurde animiert, einen Beitrag zu liefern: das wirksamste Mittel, ihn in die Gemeinschaft einzubeziehen! Als er erst einmal »dazugehörte«, verbesserten sich auch seine Leistungen.

204   *Fallstudien*

Beispiel 20: Im folgenden ein Beispiel für unbeabsichtigte Ermutigung. Im Rückblick wird mir nun klar, daß man eine ermutigende
Handlung erst an ihrer Wirkung erkennt. Judy war ein kleines ruhiges
Mädchen, 9 Jahre alt. Als frischgebackene Lehrerin bemerkte ich sie in
den ersten drei Wochen kaum. Sie gehörte zu den schlechten Lesern
und zeigte an keiner Arbeit irgendein Interesse. Sie war teilnahmslos,
ohne Schwung und ließ sich gehen. Sogar im Zeichenunterricht fehlte
ihr jeglicher Antrieb. Da mich einige »unruhige« Jungen in meiner
Klasse dauernd beschäftigten, schenkte ich Judy nicht viel Aufmerksamkeit. Nach dem ersten Monat begann ich, den Schultag mit meinen Jungen und Mädchen gemeinsam zu planen. Ich hob hervor, daß
die Pläne für uns alle gelten sollen. Wir schrieben unseren Stunden-
plan an die Tafel und unterhielten uns dann über die Vorschläge der
einzelnen Schüler. Nach der ersten Woche mit unserem neuen System
machte Judy einen interessanten Vorschlag. Ich nahm ihn als erstes
Vorhaben für den nächsten Tag an, ganz ohne jeden Gedanken daran,
Judy damit helfen zu wollen. Nach der Pause war sie vor den anderen
im Klassenzimmer und studierte den Plan für den nächsten Tag, ihren
Plan, indem sie den Zeigefinger von Wort zu Wort gleiten ließ und
laut las. Die Veränderung, die mit Judy in den folgenden Wochen vor
sich ging, war überraschend. Sie lieferte immer mehr Ideen und Vorschläge und beteiligte sich unaufgefordert an Diskussionen. Ihre Lern-
gewohnheiten besserten sich. Und was mich besonders überraschte:
Sie gab sich große Mühe, ihr Lesebuch bis zum Ende durchzulesen.

Hier gibt es wenig hinzuzufügen. Allerdings hat die Lehrerin
mehr getan, als Judy durch die Annahme ihres Vorschlags zu
ermutigen. Ihr Bericht zeigt, daß sie nicht auf die passive Her-
ausforderung des Mädchens einging und sie etwa durch Druck
und Kritik zum Mitmachen zwang. Judy konnte deshalb die
erste Gelegenheit ergreifen, sich nützlich zu zeigen, und einen
Platz in der Gruppe finden.

Beispiel 21: Peter hatte das Klassenziel im Vorjahr nicht erreicht und
kam sehr entmutigt in meine Klasse. Er las nicht gerne und war über-

Fallstudien 205

zeugt, er werde es auch nie lernen. Ich gab ihm leichte Aufgaben, aber er versuchte es erst gar nicht. Eines Tages wählte ich eine Geschichte mit sehr einfachen Wörtern, die er verstand, und bat ihn, sie drei Mitschülern vorzulesen, die ebenfalls Nachhilfe im Lesen benötigten. Ich sagte ihm, ich hätte gerade etwas anderes zu tun und wäre dankbar, wenn er mir helfen könne. Peter schien überrascht, nahm aber dann doch das Buch und begann, für die drei anderen zu lesen. Erst ging es langsam, aber als er merkte, daß er alles lesen konnte, las er recht flüssig. Er kam zu mir gerannt und sagte begeistert: »Das hat mir Spaß gemacht! Ich habe noch nie zuvor eine Geschichte ganz zuende gelesen.«

In diesem Beispiel sind mehrere Gesichtspunkte von Bedeutung. Es zeigt, daß Überehrgeiz oft zu mangelhaften Leistungen führt. Lesen begann Peter zu interessieren, als er darin einen Weg sah, Status und Überlegenheit zu erlangen. Es ist anzunehmen, daß er im Lesen schlecht war, weil er die anderen darin nicht übertreffen konnte. Es hat ihm nicht so viel Spaß gemacht, die Geschichte ganz durchzulesen; sein Spaß bestand vielmehr darin, beim Lesen eine überlegene Rolle zu spielen – ein für ihn völlig »neues Lesegefühl«. Ein weiterer wichtiger Punkt ist, daß der Lehrer Peter nicht nur bat, drei noch schlechteren Kindern vorzulesen, obwohl das allein ihm schon eine überlegene Stellung gab und ihn vielleicht zum Lesen motivierte. Er wollte sicher sein, daß Peter sah, wie wichtig seine Leistung war, und bat ihn um Hilfe, weil er selbst andere Arbeiten zu erledigen hatte. Ohne diesen Zusatz wäre er vielleicht nicht ganz so bereit gewesen, den langsameren Schülern vorzulesen, weil er ja an seiner eigenen Fähigkeit gezweifelt hatte.

Beispiel 22: Ein Mädchen in meinem Handarbeitsunterricht arbeitete an einem Kleid, hatte aber das Gefühl, sie sei nicht der »Nähtyp«. In fast allen übrigen Fächern war sie eine gute Schülerin, doch in meinem Unterricht war sie oft nahe daran, ihr Kleid in den Papierkorb zu werfen und die ganze Hauswirtschaftslehre an den Nagel zu hängen. Der Tiefpunkt kam, als sie eine Kragenecke nicht nur ganz falsch nähte, sondern darüber hinaus den Stoff auch noch so abschnitt, daß man die Naht nicht mehr auftrennen konnte. Ich schlug ihr vor, den Kragen erst einmal zu wenden und zu bügeln, denn es wäre vielleicht interessant zu sehen, was dabei herauskäme. Die Form des Kragens war ganz anders als beabsichtigt, doch sie amüsierte sich über den »Hasenohrenkragen«. Ich empfahl ihr, die andere Ecke genauso zu nähen, dann hätte sie ein Kleid nach eigenem »Entwurf«. Sie nähte das Kleid fertig und trug es auch. – Es war *ihr* Modell, mit einem »Original-Hasenohrenkragen«. Später fragte sie mich, ob man im nächsten Schuljahr die fertiggekauften Schnittmuster nicht mit einigen ihrer Ideen etwas abändern könne.

Der Lehrerin gelang es, einen offensichtlichen Mißerfolg in einen eindeutigen Sieg zu verwandeln: ein echtes Merkmal für ermutigenden Einfluß. Die Schülerin erkannte, daß man Fehler machen kann, ohne die Hoffnung verlieren zu müssen, und daß ein Fehler oft auf einen neuen Weg führen kann, wenn man versteht, aus der Situation das Beste zu machen, statt über verschüttete Milch zu weinen. Die Lehrerin weckte die Vorstellungskraft und den Mut zu einem »interessanten« Vorschlag und ermutigte das Mädchen darüber hinaus, als sie von einem »Original-Entwurf« sprach. Das heißt, sie erkannte die Gelegenheit für Ermutigung in einer äußerst entmutigenden Situation und wendete sie so, daß die Schülerin über ihren Fehler lachen konnte. Außerdem wurde ihr Interesse auf einem Gebiet angeregt, auf dem sie sich bisher für eine Versagerin gehalten hatte.

Beispiel 23: Steven bestätigte sich oft als Störenfried in Klassendiskussionen meiner 5. Klasse. Er störte vor allem, wenn ein Mitschüler den Vorsitz führte, und war immer »dagegen«. Er brachte Lehrer und Schüler durch den Einwurf umstrittener Ideen in Verwirrung und widersetzte sich Plänen, über die sich alle anderen einig waren. Meist

Fallstudien 207

ließ ich ihn gewähren, denn selbständiges Denken war mir willkommen; doch bald wurde mir klar, daß ich etwas unternehmen mußte. Wenn ich genauer darüber nachdachte, waren Stevens Ideen eigentlich vernünftig. Man merkte, daß er nachgedacht hatte, bevor er etwas sagte. Seine Bemerkungen wären für unsere Gruppe oft von Wert gewesen, hätte er nicht durch seine Streitlust alle irritiert.

So nahm ich die erste Gelegenheit wahr, mit Steven allein zu sprechen. »Du bringst Bewegung in unsere Besprechungen«, sagte ich, »aber du tust es wenigstens auf eine intelligente Art. Deine Bemerkungen sind brauchbar und regen zum Nachdenken an; dadurch lenkst du uns auf Dinge, die wir sonst wahrscheinlich übersehen würden.«

Ein unmittelbarer Ausdruck von Überraschung, gemischt mit Dankbarkeit, erschien auf seinem Gesicht. Von da an trug er seine Ideen mit Stolz und oft mit Humor vor. Das heißt, er arbeitete nun *für* und nicht mehr gegen die Klasse. Die Mitschüler holten seinen Rat ein, bevor sie Entscheidungen trafen. Auch seine schriftlichen Leistungen, die vorher nicht sehr sorgfältig ausgeführt worden waren, verbesserten sich.

Der Lehrer hat uns seine Erklärung für Stevens irritierendes Verhalten vorenthalten. Wir wissen daher nicht, ob er sich der zugrundeliegenden psychologischen Motive bewußt war. Aber er handelte, als kenne er sie. Wahrscheinlich ahnte er Stevens Ziel. Offensichtlich glaubte Steven, daß ihn die anderen nicht akzeptierten. Er erwartete Opposition und erkannte nicht, daß er selbst sie herausforderte. Der Lehrer gab ihm uneingeschränkte Unterstützung. Wir wissen auch nicht, ob er seine Worte absichtlich wählte, jedenfalls waren sie äußerst wirksam. Es war in erster Linie ein Wort, das die Wandlung zustande brachte und Steven aufhorchen ließ, das Wörtchen »aber«. Der Lehrer sagte: »Du bringst Bewegung in unsere Klassenbesprechungen, *aber* ...«. Die meisten Erwachsenen machen solche Bemerkungen, und die meisten Kinder haben sich daran gewöhnt, ein »aber« hinter jedem

208   *Fallstudien*

Kompliment zu finden. Steven hatte wahrscheinlich etwas
anderes erwartet, vielleicht: »... aber du machst es falsch,
du streitest, du irritierst uns«. Statt dessen sagte der Lehrer:
»... aber du tust es auf eine intelligente Art«, eine völlig unerwartete Wendung, die Steven sehr beeindruckte. In vielen
anderen Fällen kann ein ermutigend gemeintes Kompliment
seine Wirkung verfehlen, wenn ein »aber« nachfolgt. Das
scheinen viele, die Erziehungsaufgaben wahrnehmen, nicht
zu beachten.

Beispiel 24: Die achtjährige Emily war Linkshänderin und das zweite
von fünf Kindern in ihrer Familie. Zu Beginn der 3. Klasse konnte sie
noch nicht schreiben, nur in Druckschrift, und selbst ihre Druckbuch-
staben waren nicht allzu leserlich. Mein Vorgänger hielt den Fall für
hoffnungslos, nicht nur im Schreiben, sondern auf allen Gebieten.
Emily spielte auch nicht mit den anderen. In der 2. Klasse hatte sie
fast jeden Tag einen Wutanfall. Am Ende unserer ersten Schreib-
stunde nahm ich ihr Blatt ohne Kommentar entgegen. Sie sah mich
an, als erwarte sie, daß ich etwas sage. Als wir zum Buchstabieren
kamen, wußte ich weder, wo ein Wort aufhörte und das nächste
begann, noch, wo oben und unten war. Ich sagte: »Emily, würdest
du dieses Wort bitte für mich buchstabieren?« Sie nickte und tat es.
Ich bat sie, das nächste Wort auch zu buchstabieren, und so gingen
wir die ganze Liste durch, wobei sie alles richtig buchstabierte. Ich
schrieb eine große »3« auf ihr Blatt, und wir lachten beide. Nun versuchte sich Emily mit der Schreibschrift. In der Mitte des Schuljahres
war ihre Schreibschrift durchaus leserlich. Sie war in jeder Beziehung
eine gute Schülerin geworden und spielte auch mit den anderen. Jedesmal, wenn sie etwas vollbracht hatte, sagte sie stolz: »Ich kann
es, nicht wahr?«

Dieses Beispiel ist besonders eindrucksvoll: Wir haben hier ein
Kind vor uns, das nicht nur seine Lehrer entmutigte, sondern
auch von ihnen zutiefst entmutigt worden war. Die Schülerin
hatte ihre geringe Meinung von sich selbst auf die Lehrer über-

Fallstudien 209

tragen. Es brauchte den ganzen Mut des neuen Lehrers, die Meinung des Kindes über sich selbst nicht zu teilen. Der Lehrer war auf der Hut und ging mit Vorsicht sehr geschickt zu Werke. Das heißt, er wartete einen günstigen Augenblick ab und tat vorher überhaupt nichts. Sogar diese Passivität hatte eine positive Wirkung. Die an Kritik gewöhnte Schülerin war überrascht, daß man sie ungeschoren ließ. Aber sehen wir uns die Situation an, die den Wendepunkt im Schulleben des Kindes bedeutete: Der Lehrer beschrieb das von Emily nach dem Rechtschreibunterricht abgegebene Blatt. Wir können uns vorstellen, wie die Mehrheit der Lehrkräfte solch ein Blatt bewertet hätte. Konnte man überhaupt etwas anderes tun als es ablehnen? War es nicht unleserlich? Der Lehrer war so einfallsreich, in einer scheinbar ganz inadäquaten Leistung etwas Positives zu sehen. Da es ihm unmöglich war, Emilys Schrift zu entziffern, bat er sie, das Geschriebene zu buchstabieren. Und da es sich um eine Rechtschreibübung handelte, kam es ja in erster Linie auf Richtigkeit an. Wie viele Lehrer würden sich überhaupt die Mühe machen, eine unleserliche Arbeit auf Rechtschreibung hin zu prüfen? Aber der gute Einfall machte sich bezahlt. Statt sich mehr und mehr von der Schülerin entmutigen zu lassen, half der Lehrer Emily, das Selbstvertrauen zu entwickeln, an dem es ihr bisher gemangelt hatte. Jedesmal wenn sie eine gute Leistung vollbrachte, war sie selbst überrascht. Jetzt war sie auf dem richtigen Weg.

Die folgenden Beispiele überlassen wir dem Leser zur Deutung.

Beispiel 25: Joshua (5 Jahre) war überzeugt, er werde nie so gut malen können wie seine Schwester Kathrin (6); daher fing er erst gar nicht an, in der Schule zu malen. Aber er sah immer aufmerksam zu, wenn Farben an seine Klassenkameraden verteilt wurden. Eines Tages bat ich ihn, mir beim Eingießen der Farben zu helfen, was er willig tat. Dann fragte ich ihn, ob er zwei verschiedene Farben in einen Topf schütten wolle, um zu sehen, was dabei herauskäme. Joshua

210 Fallstudien

war begeistert, helfen zu können, und freute sich sehr über *seine* neue Farbe. Jetzt wollte er sie auch auf dem Papier sehen. Eine Mitschülerin, die ihm zusah, rief:»Joshua, hast du aber eine hübsche Farbe gemacht!« Er war erstaunt und sagte, mehr zu sich selbst: »Habe *ich* das gemalt?« Die anderen Kinder eilten herbei, um Joshuas Arbeit zu bestaunen. Er bot sich gleich an, ein Bild speziell für sie zu malen. Seitdem hat er viel Freude am Zeichenunterricht.

Beispiel 26: Nicolas hatte die 1. Klasse wiederholen müssen und kam mit wenig Selbstvertrauen in meine 2. Klasse. Tag für Tag gab er unfertige Arbeiten ab oder tat überhaupt nichts. Wenn ich auf eine fertige Arbeit bestand, war sie nicht sehr sorgfältig ausgeführt. Bald fiel mir auf, daß Nicolas gerne kleine Dienste im Klassenzimmer verrichtete. Bei einer Aufgabe, die er leicht in der festgesetzten Zeit ausführen konnte, bat ich ihn eines Tages, dafür zu sorgen, daß alle fertigen Arbeiten am Ende der Stunde eingesammelt werden. Nicolas beendete seine eigene Arbeit sehr sorgfältig, ehe er die Blätter seiner Mitschüler einsammelte.

Beispiel 27: Benny, ein großer Junge von elf Jahren, kam kurz nach Schulbeginn zu uns. Die Karteikarte besagte, daß er der vierten Klasse zugeteilt worden war. Ich versuchte zunächst mit wenig Erfolg, seine Befangenheit zu verscheuchen und ihm in der neuen Situation Mut zu machen. Jeder Versuch, dem Jungen zu zeigen, daß ich ihn akzeptierte, schien aber fehlzuschlagen. Als ich etwa einen Monat später seine Akte erhielt, stellte ich fest, daß seine ganze Schulzeit von häufigem Schulwechsel, Fernbleiben, Widerspenstigkeit und Interesselosigkeit geprägt war. Die 1. und 3. Klasse hatte er bereits wiederholt. Ein Intelligenztest ergab, daß seine Fähigkeiten unter dem Durchschnitt lagen. Etwa zwei Wochen später, während des Rechenunterrichts, bemerkte ich zufällig eine sehr gute Bleistiftzeichnung, die er schnell zu verstecken versuchte. Ich bat ihn, sie mir zu zeigen; er tat es zögernd. Ich machte zu seiner großen Überraschung eine Bemerkung über die gute Arbeit und ging weiter. Am selben Tag, während der Mittagspause, setzte ich mich zu Benny und

Fallstudien 211

begann eine Unterhaltung über Kunst. Dabei erwähnte ich, daß wir als Hintergrund für unsere naturwissenschaftliche Ecke unbedingt eine Trennwand brauchen würden, und bat ihn, sie uns anzufertigen. Er nahm den Auftrag auch bereitwillig an und verwendete sogar einen Teil seiner Freizeit dafür. Ich lobte seine ordentliche Arbeit und nahm mir vor, sie vor der Klasse zu erwähnen. Es war aber gar nicht nötig, da alle sofort sahen, was er geleistet hatte. Plötzlich wollte jeder Klassensprecher Benny in seiner Gruppe haben. Durch diese Anerkennung vollzog sich ein unerwarteter Aufschwung in seinen Schulleistungen. Die allgemeine Verbesserung war so deutlich, daß ich in der Mitte des Schuljahres dem Schulleiter davon berichtete. Am nächsten Tag kam er in unsere Klasse, um sich zu überzeugen; er war von Benny so beeindruckt, daß er den Leiter der Unterstufen beauftragte, den Jungen zu beobachten. Eine Woche später versetzten wir Benny mit dessen Zustimmung in die 6. Klasse. Er paßte sich gut an und setzte seine Leistungen seinen Fähigkeiten entsprechend fort.

Beispiel 28: Frederic war ein fünfzehnjähriger Neuntkläßler, der auf Wunsch einer Kollegin in meinen Mathematikunterricht versetzt wurde. Er hatte durch sein schlechtes Verhalten ihre Klasse von durchschnittlich Begabten so durcheinandergebracht, daß sie sich weigerte, Frederic weiterhin zu unterrichten. Sein Intelligenzquotient lag bei 74. Er wirkte für sein Alter schon ziemlich erwachsen und war ein Wichtigtuer. Ich gab Frederic eine Auswahl von Büchern und schlug ihm vor, eines zu wählen, das seinen Fähigkeiten entsprechen würde, das aber auch einiges Neue enthielt. Dann fuhr ich in meiner Arbeit mit der Klasse fort, die nicht allzu weit über seinem Niveau lag. Frederic prüfte seine Arbeiten selbst nach und bat mich um Hilfe, wenn er sie brauchte. Doch er beteiligte sich nie an Gruppenaufgaben, bis ich eines Tages einen Rechtschreibtest mit geometrischen Fachausdrücken durchführte. Frederic fragte, ob er sich an dem Test beteiligen dürfe, und überraschte mich mit seiner Leistung: Von den 30 Ausdrücken hatte er 80 % richtig geschrieben. Ich lobte seine gute Arbeit und bat ihn, mir beim Korrigieren einiger

212   Fallstudien

Wiederholungs- und Vortests auf dem gleichen Gebiet zu helfen. Von da an half Frederic wiederholt einigen Mitschülern bei der Rechtschreibung und führte Register über die bestandenen Arbeiten. Seine Leistung in Mathematik läßt noch immer sehr zu wünschen übrig, aber den Unterricht stört er nicht mehr. Im Rechnen fragt er seine Mitschüler um Rat; sie prüfen seine Arbeiten, und er nimmt ihre Vorschläge an.

Beispiel 29: Die Bereitwilligkeit, mit der in unserer Kultur so viele verschiedene Formen künstlerischen Ausdrucks akzeptiert werden, ist wohl die Grundlage für die Einstellung unserer Kunsterzieher, die auch in einer weniger befriedigenden kindlichen Arbeit noch gute Ansätze aufspüren und sie gelten lassen. Das Fach Kunsterziehung erscheint für die Ermutigung besonders geeignet.

Voriges Jahr leitete ich eine Klasse für Malerei im Rahmen unseres Sommerprogramms. In meiner Klasse war ein elfjähriger Junge, der – wie ich erst später herausfand – als schwarzes Schaf seiner Schule galt. Am ersten Tag trieb er einigen Unfug. Da es mich aber nicht zu stören schien, gab er bald auf. Ich weiß nicht, ob er vorher bereits Interesse am Malen gezeigt hatte. Seine ersten Zeichnungen jedenfalls zeigten Spuren von Talent. Ich lobte seine Arbeit und bat ihn um einige weitere Arbeiten für mich selbst. Er arbeitete fleißig und war bald bei weitem der Erfolgreichste der Klasse. Einige seiner Gemälde hatten durchaus künstlerischen Wert. Ich freute mich, ihn in meiner Klasse zu haben.

Später hörte ich, daß er in anderen Fächern einen äußerst störenden Einfluß auf die Klasse ausübte. Ich nahm an, daß sein gutes Verhalten in meiner Gruppe auf die freundliche Atmosphäre, in der er zum Erfolg angeregt und ermutigt wurde, zurückzuführen war.

Beispiel 30: Zu Beginn meines dritten Jahres als Oberstufenlehrer übertrug mir der Schulleiter einen Berg von Aufgaben, von denen eine der Nachhilfeunterricht im Lesen für unsere neunte Klasse war. Lesenachhilfe war für mich etwas völlig Neues. Der vom Schulamt entsandte Kinderpsychologe testete meine Klasse und gab mir eine

Fallstudien 213

Statistik, die eine Differenz des Intelligenzquotienten von 70 bis 114 und Lesestufen von 2,5 bis 7,0 aufwies. Dann stellte er einen Plan auf, nach dem jedes Kind einem Code folgte und die entsprechenden Einheiten zu lesen hatte. Hatte ein Schüler zwölf Einheiten einer Serie mit Erfolg beendet, durfte er zum nächsten Code übergehen. Das bedeutete, daß der Schüler fähig war, den nächsthöheren Schwierigkeitsgrad zu lesen. Einige Schülerinnen der Oberstufe hatten die Aufgabe, alle Einheiten zu prüfen und die Blätter in Schubfächern eines Metallschranks aufzubewahren, die wir alle »Konservendosen« nannten. Diese Methode war mir ebenso unangenehm wie meinen Schülern. Also beschloß ich, jeden Freitag vom »Konservenlesen« abzusehen und statt dessen etwas Literatur »einzuschmuggeln«. Ich las der Klasse Kurzgeschichten vor, über die sie sich dann unterhalten durfte. Im November wurde uns eine Inspektion der Schulbehörde für kurz vor Weihnachten angekündigt. Der Schulleiter erwartete ein kurzes Unterhaltungsprogramm von mir, denn es war üblich, daß jede Englischklasse im Laufe des Schuljahres eine Gemeinschaftsdarbietung ausarbeitete und dann vorführte. Meine vier Oberstufenklassen in Englisch hatten ihre Programme bereits bei anderen Gelegenheiten vorgeführt. Ich beschloß deshalb, meiner Nachhilfeklasse eine Chance zu geben. Ich sagte ihr: ‚Wir haben ein Problem. Wir müssen uns ein kleines Unterhaltungsprogramm für unsere Inspektion ausdenken. Was können wir tun?« Bisher hatten Nachhilfeklassen sich nicht an derartigen Unternehmungen beteiligt, denn sie waren »die anderen«. Ich hatte gegen diesen »Ruf« schon immer angekämpft, und es gab natürlich ständig Meinungsverschiedenheiten darüber. Als ich meinen Vorschlag dem Kollegium vortrug, erhielt ich auch die erwartete Antwort: »Nachhilfeklassen müssen nicht teilnehmen.« Es wurde allgemein angenommen, daß sie nicht dazu imstande waren. Mein weiterer Vorschlag, nämlich die Darbietung einer der höheren Klassen wiederholen zu lassen, fand auch keinen Anklang. Also mußten wir uns etwas einfallen lassen. In der folgenden Woche machten wir verschiedene Pläne und verwarfen sie wieder. Schließlich fand Dennis (Intelligenzquotient 83, Lesestufe 4,2) die Lösung. »Warum spielen wir nicht einige unserer Geschichten als Theaterstücke?« schlug er vor. Für einige Minuten herrschte großer Tumult, während sich die Klasse mit Begeisterung auf die Idee stürzte. »Ihr müßt nur eines im Auge behalten«, sagte ich, »ich habe keine Zeit, euch die Geschichten noch einmal vorzulesen, also müßt ihr es alleine tun!«

Wir teilten die Klasse in vier Gruppen auf: Drei Gruppen sollten die Geschichten vorführen, die vierte Gruppe kümmerte sich um den technischen Teil als Beleuchter, Bühnenbildner und ähnliches. Nun beschloß ich, die »Konserven« ruhen zu lassen, und enthob die Prüferinnen ihres Amtes. Drei Wochen lang arbeiteten wir nicht im üblichen Rahmen einer Nachhilfeklasse. Als der Kinderpsychologe uns wieder einen Besuch abstattete, um die Fortschritte der Klasse zu prüfen, fand er die Kinder mit den gleichen Büchern vor, die auch übrigen Klassen benutzten. Sie lasen Geschichten von Edgar Allan Poe, O. Henry und anderen Autoren, die bisher nicht für den Nachhilfeunterricht im Lesen bestimmt waren. Ich hatte nicht die Zeit, ihnen unbekannte Wörter zu erklären, aber ich hatte eine Reihe leichtverständlicher Lexika für uns »organisiert«. Zwei Mädchen saßen an Nähmaschinen und lasen Schnittmusteranleitungen für Kostüme. Drei Jungen saßen mit Hämmern, Nägeln und Brettern auf dem Boden; sie waren mit Anleitungen für die Bühnenszenerie beschäftigt. Ein Junge las Gebrauchsanweisungen für einen Scheinwerfer und experimentierte mit Cellophanpapier und Licht. Die »Konserven« verstaubten inzwischen.

Die Kinder verfaßten eigene Dialoge aus den Geschichten und brachten drei dramatisierte Geschichten zur Aufführung.

Am Tage nach der Aufführung war ihre erste Frage: »Dürfen wir nun auch Buchberichte wie die anderen schreiben?« Und dann lasen sie: Kurzgeschichten, einfache, aber auch schwierigere Essays und schließlich sogar Romane. Wir merkten bald, daß noch ziemlich viel Nachhilfe im Rechtschreiben nötig war, damit sich die schriftlichen Arbeiten verbesserten, und wir mußten uns Zeit für die Grammatik nehmen, damit die Sätze auch das aussagten, was die Kinder meinten. Aber wir behandelten dieselben Themen wie die anderen Klassen.

Fallstudien   215

Von den 20 Schülern meiner Gruppe rückten elf in ihren letzten
beiden Schuljahren in die ihrem Alter entsprechenden Klassen auf
und machten ihre Abschlußprüfung. Zwei machten eine Sonderab-
schlußprüfung, sieben verließen die Schule vorzeitig aus unbekann-
ten Gründen, und ich selbst wurde zum Leiter des Nachhilfepro-
gramms im Lesen für die ganze Schule ernannt.

Nachwort

Wenn der Leser sich die Mühe gemacht hat, die verschiedenen Beispiele sorgfältig zu analysieren, hat er wahrscheinlich bereits ein ziemlich klares Bild davon, was unter Ermutigung zu verstehen ist. Es ist leicht möglich, daß ihn die Schwierigkeit des Ermutigungsprozesses mehr beeindruckt hat, als er seine eigene Fähigkeit zu ermutigen einschätzt, denn wir alle neigen dazu, unsere Schwächen besser zu kennen als unsere Fähigkeiten. Keiner von uns ist »zum Ermutigen geboren«. Haben wir erst einmal die Mangelhaftigkeit unserer »Ermutiger-Qualitäten« erkannt, so sind wir meist mehr entmutigt als zuvor.

Wir hoffen trotzdem, daß dieses Buch den Leser nicht hemmt, sondern daß es als Weg zu größeren Ermutigungs-Erfolgen dient.

Eines ist zu jedoch zu beachten: Trotz eifrigster Bemühungen und besten Willens werden wir nie so geschickt sein, wie wir gerne wollen, und es wird uns nie gelingen, alle Hindernisse zu überwinden, die uns ein mutloses Kind präsentiert. Wenn wir aber den Mut zur Unvollkommenheit haben, werden uns immer größere Fähigkeiten zuwachsen. Und selbst wenn wir es nie zur letzten Perfektion bringen, werden wir dabei doch immer fähiger, hilfsbereiter und ermutigender.

Anmerkungen

1 *Gordon Allport,* Becoming: Basic Considerations for a Psychology of Personality (New Haven, Conn.: Yale University Press, 1955), S. 100

2 *Rudolf Dreikurs,* Fundamentals of Adlerian Psychology (New York, Greenberg Publ. 1950), S. 9; deutsch: Grundbegriffe der Individualpsychologie, Klett-Cotta, Stuttgart, 10. Aufl., 2002

3 *Alfred Adler,* Menschenkenntnis (Fischer Taschenbuch, 1966), S. 31

4 *Alfred Adler,* Menschenkenntnis (Fischer Taschenbuch, 1966), S. 81

5 *Gordon Allport,* The Nature of Personality (Reading, Mass.: Addison-Wesley Press, 1950), S. 169

6 *Alfred Adler,* Menschenkenntnis (Fischer Taschenbuch, 1966), S. 53/54

7 *Rudolf Dreikurs,* Grundbegriffe der Individualpsychologie, Klett-Cotta, Stuttgart, 10. Aufl., 2002, S. 58/59

8 *Alfred Adler,* Menschenkenntnis (Fischer Taschenbuch, 1966), S. 232

9 *Rudolf Dreikurs,* The Challenge of Parenthood, rev. ed. (New York: Duell, Sloan and Pearce, 1958), S. 24; deutsch: Kinder fordern uns heraus, Klett-Cotta, Stuttgart, 2004

10 *Rudolf Dreikurs,* Psychologie im Klassenzimmer, Klett-Cotta, Stuttgart, 2003, S. 40/41

11 *Rudolf Dreikurs,* Fundamentals of Adlerian Psychology (New York, Greenberg Publ. 1950), S. 44; deutsch: Grundbegriffe der Individualpsychologie, Klett-Cotta, Stuttgart, 10. Aufl., 2002

12 *Rudolf Dreikurs,* Grundbegriffe der Individualpsychologie, Klett-Cotta, Stuttgart, 10. Aufl., 2002, S. 60

13 *Rudolf Dreikurs,* The Challenge of Parenthood, rev. ed. (New York: Duell, Sloan and Pearce, 1958), S. 28; deutsch: Kinder fordern uns heraus, Klett-Cotta, Stuttgart, 2004

14 *Rudolf Dreikurs,* The Challenge of Parenthood, rev. ed. (New York: Duell, Sloan and Pearce, 1958), S. 24; deutsch: Kinder fordern uns heraus, Klett-Cotta, Stuttgart, 12. Aufl., 2004

15 *Rudolf Dreikurs,* Fundamentals of Adlerian Psychology (New York, Greenberg Publ. 1950), S. 9; deutsch: Grundbegriffe der Individualpsychologie, Klett-Cotta, Stuttgart, 10. Aufl., 2002

16 *Rudolf Dreikurs,* The Challenge of Parenthood, rev. ed. (New York: Duell, Sloan and Pearce, 1958), S. 34; deutsch: Kinder fordern uns heraus, Klett-Cotta, Stuttgart, 2004

17 *Rudolf Dreikurs,* Psychologie im Klassenzimmer, Klett-Cotta, Stuttgart, 2003

18 *H. Bakwin* und *R. Bakwin,* Clinical Management of Behavior Disorders in Children, 2. Aufl. (Philadelphia: W. B. Saunders, 1960)

19 *Rudolf Dreikurs, Raymond Corsini, Raymond Löwe und Manford Sonstegard*, Adlerian Family Counseling (Eugene, Oregon: University of Oregon Press, 1959), S. 23

Register

Abwehrmechanismus 41–43
Adler 17, 31, 33, 39, 72
Allport 27, 32
Anerkennung 87–88, 93,
122–123
Angstüberwindung 96–97
Apperzeption, tendenziöse
34, 37, 43, 50
Ausbildung (von
Erziehenden)
– in Ermutigungsmethoden
24–25, 181
– in Verhaltensbeobachtung
77–80
autoritäre Haltung 22, 115,
169–170

Bakwin 83
Behinderung (geistig/körper-
lich) 136, 160, 199–200
Beobachtungsmethode 78
Beobachtungsskizze 77–80
Bestrafung 169

Charakterskizze 80

Dazugehören 35, 42–43,
114–115, 117, 162
disjunktive Gefühle 40

Disziplin 157

Eltern
– Ehrgeiz 72–73
– Machtkampf mit Kindern
69–70
– Pessimismus 173
– Vorbild 47
Entwicklungsaufgaben 135
Erziehungsprinzipien 56–57
ethische Einstellung 53
Familienverhältnisse
– Einfluß für die kindliche
Entwicklung 47–50
– Erziehungsmethoden
56–57
– Geschwisterverhältnis
48–50, 70–71, 126–129
– instabile 102, 200–201
– Konkurrenz 68–70, 100, 209
Freud 53
Gemeinschaftsgefühl 29, 55,
124, 157
gleichberechtigte Ordnung
(»Demokratisierung«) 22,
56, 69–70, 115, 170, 176
Grundschulalter 136
Gruppengeist 154
Gruppenziele 154–158

Havighurst 134

Identifikation 41

Kinder
– Beobachtung 31, 77–80
– Entwicklung 28, 45, 117, 135
– verhaltensauffällige/ schwererziehbare 112, 113, 119, 124–126, 186–189, 197, 200, 211
– Vertrauen 86
– Wertschätzung 84
Klasse (s.a. Gruppengeist)
– Atmosphäre 114, 120, 161
– Diskussion 167
– Gruppenziele 154–158
– Klassengemeinschaft 156–158
– Sitzordnung 88, 130
– Soziometrie 161
Kompensation 42
konjunktive Gefühle 40
Konkurrenz
– in der Familie 68–70, 100, 209
– in der Gesellschaft 66, 170–171, 176
– konkurrenzlose Atmosphäre 124
Konzentrationsschwäche 159
korrektive Bemühungen 17, 18, 21, 25, 74, 77, 173
Kunsterziehung 109, 139, 209

Laissez-Faire-Atmosphäre 115
Lebensstil 37, 50–55, 133–134
Lehrerschaft 129
Lernen
– Ansporn 80
– Auswendiglernen 151
– als gemeinsame Aufgabe 163–164, 167
– Lernwille und Lernfähigkeit 95, 71, 130
Lesen 81–82, 98–101, 130–131, 177–179
Leseschwäche 89, 98–101, 142–143, 191–193, 196–197, 203–205, 212–215
Linkshänder 105, 198, 208
Lob 174

Machtkampf 69–70, 113–114, 170–171
Mathematik 105–106, 146, 150
Minderwertigkeitsgefühle 26, 29, 53, 64, 67–68, 100, 102, 122, 136, 140–141, 148–149, 162
Minderwertigkeitskomplex 64
Mittelstufe 140
Moreno 161
Motorik/Bewegung 95, 138–139
Mut 59, 172
Mutlosigkeit 62–66

Naturwissenschaften 106

Ordinalpositionen 48, 126

pädagogische Ordnung 178

Persönlichkeitsentwicklung 28, 45–46, 117, 135

Persönlichkeitstest 100–102

Pessimismus 54, 173, 178

Projektion 41

Psychiatrie 17, 18

Psychologie 18, 23, 27, 48

Pubertät 147

Rache 58

Rationalisierung 42

Rechtschreibschwäche 103–104

Rechtschreibung 103

Repression 42

Rogers 53

Schrift 104–105, 138, 198, 208

Schüchternheit 94–95

Schülerinformation 130

Schuldgefühle 177

Selbsteinschätzung 117

Selbstideal 53

Selbstvertrauen 25, 81, 86–87, 94–98, 117

Sitzordnung 88, 130

Sonderaufgaben 85, 94–95, 104, 118, 122, 125, 149, 185, 197–200, 210–211

soziale Integration 28, 35, 117, 161

soziale Minderwertigkeit 67, 146, 200–201

soziales Umfeld 28, 38, 45, 55, 68

Sozialkunde 108

Soziometrie 161

Spencer 170

Stimulation (innere, positive) 22, 154

Talente/Neigungen 81, 92, 106–107, 145–146, 194–195, 212

Teilaufgaben 90

therapeutische Erziehung 100–101, 119–120, 186, 212

Überehrgeiz 72

Unaufrichtigkeit (gegenüber dem Kind) 175

Unvollkommenheit 63, 177, 199–200, 217

Verantwortung 113, 118, 122–123

Verhalten (gestörtes) 27, 30–32, 36–37, 57–58, 77–78

Verhaltensbeobachtung 31, 41, 77–80

Vertrauen 81, 86–87, 94–98, 136–137, 140–141

Wertschätzung 84, 94–98

Winnetka-Experiment 81

Zweckgerichtetheit von Handlungen (Purposivität) 31–32, 41–42, 51, 77–78

Dr. Don Dinkmeyer, Sen., ist Verfasser von mehr als 20 Büchern und über 100 Artikeln zum Thema Erziehung und Autor von innovativen und erfolgreichen Erziehungsprogrammen wie z. B. dem Systematischen Training für Eltern STEP.

Dr. Rudolf Dreikurs, war Professor für Psychiatrie, sein Buch »Kinder fordern uns heraus«, von dem mittlerweile über 600 000 Exemplare verkauft wurden, hat sich den Ruf »Eltern-bibel« verdient und gilt mehr denn je als zeitgemäßer Klassiker der Ratgeberliteratur für Eltern und Erzieher, dies gilt genauso für seine Publikationen »Familienrat« (Neuauflage 2002), »El-tern und Kinder – Freunde oder Feinde?« (Neuauflage 2001) und »Psychologie im Klassenzimmer« (Neuauflage 2003).